Mein Recht bei Pflegebedürftigkeit

Beck-Rechtsberater im dtv

Auf dem Stand des Pflegeunterstützungs- und -entlastungsgesetzes (PUEG) vom 19.6.2023

ORIGINALAUSGABE
dtv Verlagsgesellschaft mbH & Co KG
Tumblingerstraße 21, 80337 München

Redaktionelle Verantwortung: Verlag C.H. Beck oHG
Wilhelmstraße 9, 80801 München
Satz: mediaTEXT Jena GmbH, Jena
Druck: Westermann, Zwickau
Gestaltung: Sabina Sieghart, München
ISBN 978-3-423-51281-7 (dtv)
ISBN 978-3-406-79592-3 (C.H. Beck)
ISBN 978-3-406-81071-8 (eBook)

www.dtv.de
www.beck.de

CO_2 neutral

9 783406 795923

Kempchen / Krahmer

Mein Recht bei Pflegebedürftigkeit

Ein Leitfaden zu Leistungen der Pflegeversicherung

Beck-Rechtsberater im dtv

Inhalt

Die Autoren

ULRIKE KEMPCHEN ist seit 2002 als zugelassene Rechtsanwältin tätig. Seit 2010 ist sie darüber hinaus Syndikusanwältin bei der Bundesinteressenvertretung für alte und pflegebetroffene Menschen e.V. (BIVA-Pflegeschutzbund) in Bonn. Der BIVA-Pflegeschutzbund ist eine bundesweit tätige Verbraucherschutzorganisation, die sich für die Rechte und Interessen von Pflegebetroffenen und deren Angehörige im Rahmen von Rechtsberatungen, Gesetzgebungsverfahren und politischer Lobbyarbeit einsetzt. Seit 2014 leitet Ulrike Kempchen die Rechtsabteilung und führt mit ihren Kolleg:innen über 7.000 Beratungen jährlich im Bereich Heim- und Pflegerecht durch. Daneben werden die Bedarfe Betroffener im Rahmen von Gesetzgebungsverfahren auf Bundes- und Landesebene sowie verschiedenen Gremien eingebracht, Fachbroschüren erstellt und Landes- und Bundesprojekte bearbeitet. Ein weiterer Arbeitsschwerpunkt ist die bundesweite Vortrags- und Fortbildungstätigkeit im Bereich der rechtlichen Vorsorge, pflegerischen Versorgung, Betreuung, Interessenvertretung in stationären Einrichtungen sowie Finanzierung der Pflege. Darüber hinaus ist Ulrike Kempchen Autorin und (Mit-) Kommentatorin diverser Rechtsratgeber und Kommentare. Seit 2022 ist sie als Mitglied des Beirats des Sozialmedizinischen Dienstes der Knappschaft Bahn See durch die BAGSO (Bundesarbeitsgemeinschaft der Seniorenorganisationen) berufen und vertritt dort die Gruppe der Betroffenen.

PROFESSOR DR. UTZ KRAHMER hat von 1979 bis 2010 an der Fachhochschule Düsseldorf (heute: Hochschule Düsseldorf) im Fachbereich Sozial- und Kulturwissenschaften künftige Sozialarbeiter und Sozialpädagogen unterrichtet. Daneben hat er das Weiterbildungsprogramm des Fachbereichs für PraktikerInnen des Sozialwesens (einschließlich kommunale Verwaltungsfachkräfte) initiiert und betreut; außerdem hat er in den Großstädten der Region auch extern als Fortbildner – oft auch in gemeinsamen Veranstaltungen für beide Berufsgruppen – gewirkt. Seine bundesweite Vortrags- und Fortbildnertätigkeit war ein weiterer Arbeitsschwerpunkt – dies neben den Aufgaben in der akademischen Selbstverwaltung, unter anderem von 1986 bis 1989 als Dekan des damaligen Fachbereichs Sozialarbeit.

Seine Fachgebiete waren und sind: Rechtswissenschaft, insbesondere Sozialhilfe- und Grundsicherungsrecht, Allgemeines Sozialrecht und

Sozialverwaltungsrecht, Sozialdatenschutzrecht, Pflegeversicherungsrecht und sozialhilferechtliche Hilfe zur Pflege, Heimrecht. Eine Auflistung seiner Publikationen zu vorgenannten Rechtsgebieten (ca. 140 Aufsätze und 35 Buchproduktionen als Autor bzw. Herausgeber) findet sich auf aktuellem Stand auf seiner Homepage http://archiv.soz-kult.hs-duesseldorf.de/personen/ehemalig/krahmer.html.

In seinem Wohnbezirk in Düsseldorf-Wersten ist er ehrenamtlich als Berater zu Fragen des Rechts der Pflege (SGB XI und SGB XII) für Pflegebedürftige und ihre Angehörigen tätig.

Mail-Kontakt: utz.krahmer@hs-duesseldorf.de

1

Erste Orientierung über die Rechte bei Pflegebedürftigkeit

Bemerkt man einen Pflegebedarf bei sich selbst oder einem Angehörigen, ist man häufig zunächst orientierungslos und weiß nicht, welche Unterstützung man von wem erwarten darf und wie diese aussehen kann. In diesem Kapitel möchten wir Ihnen eine erste Orientierung darüber geben, welche Rechte man überhaupt bei Pflegebedürftigkeit hat und welche Rolle die Pflegeversicherung spielt, bevor es in den folgenden Kapiteln um die einzelnen Voraussetzungen und Leistungen geht.

1. Erste Orientierung über die Rechte bei Pflegebedürftigkeit

I. Die Pflegeversicherung

Wer pflegebedürftig oder behindert ist, benötigt oftmals Hilfe und Unterstützung durch andere Menschen. Je nach Schwere der körperlichen, kognitiven oder auch psychischen Beeinträchtigungen im täglichen Leben sind eine Reihe von Leistungen der Pflege und Betreuung notwendig. Und wenn im häuslichen Umfeld von Angehörigen oder ehrenamtlich Tätigen Versorgungsleistungen erbracht werden, geht dies in der Regel zu Lasten der eigenen Erwerbstätigkeit, Freizeit und Leistungsfähigkeit dieser Pflegenden. Sowohl Pflegebedürftige als auch Pflegepersonen brauchen daher Unterstützung.

Ist eine Betreuung durch ehrenamtliche Personen oder Angehörige nicht möglich, müssen Leistungen von professionell Pflegenden wie etwa Pflegediensten, teilstationären oder stationären Einrichtungen in Anspruch genommen werden. Diese Pflege- und Betreuungsleistungen kosten Geld. Darüber hinaus benötigt man eventuell sogenannte Hilfsmittel wie beispielsweise Inkontinenzmaterial, Pflegebett oder Rollstuhl. Dass zahlreiche Menschen ein Pflegerisiko in sich tragen, aber in jüngeren Jahren nicht entsprechend vorsorgen (können), hat der Gesetzgeber schon vor Jahren erkannt. Um das Risiko der Pflegebedürftigkeit für möglichst viele potenziell pflegebedürftige Menschen abzusichern und die Sozialhilfeträger zu entlasten, wurde daher 1995 mit dem „Gesetz zur sozialen Absicherung des Risikos der Pflegebedürftigkeit" die SOZIALE PFLEGEVERSICHERUNG eingeführt. Die entsprechenden Regelungen finden sich überwiegend im 11. Buch Sozialgesetzbuch (SGB XI). In diesem GESETZ sind die wichtigsten Festlegungen darüber getroffen, wer als Betroffener unter welchen Voraussetzungen welche Leistungen aus der Pflegeversicherung beziehen kann. Außerdem ist geregelt, wie die Begutachtungen zur Pflegebedürftigkeit durch Gutachter erfolgen und welche materiellen Wirkungen die von den Pflegekassen je nach individuellem Pflegebedarf getroffenen Eingradungen für die Kostentragung durch die Pflegeversicherung haben.

Darüber hinaus finden sich die GRUNDLAGEN dazu, unter welchen Voraussetzungen pflegende Angehörige Vergünstigungen und Leistungen in Anspruch nehmen können. Außerdem gibt es Regelungen zur Organisation der Pflegekassen als Träger der sozialen Pflegeversicherung sowie zu den Aufgaben der privaten Pflegepflichtversicherung, über die Beitragserhebung und sonstige Finanzierung und vor allem auch über die

Rechtsbeziehungen zwischen den Pflegekassen und den Leistungsanbietern, also den ambulanten Pflegediensten und den stationären oder teilstationären Pflegeeinrichtungen. Auch die Sicherung der Qualität der Pflege zum Schutz der Pflegebedürftigen ist Inhalt des SGB XI.

Im 11. Buch Sozialgesetzbuch ist geregelt:

- welche Aufgaben die Pflegeversicherung hat,
- wie die Pflegeversicherung organisiert und finanziert wird,
- wie ambulante Dienste und Heime eingebunden sind,
- wie die Begutachtung von Pflegebedürftigen erfolgt,
- wer Leistungen der Pflegeversicherung erhält,
- welche Leistungen man erhalten kann,
- wie die Qualität von Leistungen kontrolliert wird.

Mit Schaffung der sozialen Pflegeversicherung hat der Gesetzgeber eine finanzielle „Abfederung" des Pflegerisikos geschaffen und das Ziel verfolgt, den Pflegebedürftigen zu helfen, trotz ihres Hilfebedarfs ein möglichst selbständiges und würdevolles Leben zu führen. Betroffenen soll eine weitgehend eigenverantwortliche Entscheidungskompetenz in ihren persönlichen Angelegenheiten trotz Abhängigkeit von fremder Hilfe erhalten bleiben. Daher bietet die Pflegeversicherung die Wahl zwischen verschiedenen Leistungen der Unterstützung an und dazu Beratung sowie Fallmanagement. Die Pflegeversicherung hat dabei aber grundsätzlich nicht die Aufgabe, den gesamten Bedarf eines Pflegebedürftigen umfassend abzusichern. Vielmehr sichert sie nur einen Teil des pflegebedingten Bedarfs. Als Leistungen stehen festgelegte Beträge in gedeckeltem Umfang zur Verfügung. Die Absicherung des Risikos ist somit begrenzt. Man spricht bei der Pflegeversicherung im übertragenen Sinne daher auch von einer „TEILKASKOVERSICHERUNG" für den Fall der Pflegebedürftigkeit. Ist ein pflegebedürftiger Mensch darüber hinaus nicht in der Lage, die Kosten seiner Versorgung zu tragen, fällt dieses Pflegerisiko bei materieller Bedürftigkeit in den Verantwortungsbereich der SOZIALHILFE. Eine Ergänzung der Leistungen der Pflegeversicherung sowie der Eigenmittel durch die Sozialhilfe ist daher möglich (zu den Einzelheiten Kapitel 11).

Zur ersten Orientierung kann man festhalten, dass alle Personen, die bei einer GESETZLICHEN KRANKENVERSICHERUNG versichert oder mitversichert sind, grundsätzlich Leistungen der sozialen Pflegeversicherung beziehen können.

Das Wichtigste in Kürze:

- ☐ Die Pflegeversicherung zahlt bei Pflegebedarf gesetzlich festgelegte Beträge zur Unterstützung und Organisation der Pflege.
- ☐ Pflegebedürftige haben grundsätzlich die Wahl, wie sie leben und versorgt werden möchten.
- ☐ Reichen die eigenen Mittel zusammen mit den Beträgen der Pflegeversicherung nicht aus, kann ein Anspruch auf ergänzende Sozialhilfeleistungen bestehen.

Die eigene Pflegekasse ist der erste Ansprechpartner, wenn sich ein Pflegebedarf abzeichnet oder die bestehende Pflegebedürftigkeit steigt. Die Kassen sind verpflichtet, ihren Mitgliedern eine unabhängige PFLEGEBERATUNG zukommen zu lassen. Dies geschieht entweder durch eigene Pflegeberater, die mitunter auch ins Haus kommen, oder in Pflegestützpunkten, sofern regional vorhanden.

1. Wer ist „die Pflegekasse"?

Mit Einführung der Pflegeversicherung wurden zur Umsetzung der geschaffenen Regelungen neue Sozialleistungsträger geschaffen: die PFLEGEKASSEN. Sie sind die TRÄGER DER SOZIALEN PFLEGEVERSICHERUNG und haben unter anderem die Aufgabe, Leistungen der Pflegeversicherung zu organisieren und zu koordinieren sowie dazu Versorgungsverträge mit ambulanten Pflegediensten und stationären Einrichtungen zu schließen. Als Grundsatz des Sozialgesetzbuch XI gilt, dass die Pflegeversicherung der Krankenversicherung folgt. Die Pflegekassen als Träger der sozialen Pflegeversicherung wurden also in der Weise neu gebildet, dass bei jeder Krankenkasse eine Pflegekasse eingerichtet wurde. Diese Pflegekasse ist eine selbständige Körperschaft des öffentlichen Rechts mit eigener Selbstverwaltung und ist für diejenigen Versicherten zuständig, die bei der jeweiligen Krankenkasse abgesichert sind. In der sozialen Pflegeversicherung werden einkommensabhängige Beiträge erhoben und mittels eines Umlageverfahrens unmittelbar für laufende Ausgaben verwendet.

ZIELE der sozialen Pflegeversicherung sind:

- Schaffung einer eigenständigen Absicherung des „Risikos Pflegebedürftigkeit" jenseits der Sozialhilfe, um Pflegebedürftige dadurch zu entlasten,
- Ermöglichung eines selbstbestimmten Lebens des Hilfe- und Pflegebedürftigen,
- Einräumung eines Vorrangs der häuslichen Pflege vor der stationären Versorgung,
- Aufbau einer qualitativ hochwertigen Pflegeinfrastruktur und damit die Sicherung der Qualität der Pflege.

2. Wer ist zuständig, wenn man nicht gesetzlich versichert ist?
Da in Deutschland die Bürger nicht immer gesetzlich, sondern auch privat krankenversichert sein können, musste in der Folge auch eine PRIVATE PFLEGEPFLICHTVERSICHERUNG ins Leben gerufen werden, wenn auch mit eigenen Regelungen. Bei Einführung der sozialen Pflegepflichtversicherung wurde deshalb festgelegt, dass privat Krankenversicherte zum Abschluss einer privaten Pflegeversicherung VERPFLICHTET sind. Der Versicherungsvertrag muss Leistungen bei Pflegebedürftigkeit für die Versicherten und für ihre mitversicherten Angehörigen vorsehen, die nach Art und Umfang denen der sozialen Pflegeversicherung gleichwertig sind.

Beihilfeberechtigte Personen wie beispielsweise Beamte haben in der Regel bei Pflegebedürftigkeit auch sogenannte BEIHILFEANSPRÜCHE gegenüber ihrem Dienstherrn. Die zusätzliche private Pflegeversicherung muss entsprechend anteilig beihilfekonform sein, so dass die Leistungen zusammengenommen denen der sozialen Pflegeversicherung entsprechen. Bei Eintritt von Pflegebedürftigkeit hat der Versicherte einen Anspruch auf Leistungen gegenüber der Pflegeversicherung, die seiner Krankenversicherung folgt, also gegenüber der sozialen oder privaten Pflegeversicherung.

Pflegebedürftige Personen, die vor Eintritt der Pflegebedürftigkeit nicht in einer der vorbenannten Versicherungen versichert waren, haben im Pflegefall KEINEN ANSPRUCH auf Leistungen der sozialen oder privaten Pflegeversicherung. Sie können bei Vorliegen entsprechender Voraussetzungen allerdings einen ANSPRUCH AUF HILFE ZUR PFLEGE gegenüber dem Sozialhilfeträger nach dem 12. Sozialgesetzbuch (SGB XII) haben (Kapitel 11). Auf diese Weise wird dafür Sorge getragen, dass niemand bei Pflegebedürftigkeit ohne Unterstützung bleibt.

3. Wann hat man einen Anspruch auf Leistungen der Pflegeversicherung?
Grundlage des Anspruchs auf Leistungen ist immer der Eintritt der PFLEGEBEDÜRFTIGKEIT. Diese liegt aber nicht bereits vor, weil man sich pflegebedürftig fühlt, sondern muss geprüft und gutachtlich anerkannt sein. Kommt die Pflegekasse zum Ergebnis, dass die Pflegebedürftigkeit bereits vor ihrer „offiziellen" Feststellung gegeben war, hat der Betroffene rückwirkende Leistungsansprüche. Die Person, die Unterstützungsleistungen der Pflegeversicherung beziehen will, stellt dazu einen ANTRAG AUF BEGUTACHTUNG zur Feststellung der Pflegebedürftigkeit. Der Antrag wird entweder bei der eigenen Pflegekasse direkt gestellt, oder, wenn man mit dieser noch gar keinen Kontakt hatte, bei der

eigenen Krankenversicherung, damit diese den Antrag weiterleitet. Einige Versicherungen halten dazu Formulare vor, die man auch auf der Homepage der Versicherung findet und direkt online ausfüllen oder anfordern kann, der Antrag kann aber auch formlos gestellt werden. Häufig genügt aber auch ein Anruf bei der Versicherung, um telefonisch den Antrag zu stellen oder ein Formular anzufordern. Ziel ist, niemand die Antragstellung durch hohe Zugangshürden zu erschweren.

Absender

Anschrift Pflege-/Krankenkasse

Betreff: Versicherungsnummer

Antrag auf Begutachtung der Pflegebedürftigkeit

Sehr geehrte Damen und Herren,

hiermit beantrage ich die Begutachtung meiner Person zur Feststellung von Pflegebedürftigkeit und Eingruppierung in einen Pflegegrad.

Mit freundlichen Grüßen

Hat jemand bereits einen Pflegegrad und geht davon aus, dass die Pflegebedürftigkeit sich verschlimmert hat, man also einen höheren Unterstützungsbedarf hat, kann man auf diesem Weg auch einen ANTRAG AUF ÜBERPRÜFUNG DES PFLEGEGRADES (in der Regel HÖHERSTUFUNG) stellen.

ANTRAGSBERECHTIGT ist die versicherte Person beziehungsweise ihr rechtlicher oder gesetzlicher Vertreter, also ein Bevollmächtigter oder Betreuer bzw. bei pflegebedürftigen Kindern ein Erziehungsberechtigter.

Die Pflegebedürftigkeit wird, je nach Umfang der tatsächlich benötigten Hilfe, in fünf PFLEGEGRADE unterteilt, wobei Pflegegrad 1 den Mindestbedarf an Pflege bezeichnet und Pflegegrad 5 die am stärksten hilfebedürftigen Personen erfasst. Der Hilfebedarf wird daran gemessen, was eine pflegebedürftige Person noch selbstständig kann und richtet sich auf die Tätigkeiten der Selbstversorgung im täglichen Leben, die kognitiven und kommunikativen Fähigkeiten, die Bewältigung und den Umgang mit krankheitsbedingten Anforderungen sowie die Gestaltung des Alltagslebens, bei denen die hilfebedürftige Person der Unterstützung oder teilweiser oder vollständiger Übernahme entsprechender Verrichtungen bedarf sowie gegebenenfalls deren Beaufsichtigung oder Anleitung.

Beispiel:
Kann jemand sich nicht selbstständig waschen und anziehen, weil er immobil ist, benötigt er die Hilfe einer Pflegeperson, die diese Aufgaben übernimmt. Die immobile Person hat einen Pflegebedarf. Kann die Person sich dagegen noch gut bewegen, ist aber aufgrund einer Demenz nicht dazu in der Lage, sich selbst zu versorgen, bedarf sie lediglich der Anleitung und Beaufsichtigung durch eine Pflegeperson: Es liegt aber gleichermaßen ein Pflegebedarf vor.

Um die SCHWERE DER PFLEGEBEDÜRFTIGKEIT eines Menschen zu bewerten, bedarf es einer Bewertungsmethode, die eine Einteilung nach Schweregraden ermöglicht. Anhand der Eingraduierung einer Person ergeben sich dann deren jeweilige Ansprüche auf Leistungen der Pflegeversicherung. Geprüft wird das Vorliegen von Pflegebedürftigkeit sowie deren Schwere von geschulten GUTACHTERN des Medizinischen Dienstes (MD) oder der vergleichbaren Institution der Privaten Pflegepflichtversicherung (Medicproof). Die Gutachter führen die Begutachtung durch und gruppieren den Antragsteller dann in einen Pflegegrad ein, wenn die Voraussetzungen dafür vorliegen. Die Begutachtung findet üblicherweise im Wohnumfeld der betroffenen Person statt, damit die Gutachter die gesamten Lebensumstände erfassen können. Dazu gehören auch die Wohnsituation und die Versorgungs- bzw. Unterstützungsmöglichkeiten durch Familie, Nachbarn oder auch durch sonstige Dritte wie zum Beispiel einen Pflegedienst oder eine Sozialstation.

Dabei wird nicht nur altersbedingter Bedarf erfasst, sondern beispielsweise auch eine Behinderung in jüngeren Jahren, da Pflegebedürftigkeit in jedem Alter auftreten kann.

4. Welche Leistungen kann man erhalten?

Pflegebedürftige können sowohl in ihrem häuslichen Umfeld als auch teilstationär, also zum Beispiel am Tage oder nachts in einer speziellen Tages- oder Nachpflegeeinrichtung oder in einem Heim (vollstationäre Einrichtung) versorgt werden und entsprechende LEISTUNGEN erhalten. Vorrangig ist aber die Versorgung im häuslichen Umfeld. Kann die häusliche Pflege nur zum Teil, also nicht in ausreichendem Umfang, sichergestellt werden, hat eine pflegebedürftige Person auch Anspruch auf eine teilstationäre Versorgung. In diesem Fall verbringt sie einen Teil des Tages in einer dafür vorgesehenen Einrichtung, den anderen Teil im häuslichen Umfeld.

Die Pflegeversicherung wurde seitens des Gesetzgebers bewusst als TEILLEISTUNGSSYSTEM aufgebaut und übernimmt daher nicht alle pflegebedingten Aufwendungen einer pflegebedürftigen Person: Sie stellt also lediglich eine ENTLASTUNG dar. Die Pflegeversicherung übernimmt hierbei bis zu einer gesetzlich festgelegten Höhe den Kostenanteil für die pflegebedingten Aufwendungen und die soziale Betreuung. Die darüber hinaus gehenden Kosten sind von dem Pflegebedürftigen selbst zu tragen. Ist dies aufgrund der Einkommenssituation nicht möglich, kann ergänzend Sozialhilfe beantragt werden (Kapitel 11). Bedarf es vorübergehend oder dauerhaft einer Versorgung eines Pflegebedürftigen in einem Heim, weil beispielsweise keine Angehörigen da sind, die Pflegeleistungen erbringen können, oder weil sonstige Umstände eine häusliche Versorgung (derzeit) nicht möglich machen und auch keine teilstationäre Pflege möglich ist oder ausreicht, kann die Versorgung auch vollstationär erfolgen. Die Leistungen der Pflegeversicherung sind dabei auf einen Teil der anfallenden Kosten im Heim beschränkt. Die Einzelheiten zu diesen Versorgungsformen und ihrem jeweiligen Umfang werden in den nachfolgenden Kapiteln besprochen.

Beispiel:
Herr Z sitzt seit einem Unfall im Rollstuhl. Er hat keine Angehörigen und lebt in einer Etagenwohnung. Bisher konnte er durch einen Lieferdienst mit Lebensmitteln und sonstigen Waren versorgt werden. Zusätzlich wurde er bisher von einer Freundin unterstützt. Diese muss berufsbedingt in eine andere Stadt ziehen und er findet keinen Ersatz. Er entscheidet sich, in ein Heim zu ziehen, das ihn vollumfänglich versorgen kann.

Die Pflegeversicherung soll die Versicherten je nach Schwere der Pflegebedürftigkeit durch den Zugang zu bestimmten Leistungen entlasten und dafür eine qualitativ hochwertige Pflegeinfrastruktur aufbauen. Ausgangspunkt ist dabei die Feststellung von Pflegebedürftigkeit sowie deren Schwere.

ART UND UMFANG DER LEISTUNGEN der Pflegeversicherung sind jeweils von der Schwere der Pflegebedürftigkeit abhängig, die mittels eines Begutachtungssystems bewertet wird. Ausschlaggebend ist dabei der Hilfebedarf des Einzelnen, gemessen an seinen noch vorhandenen Fähigkeiten, selbst mit der Pflegebetroffenheit umzugehen. Dabei wird auf die Bereiche körperbezogene Pflegemaßnahmen, pflegerische Betreuungsmaßnahmen und Hilfe bei der Haushaltsführung sowie überhaupt bei der Alltagsbewältigung abgestellt. Gleichzeitig sollen im Rahmen der Begutachtung etwa vorhandene Möglichkeiten der Rehabilitation auch im hohen Alter überprüft und festgehalten werden. Da es ein Grundsatz der Pflegeversicherung ist, dass Rehabilitation und Prävention grundsätzlich Vorrang vor der Pflegebedürftigkeit haben, um vorhandene Ressourcen seitens der pflegebedürftigen Menschen zu fördern, werden diese Bedarfe bei der Begutachtung miterfasst.

Leistungen der Pflegeversicherung kann jede Person erhalten, die

- einen Antrag auf Feststellung/Überprüfung der Pflegebedürftigkeit stellt,
- in den letzten zehn Jahren vor Antragstellung mindestens zwei Jahre in der Pflegeversicherung (mit-)versichert war und
- als pflegebedürftig für voraussichtlich mindestens sechs Monate eingestuft wird.

Entscheidender Ausgangpunkt zum Erhalt von Leistungen aus der Pflegeversicherung ist also, dass eine Person als PFLEGEBEDÜRFTIG nach dem Gesetz anerkannt ist, weil sie ihren Alltag nicht allein bewältigen kann. Dazu bedarf es zunächst einer Definition, was überhaupt Pflegebedürftigkeit ist und welche Voraussetzungen für eine Anerkennung vorliegen müssen: Die Antwort darauf gibt das Sozialgesetzbuch XI vor.

Es gibt aber auch Situationen im Leben, in denen die Bedarfe nicht durch Leistungen der sozialen und privaten Pflegeversicherung abgefangen werden können, zum Beispiel wenn eine hilfebedürftige Person in keiner Pflegeversicherung versichert ist oder die (Teil-)Leistungen der Pflegeversicherung zusammen mit den Einkünften nicht ausreichen, die notwendigen Kosten zu decken. Pflegebedürftigkeit und/oder Behinderung stellen dann BESONDERE LEBENSLAGEN dar, die in den Regelungen der Sozialhilfe nach dem Sozialgesetzbuch XII Berücksichtigung finden. Das heißt, pflegebedürftige Menschen können neben oder statt den Leistungen der sozialen Pflegeversicherung auch Leistungen des Sozialhilfeträgers erhalten, die dann „HILFE ZUR PFLEGE" heißen.

II. Der Pflegebedürftigkeitsbegriff

Das zentrale Thema der Pflegeversicherung ist der Begriff der PFLEGEBEDÜRFTIGKEIT . Durch die Definition der Pflegebedürftigkeit soll im Sinne der Gerechtigkeit und Gleichbehandlung eine Grundlage geschaffen werden, möglichst alle potentiell betroffenen Personen – obwohl jeder Mensch individuell ist und ganz eigene Bedarfe hat – nach den gleichen Kriterien zu begutachten und deren Pflegebedarf festzustellen. Dabei soll jeder die GLEICHEN ZUGANGSMÖGLICHKEITEN zu den Leistungen der Pflegeversicherung erhalten, unabhängig davon, warum und welche Hilfe er benötigt.

Einige dieser Betroffenen weisen „nur" eine eingeschränkte Alltagskompetenz auf, dies bei gleichzeitig vorliegender körperlicher „Fitness". Manche sind körperlich ihrem Alter entsprechend gesund und benötigen kaum Hilfen bei den Verrichtungen des täglichen Lebens. Sie sind jedoch kognitiv nicht mehr in der Lage, allein zurechtzukommen und ihren Alltag zu bewältigen. Wer eine demente Person betreut oder einen psychisch kranken Menschen, weiß, wie aufwendig und zeitintensiv diese Betreuung und Unterstützung sein kann. Wenn diese Personen keine Leistungen der Pflegeversicherung erhalten würden, wäre dies ungerecht. Das bedeutet, dass es GLEICHWERTIG ist, ob jemand sich nicht versorgen kann, weil ihm dies rein körperlich nicht möglich ist, oder ob aufgrund einer Demenz oder ähnlichen kognitiven Einschränkungen, oder auch einer psychischen Erkrankung die Selbstversorgung ausgeschlossen ist. Wenn also eine Person überwiegend beaufsichtigt oder begleitet werden muss, wird dies genauso berücksichtigt, wie wenn bestimmte Dinge einfach nicht getan werden können. Wird bei einer Person also festgestellt, dass sie im beschriebenen Sinne pflegebedürftig ist und wird sie in einen Pflegegrad eingestuft, erhält sie entsprechende Leistungen der Pflegeversicherung.

Beispiel:
Frau U ist nach einem Schlaganfall halbseitig gelähmt. Sie braucht bei nahezu allen Handlungen Unterstützung, weil sie sich nicht bewegen kann. Herr T ist dement, aber aufgrund seiner guten körperlichen Konstitution in der Lage, sich fast selbst zu versorgen, wenn ihm jemand sagt, was er tun soll und ihn beaufsichtigt. Beide Personen haben einen Pflegegrad und erhalten Leistungen der Pflegeversicherung.

1. Wie überprüft man die Pflegebedürftigkeit?

Im Mittelpunkt der Begutachtung steht die Frage, über welche RESSOURCEN der Antragsteller noch verfügt und wie diese erhalten und gestärkt werden können. Zentraler Maßstab der Prüfung soll danach sein, was der Pflegebedürftige noch aus eigener Kraft kann – es wird also der Grad der noch gegebenen SELBSTÄNDIGKEIT definiert. Abgestellt werden soll dabei auf Fähigkeiten, wie beispielsweise den selbständigen Umgang mit krankheitsbedingten Anforderungen, Verhaltensweisen und psychische Problemlagen oder soziale Kontakte. Erfasst werden sollen alle relevanten Aspekte der Pflegebedürftigkeit, unabhängig davon, ob diese auf körperlichen, psychischen oder kognitiven Beeinträchtigungen beruhen. Gemessen wird dies anhand des Ausmaßes, in dem ein Betroffener auf Hilfe Dritter angewiesen ist. Damit soll es gelingen, die PROBLEMLAGEN UND HILFEBEDARFE Pflegebedürftiger möglichst weitgehend zu erfassen.

Um die Pflegebedürftigkeit festzustellen und allen Betroffenen einen gleichwertigen Zugang zu den Leistungen der Pflegeversicherung zu ermöglichen, bedarf es eines BEGUTACHTUNGSSYSTEMS . Das sogenannte „NBA“, das möglichst objektiv auf alle Personen anzuwenden ist, die Hilfe benötigen und einen Antrag auf Feststellung von Pflegebedürftigkeit stellen, wird seit einigen Jahren dazu von den Gutachtern genutzt.

Das „neue Begutachtungsassessement (NBA)“ ist ein Instrument, mit dem ein Gutachter feststellt, ob eine Person pflegebedürftig im Sinne des Pflegeversicherungsgesetzes ist, und mit dessen Hilfe er den Pflegebedarf der betroffenen Person in einen von fünf Pflegegraden einstufen kann

2. Wie funktioniert das Begutachtungssystem?
Um die Pflegebedürftigkeit einzuschätzen, wird in acht Lebensbereichen das Ausmaß festgehalten, in dem die pflegebedürftige Person sich noch selbst ohne fremde Hilfe versorgen kann. Für die Bewertung tatsächlich relevant sind davon aber nur SECHS BEREICHE, die wir im Folgekapitel genau vorstellen, damit Sie sich auf eine Begutachtung vorbereiten können. Geachtet wird dabei auf den GRAD DER SELBSTÄNDIGKEIT . Bei der Bewertung wird auch der geistige und seelische Zustand einbezogen sowie die Fähigkeit, Sozialkontakte zu pflegen und am gesellschaftlichen Leben teilzunehmen.

Anhand des Begutachtungsinstruments werden die Betroffenen dann über eine Punktevergabe und Bewertung in einen von fünf PFLEGEGRAD EN eingruppiert. Alle Pflegebedürftigen innerhalb eines Pflegegrades haben Zugang zu den gleichen Leistungen der Pflegeversicherung. Die Begutachtung führt damit zwar zum LEISTUNGSZUGANG , misst aber nicht den Hilfebedarf im Einzelnen mit dem Ziel, daraus eine Versorgungsplanung abzuleiten. Das geschieht dann erst mit Hilfe einer Pflegeberatung – nötigenfalls auch mit zusätzlichem Fallmanagement. Pflegebedürftige Kinder werden mit dem gleichen Begutachtungssystem bewertet wie Erwachsene, jedoch mit besonderen Regelungen, die ihr Alter und ihren Entwicklungsstand berücksichtigen. Mit dem Pflegegrad 1 soll die Zugangsschwelle zu bestimmten Leistungen der Pflegeversicherung niedrig liegen, so dass ein frühzeitiger Zugang ermöglicht wird. Der Kreis der Anspruchsberechtigten soll dadurch möglichst weit gehalten werden.

Zusammenfassung:
Hat jemand dauerhaft einen Bedarf an Unterstützung, Betreuung und Beaufsichtigung durch andere Personen, kann er bei seiner Pflegeversicherung einen Antrag auf Begutachtung stellen. Beim erstmaligen Kontakt wendet man sich dazu an die eigene Krankenkasse, der die Pflegeversicherung angegliedert ist. Der Antrag kann formlos erfolgen, es reicht sogar das bloße Bekanntmachen („Erklären“) des Bedarfs nach einer Begutachtung. Je nach Pflegekasse ist dies auch telefonisch oder online möglich. Berechtigt ist die versicherte Person oder dessen

rechtlicher Vertreter; die Erklärung des entsprechenden Bedarfs kann nach Auffassung in der Rechtsliteratur (Rechtsprechung dazu gibt es noch nicht) auch von dritter Seite aus erfolgen, zum Beispiel vom Arzt, der Klinik oder der Reha-Einrichtung.
Ein Gutachter der Pflegeversicherung begutachtet den Antragsteller und ermittelt mit Hilfe eines einheitlichen Begutachtungssystems gegebenenfalls einen von fünf Pflegegraden. Mit Erhalt eines Pflegegrades hat man Anspruch auf Leistungen der Pflegeversicherung, die je nach Grad gestaffelt und gesetzlich festgelegt sind.
Die Leistungen sollen den Pflegebedürftigen finanziell entlasten, nicht aber die gesamten mit der Pflege verbundenen Kosten abdecken. Es gibt Leistungen der ambulanten, teilstationären sowie stationären Versorgung sowie für pflegende Angehörige und sonstige nicht professionelle Pflegepersonen.

2

Die Begutachtung

Personen, die durch einen von der Pflegekasse beauftragten Gutachter untersucht und als pflegebedürftig anerkannt werden, indem sie einem Pflegegrad zugeordnet werden, haben Ansprüche auf Leistungen der Pflegeversicherung. In diesem Kapitel wird erläutert, wie eine Begutachtung durchgeführt und insbesondere welche Module und Themenbereiche abgefragt werden, die dann zu dem fachlich angemessenen Pflegegrad führen.

2. Die Begutachtung

I. Voraussetzung für einen Pflegegrad

§ 14 SGB XI definiert den Begriff der PFLEGEBEDÜRFTIGKEIT: Danach sind Personen pflegebedürftig, die „gesundheitlich bedingte Beeinträchtigungen ihrer Selbständigkeit oder Fähigkeiten aufweisen und deshalb der Hilfe durch andere bedürfen".

Der Hilfebedarf muss dabei in der eingeschränkten oder fehlenden Selbständigkeit oder in einer Fähigkeitsstörung bestehen und darf nicht andere Ursachen als gesundheitliche haben. Die Beeinträchtigungen der Selbständigkeit oder der Fähigkeiten werden personenbezogen und unabhängig vom jeweiligen (Wohn-)Umfeld ermittelt.

Es muss sich nach dem Wortlaut des Gesetzes also um Personen handeln,

- die körperliche, kognitive oder psychische Beeinträchtigungen oder gesundheitlich bedingte Belastungen oder Anforderungen nicht selbständig kompensieren oder bewältigen können.

Die Pflegebedürftigkeit muss

- auf DAUER , voraussichtlich für mindestens sechs Monate,
- und mindestens mit der Schwere bestehen, dass Pflegegrad 1 zuerkannt werden kann.

Beispiel 1:
Herr A ist 85 Jahre alt und leidet unter einer Krebserkrankung. Diese führt zusammen mit seinem Alter zu erheblichen körperlichen Beeinträchtigungen, so dass er nicht mehr in der Lage ist, sich selbständig zu versorgen; er braucht die Unterstützung anderer Menschen.

Beispiel 2:
Frau B ist demenzkrank und inkontinent. Ansonsten ist sie körperlich ihrem Alter entsprechend leistungsfähig und geht gern spazieren. Aufgrund ihrer fortschreitenden Demenz ist Frau B aber nicht in der Lage, selbständig ihre Versorgung mit Vorlagen zu organisieren, diese zu wechseln, zu entsorgen und sich ausreichend zu waschen. Sie bedarf daher der Hilfe einer Pflegeperson.

Beispiel 3:
Herr C ist auf einen Rollstuhl angewiesen. Wegen seiner immer wieder plötzlich auftretenden Spasmen auch der oberen Gliedmaßen hat er erhebliche Probleme, seinen Haushalt selbständig zu führen. Er bedarf daher der Unterstützung im hauswirtschaftlichen Bereich.

Die einzelnen MERKMALE , die den Begriff der Pflegebedürftigkeit definieren, sind gesetzlich festgelegt. Nur wer diese erfüllt und einem Pflegegrad zugeordnet wird, kann Leistungen der Pflegeversicherung beziehen. Die Begutachtungen über die Pflegebedürftigkeit nehmen allein der Medizinische Dienst oder sonstige beauftragte unabhängige Gutachter vor. Den Gutachtern, die die Antragsteller untersuchen, sind dazu Prüfkataloge und nähere Erläuterungen für die Begutachtung an die Hand gegeben. Mit dem festgelegten Begutachtungsinstrument wird erhoben, was der Pflegebedürftige in bestimmten Lebensbereichen noch kann, also zu welchen Tätigkeiten er noch selbständig in der Lage ist.

1. Wie bereitet man sich auf eine Begutachtung vor?
Die Gutachter kommen in der Regel in die „Häuslichkeit" der potentiell pflegebedürftigen Person. Dazu gehört auch die Pflegeeinrichtung, wenn die betroffene Person bereits in einer solchen lebt. In Ausnahmefällen kann eine Begutachtung aber auch im Krankenhaus stattfinden. In der WOHNUNG des Antragstellers möchten sich die Gutachter dann ein Bild von den Lebensumständen machen. Dabei wird beispielsweise geschaut, ob man an dem Wohnumfeld noch etwas verändern müsste, wer die betroffene Person versorgt und ob es Ansprechpartner gibt, oder ob der Antragsteller ein Hilfsmittel benötigt, um weiterhin zu Hause versorgt werden zu können.

Je besser ein Begutachtungstermin vorbereitet ist, umso eher gelangt man zu dem begehrten Pflegegrad, da der Gutachter nicht nur das sogenannte Begutachtungsinstrument anwendet, sondern auch nach der Krankengeschichte und dem normalen Versorgungsalltag fragt. Es ist daher ratsam, wenn die Person, die sich bisher um die pflegebedürftige Person gekümmert hat, anwesend ist, um bei den Fragen zu unterstützen. Da man selbst aber viele Kleinigkeiten, die man für die pflegebedürftige Person leistet, vergisst, bietet es sich an, im Vorfeld der Begutachtung ein PFLEGETAGEBUCH zu führen, in das man alle Unterstützungsleistungen einträgt. Im Internet oder bei der eigenen Pflegekasse findet man zahlreiche Vorlagen dafür.

Beispiel:
Frau D unterstützt ihre Mutter. Sie begleitet sie zu Arztbesuchen, verabreicht die Medikamente, macht den Haushalt und kocht. Wenn sie selbst einkaufen geht, bringt sie Lebensmittel für die Mutter mit. Für sie ist das keine Pflegeleistung, sondern eine Selbstverständlichkeit. Tatsächlich ist dies aber eine hauswirtschaftliche Unterstützung, die für die Feststellung des Pflegegrades auch bedeutsam ist. Daher ist es ratsam, jede „Kleinigkeit" aufzuschreiben. Das Gleiche gilt auch für das Engagement von Nachbarn oder Freunden, die immer wieder mal einspringen.

Da die Betroffenen immer wieder dazu neigen, sich in einer BEGUTACHTUNGSSITUATION, die sie vielleicht wie eine Art Prüfung empfinden, von ihrer besten Seite zu zeigen, ist es ratsam, dass Angehörige oder sonstige Ansprechpersonen bei der Begutachtung anwesend sind. Es ist nicht ungewöhnlich, dass demente Personen plötzlich eloquente Gastgeber sind, die perfekt Kaffee anbieten und kochen, oder immobile Menschen einige Bewegungen ausführen können, die vorher nicht möglich waren. Um einen falschen Eindruck zu vermeiden, sollten daher Personen anwesend sein, die den normalen Alltag beschreiben können.

Die Begutachtung stellt immer eine belastende Situation dar, egal, ob es sich bei den pflegebedürftigen Personen um Erwachsene, Senioren oder Kinder handelt. Auch den Angehörigen ÄLTERER pflegebedürftiger Menschen geht es oft so, was die Beobachtung von Pflegesituationen und speziell von Begutachtungen angeht. Pflegebedürftige Personen selbst neigen dagegen dazu, ihre Situation zu „verharmlosen". Sie reduzieren ihre täglichen Bedürfnisse, weil sie nicht gern von fremder Hilfe abhängig sind. Wird jemand erst im Alter pflegebedürftig, kommt er zu dem Punkt, an dem er bestimmte Dinge, die er sein Leben lang verrichten konnte, nicht mehr selbständig verrichten kann. Manche geben aber aus Scham oder sonstigen Gründen nicht gern an, wie unselbständig sie eigentlich sind, obwohl eine selbständige Lebensführung tatsächlich nicht mehr oder eben nur noch eingeschränkt möglich ist. Es ist jedoch wenig hilfreich, bei der Beurteilung der Pflegebedürftigkeit nach dem Motto vorzugehen „Es ist eigentlich (noch) gar nicht so schlimm, ich komme noch ganz gut selbst zurecht". Die eigene Situation sollte also seitens der Betroffenen weder dramatisiert noch beschönigt werden. Schon im Vorfeld sollte, gegebenenfalls zusammen mit Angehörigen, überlegt werden, welche Verrichtungen noch allein wahrgenommen werden können, andererseits aber auch, welche Unterstützung in Anspruch genommen würde, wenn umfangreiche Hilfe zur Verfügung stünde.

Eine Begutachtung GEISTIG BEHINDERTER Menschen wird in der Regel in Anwesenheit einer nahestehenden Person, insbesondere eines Angehörigen, erfolgen. Dabei ist oft zu beobachten, dass der Hilfebedarf bei geistig behinderten Menschen von den Angehörigen häufig subjektiv geringer eingeschätzt wird, als er tatsächlich ist. Zum einen sind sie stolz auf eine erreichte Teilselbstständigkeit des Betroffenen, zum anderen verdecken die erreichten Fortschritte in ihrer Wahrnehmung häufig die noch bestehenden Defizite beziehungsweise die Unselbständigkeit. Eine möglichst realistische Darstellung der vorhandenen Fähigkeiten sowie des täglichen Hilfebedarfs ist für die Beurteilung der Pflegebedürftigkeit aber wichtig. Vereinigungen, die die Interessen von geistig behinderten Menschen vertreten, haben häufig Informationsmaterial zur Begutachtung Betroffener erstellt, die man sich anschauen sollte.

Wenn für ein PFLEGEBEDÜRFTIGES KIND Leistungen der Pflegekasse beantragt werden, sollte vor der Begutachtung überlegt werden, was das Kind tatsächlich schon selbst kann bzw. welche Hilfe und Pflege das Kind täglich benötigt. Gerade Eltern von pflegebedürftigen Kindern wissen häufig genau, welche Hilfebedarfe ihre Kinder haben und hoffen, dass diese auch entsprechend von den Gutachtern erkannt und bewertet werden Es bietet sich auch hier an, für einige Wochen ein PFLEGETAGEBUCH zu führen, in dem Art und Umfang der Hilfe genau aufgelistet werden. Diese Aufzeichnungen können dann mit der Selbständigkeit gesunder gleichaltriger Kinder verglichen werden. Wenn weitere Kinder in der Familie leben, kann man auch auf eigene Erfahrungen zurückgreifen. Wenn nicht, helfen oft Vergleiche im Freundes- und Bekanntenkreis, in welchem Umfang andere Eltern ihren Kindern Hilfe leisten müssen beziehungsweise was diese bereits selbständig, eben verglichen mit der Situation des eigenen Kindes, können.

Benötigt eine pflegebedürftige Person Unterstützung bei der Haushaltsführung und neigt zu einer gewissen Verwahrlosung, sollte man auch vor dem Besuch des Gutachters nicht die Wohnung aufräumen und putzen, da sonst ein falsches Bild entsteht. Das Gleiche gilt für die Tagesstruktur: Ist diese sonst nicht vorhanden oder eingeschränkt, ist es falsch, eine solche vorzuspielen. Der Gutachter sollte eben eine möglichst LEBENSNAHE SITUATION vorfinden.

Beispiel:
Herr E ist aufgrund seiner demenziellen Erkrankung sehr unzugänglich. Er hortet viele Dinge, weil er Angst vor Verlust hat. Sein Zuhause ist sehr vollgestellt. Häufig lässt er sich nicht waschen und ankleiden. Vor einem Gutachterbesuch das Haus auszuräumen, zu putzen und Herrn E unter Druck zu waschen und anzukleiden, würde ein falsches Bild von seinem Zustand abgeben.

Gerade bei chronischen, fortschreitenden oder Mehrfach-Erkrankungen ist es darüber hinaus ratsam, möglichst ATTESTE der behandelnden Ärzte, Krankenhausbriefe, Befunde und Ähnliches vorzubereiten. Ein Gutachter kann sich so ein schnelles Bild von dem Gesundheitszustand machen. Dazu gehören auch MEDIKAMENTE, die eingenommen, sowie Hilfsmittel, die genutzt werden.

Soweit Sie Unterlagen über Ihre Krankheit oder Behinderung haben, können Sie diese dem Gutachter direkt zur Verfügung stellen. Es ist auch möglich, dass Sie den Medizinischen Dienst bitten, bei Ärzten oder Behörden, die Sie bereits einmal untersucht haben, die vorhandenen Unterlagen anzufordern. Hierzu ist allerdings erforderlich, dass Sie diese Stellen von ihrer SCHWEIGEPFLICHT entbinden. Überlegen Sie hierzu bereits vor dem Besuch des Gutachters, wer Sie wann und zu welcher Gelegenheit bereits einmal untersucht hat und wer möglicherweise Angaben über ihre akute Pflegebedürftigkeit machen kann.

TIPP:
Eine gute Vorbereitung auf den Besuch des Gutachters ist wichtig!

Ein Gutachter fragt bei seinem Besuch einen umfassenden Fragekatalog ab. Dazu hat er auf seinem Laptop ein Formular, das er abarbeitet. Dafür hat er maximal 2 Stunden Zeit. Selbst der empathischste Gutachter wird sein Gegenüber in dieser Zeit nicht so umfassend einschätzen können wie Angehörige, die täglich vor Ort sind. Es ist sinnvoll, sich auf den Besuch des Gutachters vorzubereiten. Er hat die Aufgabe, sich in kürzester Zeit einen umfassenden Überblick über den ihm unbekannten Menschen mit seinen Ressourcen in der jeweiligen Lebenssituation zu verschaffen und elementare Entscheidungen hinsichtlich Grad der Pflegebedürftigkeit, Pflegeplanung, Rehabilitationsempfehlungen und Hilfsmittelversorgung zu treffen.

VORSICHT!
Das Ergebnis eines Pflegegradrechners ist für die Pflegekassen nicht verbindlich!

Um vorbereitet zu sein, was der Gutachter genau nachfragt, sollte man sich die nachfolgend dargestellten einzelnen Module des Begutachtungsinstruments anschauen. Im Internet gibt es auch sogenannte PFLEGEGRADRECHNER, die eine erste Einschätzung abgeben, was für ein Pflegegrad nach der Begutachtung einer Person herauskommen könnte.

Vorbereitung der Begutachtung:

- ☐ Notieren Sie den Begutachtungstermin, um sicherzustellen, dass die Person, die hauptsächlich unterstützt, anwesend ist, um Auskunft geben zu können.
- ☐ Führen Sie bereits einige Wochen vor dem Termin ein Pflegetagebuch und tragen Sie dort jede kleinste Unterstützungsleistung sowie regelmäßige Hilfen ein.

- ☐ Stellen Sie sämtliche ärztliche Befunde und Atteste zusammen; sprechen Sie im Zweifelsfall mit dem Hausarzt, was dieser für wichtig erachtet und bestätigen kann.
- ☐ Überlegen Sie, ob es sinnvoller ist, die betroffene Person auf den Besuch vorzubereiten und zu betonen, dass es keine „Prüfung" ist, die man bestehen muss.
- ☐ Unterziehen Sie die Person und die Wohnung keiner „Reinigungsaktion", sondern spiegeln Sie den normalen Alltag wider.
- ☐ Halten Sie eine Liste der Medikamente und genutzten Hilfsmittel bereit.

2. Wie geht der Gutachter vor?
Die Begutachtung erfasst nicht nur die klassischen Bereiche Körperpflege, Ernährung, Mobilität und hauswirtschaftliche Versorgung, sondern auch die kognitiven und kommunikativen Fähigkeiten einer Person, die Verhaltensweise und psychische Problemlage sowie die Gestaltung von Alltagsleben und sozialen Kontakten. Dadurch soll eine umfassende Betrachtung in allen Lebenslagen erfolgen, die den Menschen mit seinen Ressourcen und Fähigkeiten in den Mittelpunkt stellt. In den PFLEGERELEVANTEN LEBENSBEREICHEN, die in die Bewertung einbezogen werden, wird erfasst, wie selbständig die betroffene Person ist, ob sie zum Beispiel (noch) kognitive und kommunikative Fähigkeiten hat und wie sie mit den krankheits- und therapiebedingten Anforderungen umgehen kann. Zwei Bereiche stellen dabei besonders auf die Überprüfung der kognitiven und psychischen Beeinträchtigungen ab und erfassen damit etwa eine eingeschränkte Alltagskompetenz sowie den damit verbundenen Hilfebedarf eines Menschen. Darüber hinaus stellen die Gutachter auch fest, ob und welche Beeinträchtigungen bei außerhäuslichen Aktivitäten und bei der Haushaltsführung vorliegen. Diese Informationen ermöglichen zusammen mit den anderen Modulen einen GESAMTBLICK auf die betroffene Person und damit eine umfassende Beratung hinsichtlich eines individuellen Pflege- und Hilfeplans sowie präventiver und rehabilitativer Maßnahmen und Hilfsmitteln.

In jedem der sechs bewertungsrelevanten Lebensbereiche (= MODULE), die nachfolgend vorgestellt werden, wird eine PUNKTWERTUNG vorgenommen. Diese Bewertung der einzelnen Module führt dann zu einer GESAMTBEWERTUNG. Unabhängig davon, ob der Schwerpunkt der Beeinträchtigung im körperlichen, kognitiven oder psychischen Bereich liegt, wird mit dem neuen Begutachtungsinstrument aufgrund der Gesamtbewertung schließlich der individuelle PFLEGEGRAD ermittelt. Je mehr Punkte insgesamt erreicht werden, desto höher ist der Pflegegrad, in den der Betroffene eingruppiert wird. Die Höchstpunktzahl sind 100 PUNKTE. Insgesamt gibt es fünf Pflegegrade, die eine abgestimmte Differenzierung zwischen den betroffenen Personen ermöglichen. Die Einstiegsschwelle wurde mit dem Pflegegrad 1 so niedrig gelegt, dass auch Menschen erfasst werden können, die erst geringere Beeinträchtigungen aufweisen.

Alle Personen, die ein und denselben Pflegegrad zugewiesen bekommen, erhalten dadurch Zugang zu grundsätzlich den gleichen Leistungen. Welche Leistungen ein Pflegebedürftiger in Anspruch nehmen kann, hängt nicht von der Art der Beeinträchtigung ab, sondern alle Pflegebedürftigen können grundsätzlich aus dem gleichen Leistungsangebot wählen.

Beispiel:
Herr D ist dement mit Weglauftendenz. Er braucht keine Hilfe beim Aufstehen und Waschen, sondern muss beaufsichtigt und beschäftigt werden. Frau E ist körperlich beeinträchtigt, kann aber ihren Tag selbst strukturieren. Egal, aus welchem Grund die beiden als pflegebedürftig eingestuft wurden, sie können wählen, welche Leistungen sie erhalten möchten. Auch Frau E kann also häusliche Betreuungsleistungen in Anspruch nehmen, wenn sie dies wünscht, unabhängig davon, ob in diesem Bereich eine Einschränkung vorliegt.

PRÄVENTION bedeutet Vorbeugung oder Verhinderung von Krankheiten oder gesundheitlichen Schädigungen. REHABILITATIONSLEISTUNGEN sind Leistungen, die dazu dienen, Pflegebedürftigkeit auszugleichen oder zu mindern.

Zusätzlich zu der Abfrage und Bewertung der Module sowie deren Punkteberechnung und Gewichtung prüft ein Gutachter auch, ob man Präventions- oder Rehabilitationsmaßnahmen empfehlen kann. Die Betroffenen werden also nicht nur hinsichtlich ihres Ist-Zustands bewertet, sondern auch dahingehend, ob man die Situation noch oder wieder verbessern kann.

PRÄVENTIONS- UND REHABILITATIONSMASSNAHMEN sollen (weitere) Pflegebedürftigkeit möglichst verhindern oder zumindest verzögern. Bestehende Rehabilitationsmöglichkeiten können erkannt und entsprechende Maßnahmen eingeleitet werden. Empfehlungen, die in den Gutachten gegeben werden, sollen eine anschließende Pflegeplanung sowie den Zugang zu entsprechenden Maßnahmen erleichtern. Empfiehlt ein Gutachter Rehabilitationsmaßnahmen, können diese auf der Grundlage des Gutachtens in Anspruch genommen werden. Jeder Gutachter ist daher gehalten, nicht nur die Selbständigkeit und damit den Hilfebedarf einer Person zu bewerten, sondern auch aufzuzeigen, welche Rehabilitationsmaßnahmen der Person helfen können, weiter anwachsende Pflegebedürftigkeit zu verhindern beziehungsweise hinauszuschieben.

Der Mensch soll so ganzheitlich betrachtet und nicht etwa auf seine Defizite reduziert werden. Dies darf man daher auch bei hochaltrigen oder stark eingeschränkten Menschen einfordern.

Darüber hinaus prüft ein Gutachter, ob weitere HILFSMITTEL benötigt werden, um das Leben und die Pflege in der eigenen Häuslichkeit zu erleichtern. Auch hier gelten seine Empfehlungen automatisch als ANTRAG.

II. Die Begutachtungsmodule

Insgesamt gibt es acht zu überprüfende Bereiche, in denen für eine Person ein Hilfebedarf gegeben sein kann, wobei nur sechs Bereiche in die Bewertung einfließen. Diese FRAGE-MODULE fassen jeweils bestimmte artverwandte Kriterien, Aktivitäten, Fähigkeiten oder einen Lebensbereich zusammen. Der Lebensalltag der Betroffenen steht damit im Vordergrund. Die Module stellen einen ABSCHLIESSENDEN KATALOG der zu berücksichtigenden Kriterien dar, anhand derer Beeinträchtigungen festgestellt werden können.

Bei der Begutachtung eines Antragstellers durch Untersuchung der einzelnen Prüfbereiche werden in jedem Bereich mittels eines Wertungssystems bestimmte Punkte vergeben, die dann ermöglichen, den Grad der BEEINTRÄCHTIGUNG DER SELBSTÄNDIGKEIT UND FÄHIGKEITSSTÖRUNGEN für den einzelnen Betroffenen zu ermitteln. Unter Selbständigkeit versteht man die Fähigkeit einer Person, eine Aktivität alleine ausführen zu können, ohne dass es der Unterstützung eines anderen bedarf; dazu darf auch ein Hilfsmittel – wie beispielsweise ein Rollator – in Anspruch genommen werden. Hinsichtlich der zu berücksichtigenden Bereiche wird dann eine Gesamtschau vorgenommen, die zu einem bestimmten Pflegegrad führt.

Die acht nach pflegefachlich begründeten Kriterien gestalteten Prüfungsbereiche sind:

- Modul 1: Mobilität
- Modul 2: Kognitive und kommunikative Fähigkeiten
- Modul 3: Verhaltensweisen und psychische Problemlagen
- Modul 4: Selbstversorgung

- Modul 5: Bewältigung von und selbständiger Umgang mit krankheits- oder therapiebedingten Anforderungen und Belastungen
- Modul 6: Gestaltung des Alltagslebens und soziale Kontakte
- Modul 7: Außerhäusliche Aktivitäten
- Modul 8: Haushaltsführung.

HINWEIS:
Am Ende des Ratgebers finden Sie die gesamten Module, die ein Gutachter abfragt, im Anhang dargestellt.

Die Module 7 und 8 werden nicht für die nähere Bestimmung der Pflegebedürftigkeit herangezogen, sondern dienen nur der Gesamtschau. Sie ermöglichen jedoch den Gutachtern die pflegebedürftige Person umfassend auch in Bezug auf weitere Angebote oder Sozialleistungen zu beraten bzw. einen individuellen Versorgungsplan zu erstellen, weshalb sie zur Informationsgewinnung wichtig sind.

1. Was wird mit den einzelnen Modulen erfasst?
Die Module 1, 4 und 6 dienen der Überprüfung, wie selbständig das ALLTAGSLEBEN noch bewältigt werden kann.

Die Module 2 und 3 beinhalten dagegen solche Kriterien, die ermöglichen, dass eine erheblich EINGESCHRÄNKTE ALLTAGSKOMPETENZ erfasst werden kann. Damit werden auch die besonderen Bedarfe kognitiv beeinträchtigter Menschen erfasst. Es wird geprüft, welche kognitiven und kommunikativen Fähigkeiten noch vorhanden sind und wie häufig bestimmte Verhaltensauffälligkeiten auftreten.

Die Kriterien des Moduls 5 werden dem Themenkreis der SELBSTÄNDIGEN KRANKHEITSBEWÄLTIGUNG zugeordnet. Der Fokus liegt auf der krankheitsbezogenen Arbeit, wie die Kontrolle von Krankheiten und Symptomen sowie die Durchführung therapeutischer Interventionen. Damit ist gemeint, ob die betroffene Person selbst notwendige Medikamente richten und regelmäßig einnehmen, Körperzustände deuten oder auch Wundversorgung oder Arztbesuche organisieren und durchführen kann. Es geht dabei also um den selbständigen Umgang mit der eigenen Krankheit. Dabei soll jedoch nicht der Bedarf an häuslicher Kranken- oder Behandlungspflege festgestellt werden, sondern lediglich, inwieweit der Pflegebedürftige in welchem Maße der Hilfe durch Dritte bedarf oder über die körperlichen, psychischen und kognitiven Fähigkeiten verfügt, notwendige Maßnahmen selbst durchzuführen.

Das Modul 6 geht auf die Gestaltung des Alltagslebens und die Pflege sozialer Kontakte ein. Dazu gehören auch die Bereiche BETREUUNG UND BEAUFSICHTIGUNG , die über konkrete Anleitung und Beaufsichtigung bei Verrichtungen hinausgehen.

2. Warum prüft man die Selbstständigkeit?
Mit der Abfrage der Kriterien der Module 2, 3, 5 und 6 sollen Hilfebedarfe im Bereich der ANLEITUNG, MOTIVATION UND SCHULUNG berücksichtigt werden, die eine Stärkung der Selbständigkeit und Fähigkeiten des Pflegebedürftigen bewirken und damit eine aktivierende Pflege begünstigen.

Die Pflege und Versorgung pflegebedürftiger Menschen sollte möglichst als AKTIVIERENDE PFLEGE vorgenommen werden. Unter der aktivierenden Pflege ist eine Pflegepraxis zu verstehen, die die Selbständigkeit und Unabhängigkeit des Patienten fördert. Diese berücksichtigt die Ressourcen des Patienten, so dass dieser unter Beaufsichtigung bzw. Anleitung selbst aktiv sein kann. Sie hat die ERHALTUNG BZW. WIEDERGEWINNUNG DER SELBSTÄNDIGKEIT des zu pflegenden Menschen im Rahmen des medizinisch und pflegerisch Notwendigen zum Ziel. Sie soll dem Pflegebedürftigen helfen, trotz seines Hilfebedarfs eine möglichst weitgehende Selbständigkeit im täglichen Leben zu fördern, zu erhalten bzw. wiederherzustellen. Dabei ist insbesondere anzustreben, vorhandene Selbstversorgungsstrukturen zu erhalten und solche, die verloren gegangen sind, zu reaktivieren, außerdem bei der Leistungserbringung die Kommunikation zu verbessern und schließlich, dass kognitiv beeinträchtigte Menschen sich in ihrer Umgebung und auch zeitlich zurechtfinden.

- ANLEITUNG ist danach immer erforderlich, wenn die Pflegeperson bei einer konkreten Verrichtung des Pflegbedürftigen den Ablauf der einzelnen Handlungsschritte oder den ganzen Handlungsablauf lenken oder demonstrieren muss. Dies kann insbesondere dann erforderlich sein, wenn der Pflegebedürftige trotz vorhandener motorischer Fähigkeiten eine konkrete Verrichtung nicht in einem sinnvollen Ablauf durchführen kann.
- Bei der BEAUFSICHTIGUNG steht zum einen die Sicherheit beim konkreten Handlungsablauf der Verrichtungen im Vordergrund; beispielsweise ist Beaufsichtigung beim Rasieren erforderlich, wenn durch unsachgemäße Benutzung der Klinge oder des Stroms eine Selbstgefährdung gegeben ist. Zum anderen kann es um die Kontrolle darüber gehen, ob die betreffenden Verrichtungen in der erforderlichen Art und Weise durchgeführt werden.

Beispiel:
Frau F kann zwar einen Waschlappen oder eine Zahnbürste für die eigene Körperpflege benutzen, sie hat aber keine Wahrnehmung dafür, warum sie dies tun soll und in welcher Reihenfolge. Eine Pflegeperson muss sie daher immer wieder erinnern und es ihr zeigen. Frau F bedarf also der Anleitung.

Pflegebedürftigkeit setzt demzufolge voraus, dass der Betroffene in mindestens einem der genannten Bereiche beeinträchtigt ist und dies nicht anderweitig kompensieren kann. Um dies zu erfassen, bewertet der beauftragte Gutachter, ob die pflegebedürftige Person in einzelnen Punkten innerhalb eines Prüfungsbereiches die dort angeführten Tätigkeiten selbständig, überwiegend selbständig oder überwiegend unselbständig bewältigen kann oder gänzlich unselbständig ist. Weiterhin wird bei den zu begutachtenden Verhaltensweisen abgefragt, wie häufig diese auftreten.

Ermittlung der Pflegebedürftigkeit:
Der Gutachter bewertet anhand eines Katalogs von sechs Modulen, ob eine Person pflegebedürftig ist. Innerhalb der Module sind dazu insgesamt 64 Fragen zu beantworten, ob der Betroffene bestimmte Tätigkeiten noch selbständig ausführen kann sowie bestimmte Fähigkeiten aufweist.
Je nach Beantwortung der Fragen werden Punkte vergeben, die es rechnerisch ermöglichen, den Grad der Pflegebedürftigkeit zu bestimmen. Je schwerwiegender eine Beeinträchtigung ist bzw. je häufiger bestimmte Verhaltensweisen auftreten, desto mehr Punkte werden vergeben.

3. Modul 1: Mobilität
Im Bereich Mobilität wird die KÖRPERLICHE BEWEGLICHKEIT der betroffenen Person in deren Wohnbereich überprüft. Das kann die eigene Wohnung sein, aber auch ein Heim oder eine Wohngemeinschaft. Der Gutachter überprüft, ob der Betroffene motorische Fähigkeiten besitzt, bestimmte Bewegungen „selbständig", „überwiegend selbständig", „überwiegend unselbständig" oder lediglich „unselbständig" ausführen kann. Dazu gehört die Fähigkeit

- eines Positionswechsels im Bett, beispielsweise daraus aufzustehen,
- sich in einer stabilen Sitzposition zu halten,
- sich umzusetzen,
- sich innerhalb des Wohnbereichs zu bewegen und
- Treppen zu steigen.

Der Gutachter prüft Aspekte wie KÖRPERKRAFT, Balance und BEWEGUNGSKOORDINATION, nicht aber die zielgerichtete Fortbewegung. Beim Treppensteigen kommt es daher nicht darauf an, ob tatsächlich eine Treppe in der Wohnung vorhanden ist, sondern lediglich darauf, ob Treppenstufen überhaupt beschritten werden können. In den Begutachtungsrichtlinien, die den Gutachtern als Arbeitshilfe an die Hand gegeben werden, wird das Treppensteigen zum Beispiel als das „Überwinden von Treppen zwischen zwei Etagen“ beschrieben. Es wird überprüft, ob die antragstellende Person die Fähigkeit hätte, diese Aufgabe zu meistern. Abgestellt wird darauf, ob beziehungsweise wie ihr das gelingen kann. Außerdem wird in diesem Modul die besondere Bedarfskonstellation erfasst, das heißt, ob die Gebrauchsfähigkeit beider Arme und Beine gegeben ist. Ist dies nicht der Fall, wird der Pflegebedürftige (wenn er eben weder Arme noch Beine einsetzen kann) direkt in den Pflegegrad 5 eingestuft.

SELBSTÄNDIGKEIT ist dann gegeben, wenn die zu begutachtende Person die Handlung oder Aktivität ohne Unterstützung einer anderen Person selbständig durchführen kann oder – wenn die Durchführung erschwert oder verlangsamt ist – zumindest unter Nutzung von Hilfsmitteln; entscheidend ist, dass die Person (noch) keine personelle Hilfe benötigt. Vorübergehende oder nur vereinzelt auftretende Beeinträchtigungen werden dabei nicht berücksichtigt. Im Fall des Treppensteigens wäre eine Person selbständig, wenn sie eine Treppe ohne Hilfe Dritter aufrecht bewältigen könnte.

Beispiel:
Frau G kann eigenständig ihre Position im Bett wechseln, indem sie sich herumwälzt. Mit Hilfe einer Haltevorrichtung kann sie sich auch in die Sitzposition bringen. In diesen Bereichen ist sie selbständig.

ÜBERWIEGEND SELBSTÄNDIG ist die zu begutachtende Person dagegen, wenn sie den größten Teil der oben genannten Aktivitäten selbständig durchführen kann. Eine Pflegeperson müsste hier nur einen geringen oder mäßigen Aufwand zur Unterstützung betreiben. Dies könnten beispielsweise das verbale Motivieren sein, die Impulsgebung zu einer Handlung sowie das Richten oder Zurechtlegen von Gegenständen oder die lediglich punktuelle Übernahme von einzelnen Teilhandlungen der überprüften Aktivität. Im Fall des Treppensteigens liegt beispielsweise eine überwiegende Selbständigkeit vor, wenn die betroffene Person zwar die Treppe besteigen kann, aber die Begleitung einer Hilfsperson benötigt, weil ein erhöhtes Sturzrisiko besteht.

Die Abgrenzung der Einordnung zwischen „selbständig“ oder „überwiegend selbständig“ kann im Einzelfall schwierig sein. Benötigt die zu begutachtende Person nie oder nur selten personelle Unterstützung, ist sie eher als „selbständig“ einzustufen. Bedarf sie dagegen meistens einer Unterstützungshandlung, auch wenn diese nur gering ist (wie etwa die Aufforderung etwas zu tun), wird die Person eher als nur „überwiegend selbständig“ einzustufen sein.

Beispiel:
Um aufzustehen, braucht Frau G mindestens verbale Unterstützung und eine Person in ihrer unmittelbaren Nähe, da sie sich aufgrund eines früheren Sturzes nicht zutraut, sich auf ihre Füße aufzustellen, denn sie hat ständig Angst erneut zu fallen und ist deshalb unsicher. Hier wird eher nur eine „überwiegende Selbständigkeit" anzunehmen sein.

Muss die Pflegeperson immer wieder anleiten oder muss sie ständig bereitstehen, um unmittelbar eingreifen zu können, wird bereits die Schwelle zur überwiegenden Unselbständigkeit überschritten.

Eine ÜBERWIEGENDE UNSELBSTÄNDIGKEIT wird festgestellt, wenn die zu begutachtende Person die Aktivitäten nur zu einem geringen Teil selbständig durchführen kann. Sie kann sich in diesem Fall zwar aufgrund noch vorhandener Ressourcen beteiligen, bedarf aber ständiger Anleitung oder andauernd aufwendige Motivation. Das bloße Zurechtlegen oder Richten von Gegenständen, wiederholte Aufforderungen und Impulsgebung oder punktuelle Unterstützungen reichen nicht aus. Das oben genannte Treppenbeispiel heranziehend läge eine überwiegende Unselbständigkeit vor, wenn die betroffene Person durchgehend gestützt, aufgefordert und motiviert werden müsste. Die Grenze zur Unselbständigkeit ist gegeben, wenn der Betroffene sich nur unwesentlich, selten oder gar nicht an der Handlung beteiligen kann.

UNSELBSTÄNDIGKEIT ist gegeben, wenn die Person eine Aktivität in der Regel nicht oder noch nicht einmal in Teilen selbständig durchführen bzw. steuern kann, weil kaum oder keinerlei Ressourcen vorhanden sind. Anleitung, Motivation oder ständige Beaufsichtigung reichen nicht aus, sondern die Pflegeperson muss alle bzw. nahezu alle Teilhandlungen anstelle der betroffenen Person durchführen. In unserem Beispiel müsste die betroffene Person die Treppe hinaufgetragen oder mittels eines Treppenlifts transportiert werden.

Die Einschätzung des Gutachters orientiert sich dabei ausschließlich an den MOTORISCHEN FÄHIGKEITEN des Betroffenen, eine bestimmte Körperhaltung einzunehmen oder zu wechseln und sich fortzubewegen. Es kommt dagegen nicht darauf an, ob die Mobilität aufgrund von kognitiven Beeinträchtigungen eingeschränkt ist, also eine Person die Bewegung zum Beispiel krankheitsbedingt nicht ausführen will.

Beispiel:
Kann eine Person sich zwar innerhalb ihrer Wohnung ins Bad bewegen, tut dies aber nicht, weil sie aufgrund ihrer Demenz weder den Weg findet noch um die Bedeutung einer Toilette weiß, wird sie in diesem Bereich dennoch als selbständig einzustufen sein.

Je nach dem festgestellten Grad der Selbständigkeit werden PUNKTE vergeben, die zusammengerechnet einen Gesamtpunktwert für dieses Modul 1 ergeben. Kann die zu begutachtende Person eine Bewegung selbständig ausführen, so dass kein Hilfebedarf besteht, werden 0 Punkte vergeben. Bei überwiegend selbständiger Ausführung 1 Punkt, bei überwiegend unselbständiger 2 Punkte und bei lediglich unselbständiger Ausführung 3 Punkte.

MODUL 1: MOBILITÄT

		selbständig	überwiegend selbständig	überwiegend unselbständig	unselbständig
1.1	Positionswechsel im Bett	0	1	2	3
1.2	Halten einer stabilen Sitzposition	0	1	2	3
1.3	Umsetzen	0	1	2	3
1.4	Fortbewegen innerhalb des Wohnbereichs	0	1	2	3
1.5	Treppensteigen	0	1	2	3
1.6	Besondere Bedarfs-konstellation: Gebrauchsfähigkeit beider Arme und Beine	Ja	Nein		

Ein Problem bei dem Begutachtungssystem ist aber unter Umständen, dass HILFSMITTEL, die eine betroffene Person nutzt, eine vorhandene Unselbständigkeit, die eigentlich Punkte bei der Bewertung geben würde, kompensieren. Kann beispielsweise ein älterer Mensch krankheitsbedingt nicht mehr allein, sondern nur noch mit einem Rollator laufen, würde jeder Beobachter bescheinigen, dass diese Person zumindest in ihrer Selbständigkeit allein zu laufen erheblich eingeschränkt ist, weil eben die Beine nicht mehr voll funktionieren. Der Rollator bewirkt aber, dass die Person sich mit seiner Hilfe zumindest über kurze Strecken relativ frei bewegen kann. Dies könnte zur Folge haben, dass bei einer Begutachtung festgestellt würde, die Person sei überwiegend selbständig und bekomme daher in diesem Bereich gar keine oder nur wenig Punkte.

Das angewandte Hilfsmittel KOMPENSIERT hier die Störung der Selbständigkeit.

Je höher der Hilfebedarf einer Person ist, desto mehr Punkte können vergeben werden. Aus den Punkten für die einzelnen Fragen 1.1 bis 1.5 wird ein Gesamtpunktwert für das Modul 1 „Mobilität" gebildet. Dieser MODUL-GESAMTWERT hat später Auswirkungen auf die Einordnung der betroffenen Person in einen Pflegegrad.

4. Modul 2: Kognitive und kommunikative Fähigkeiten

In diesem Modul geht es um die grundlegenden KOGNITIVEN/PSYCHISCHEN FÄHIGKEITEN einer Person. Bei der Prüfung dieser Fähigkeiten wird darauf abgestellt, ob jemand zeitlich und örtlich orientiert ist, kommunizieren und eigenständig Entscheidungen treffen kann. Es geht dabei um Alltagshandlungen, die zu bewältigen sind. Überprüft wird ein Teil der sogenannten ALLTAGSKOMPETENZ . Viele pflegebedürftige Menschen sind in ihrer Alltagskompetenz stark eingeschränkt, weil sie einfache Abläufe kognitiv nicht mehr beherrschen, obwohl sie körperlich fit sind. Sie haben oftmals gar kein Tag-/Nachtgefühl mehr und/oder das Kurzzeitgedächtnis ist stark eingeschränkt.

Geprüft wird daher, ob die betroffene Person

- Personen aus dem näheren Umfeld erkennt,
- örtlich orientiert ist,
- zeitlich orientiert ist,
- sich an wesentliche Ereignisse und Beobachtungen erinnern kann (Gedächtnisleistung)
- mehrschrittige Alltagshandlungen ausführen und steuern sowie
- Entscheidungen im Alltagsleben treffen kann,
- Risiken und Gefahren erkennt,
- Sachverhalte und Informationen erkennen und erfassen kann,
- elementare Bedürfnisse mitteilen und
- Aufforderungen verstehen und
- sich an einem Gespräch beteiligen kann.

Beispiel:

Herr J steht immer wieder nachts auf und will das Haus verlassen, um einzukaufen. Dazu verlässt er das Haus häufig im Schlafanzug und mit Hausschuhen. Herr J ist zeitlich nicht mehr orientiert und versteht weder, dass die Geschäfte nicht geöffnet haben, noch, dass er, nur mit Schlafanzug bekleidet, seine Gesundheit gefährdet.

Geprüft wird hier jedoch nicht der Grad der Selbständigkeit wie bei Modul 1, sondern in welchem AUSMASS die jeweiligen geistigen Fähigkeiten vorhanden sind. Unterschieden wird danach, ob die Fähigkeit „vorhanden/unbeeinträchtigt", „größtenteils vorhanden", „in geringem Maße vorhanden" oder „nicht vorhanden" ist. Je nach Zuordnung werden wie bei Modul 1 Punkte vergeben, die zusammengerechnet einen GESAMTPUNKTWERT für das Modul 2 ergeben. Ist die jeweilige Fähigkeit vorhanden bzw. unbeeinträchtigt, besteht kein Hilfebedarf, so dass 0 Punkte vergeben werden. Die Punkte steigen je nach Beeinträchtigung bis auf 3 Punkte bei Nichtvorhandensein einer Fähigkeit an. Erkennt eine Person beispielsweise in der Regel Menschen aus dem näheren Umfeld, dies jedoch erst im Laufe eines Gesprächs, so ist die Fähigkeit größtenteils vorhanden. Ist das Erkennen dagegen stark von der Tagesform abhängig und Schwankungen unterlegen, ist die Fähigkeit nur in geringem Maße vorhanden.

MODUL 2: KOGNITIVE UND KOMMUNIKATIVE FÄHIGKEITEN

		vorhanden/ unbeeinträchtigt	**größtenteils vorhanden**	**in geringem Maße vorhanden**	**nicht vorhanden**
2.1	Erkennen von Personen aus dem näheren Umfeld	0	1	2	3
2.2	Örtliche Orientierung	0	1	2	3
2.3	Zeitliche Orientierung	0	1	2	3
	...weitere Feststellungsfragen siehe Auflistung oben				

Das Gesamtergebnis dieses Moduls spiegelt dann das Ausmaß der Beeinträchtigung der kognitiven und kommunikativen Fähigkeiten insgesamt wider. Zu beachten ist aber, dass das Modul 2 in engem Zusammenhang mit Modul 3 steht. Zwar werden für beide Module jeweils Modul-Gesamtwerte berechnet. Zur weiteren Berechnung des Pflegegrades fließt aber nur der Gesamtwert desjenigen Moduls ein, der den HÖHEREN PUNKTEWERT aufweist. Es muss also ein Punkteabgleich zwischen den Modulen 2 und 3 stattfinden.

5. Modul 3: Verhaltensweisen und psychische Problemlagen

Personen mit kognitiven und/oder psychischen Beeinträchtigungen weisen oft ein für Außenstehende „schwieriges" VERHALTEN UND HANDELN auf, indem sie zum Beispiel nachts unruhig sind, Wahnvorstellungen und Ängste haben oder motorisch geprägte Verhaltensauffälligkeiten aufweisen. Sie werden mitunter für sich und andere zur Belastung und können auch ein aggressives oder sozial inadäquates Verhalten an den Tag legen. Pflegerische Maßnahmen werden von ihnen dabei häufig abgewehrt. Man spricht in diesem Zusammenhang auch von „herausforderndem" Verhalten Dritten gegenüber. Diese Personen benötigen, je nach dem Ausmaß, wieweit sie ihr Verhalten noch selber steuern können, ggf. personelle Unterstützung. Bei der Begutachtung wird erfasst, wie oft diese Verhaltensweisen auftreten und eine Unterstützung durch Dritte erforderlich machen.

Geprüft wird bei der Begutachtung das Vorliegen von

- motorisch geprägten Verhaltensauffälligkeiten,
- nächtlicher Unruhe,
- selbstschädigendem oder autoaggressivem Verhalten,
- Beschädigung von Gegenständen,
- physisch aggressivem Verhalten gegenüber anderen Personen,
- verbalen Aggressionen wie Beschimpfen oder Bedrohen anderer Personen,
- anderen pflegerelevant vokalen Auffälligkeiten (zum Beispiel Person schreit oder klagt ohne Grund, führt Selbstgespräche, flucht oder wiederholt ständig bestimmte Sätze),
- Abwehr pflegerischer und/oder anderer unterstützender Maßnahmen,
- Wahnvorstellungen und Sinnestäuschungen,
- Ängsten,
- Antriebslosigkeit bei depressiver Stimmungslage,
- sozial inadäquaten Verhaltensweisen (zum Beispiel distanzloses Verhalten, sich in unpassenden Situationen Auskleiden oder unangemessene sexuelle Annäherungsversuche),
- sonstigen pflegerelevant inadäquaten Verhaltensweisen (zum Beispiel Nesteln an der Kleidung, Kotschmieren und Urinieren in die Wohnung oder Verstecken fremder Gegenstände).

Beispiel:
Frau K benötigt Unterstützung bei der Nahrungszubereitung und Versorgung. Da sie ständig befürchtet, jemand wolle sie vergiften, ist eine Belieferung mit fertig zubereiteten Speisen wie „Essen auf Rädern" nicht möglich. Nur wenn eine Person in ihrem Beisein eine Speise zubereitet, isst sie diese auch.

Der Gutachter vermerkt bei der Untersuchung der betroffenen Person, wie stark die jeweiligen Verhaltensweisen AUSGEPRÄGT sind. Eine Bewertung erfolgt über die Bewertungseinheiten

- nie
- selten, das heißt ein- bis dreimal innerhalb von zwei Wochen,
- häufig, das heißt zwei- bis mehrmals wöchentlich, aber nicht täglich, oder
- täglich.

Je nach HÄUFIGKEIT DES AUFTRETENS werden Punkte von 0 („nie"), 1 („1- bis 3-mal"), 3 („2 bis mehrmals") und 5 („täglich") vergeben, die als Summe in die Gesamtbewertung einfließen.

MODUL 3: VERHALTENSWEISEN UND PSYCHISCHE PROBLEMLAGEN

		nie oder sehr selten	**selten, 1- bis 3-mal in 2 Wochen**	**häufig, 2 bis mehrmals wöchentlich**	**täglich**
3.1	Motorisch geprägte Verhaltensauffälligkeiten	0	1	3	5
3.2	Nächtliche Unruhe	0	1	3	5
3.3	Selbstschädigendes oder autoaggressives Verhalten	0	1	3	5
	...weitere Feststellungs-fragen siehe Auflistung oben				

Je häufiger eine der hier abgefragten Verhaltensweisen auftritt, desto mehr Punkte werden vergeben. Dies erfolgt jedoch nicht wie in den bisherigen Modulen in Einfachschritten (0 bis 3 Punkte), sondern in Doppelsprüngen (0 bis 5 Punkte). In diesem Modul können also eher MEHR PUNKTE erreicht werden als beim ersten Modul „Mobilität". Das hat zur Folge, dass entsprechende Unterstützungsbedarfe im Modul 3 später auch STÄRKER in die Gesamtbewertung des Pflegebedarfs einfließen können.

6. Modul 4: Selbstversorgung

Im Rahmen der Prüfung der Möglichkeiten einer selbständigen Versorgung wird festgestellt, ob die betroffene Person sich um SICH SELBST und ihr körperliches Wohlbefinden KÜMMERN kann. Überprüft werden die Bereiche Körperhygiene, Ernährung und Ausscheidungen. Die Gutachter schauen hier wie beim Modul 1 Mobilität danach, wie SELBSTÄNDIG die betroffene Person ist und vergeben entsprechende Punkte.

Die zu überprüfende Fähigkeit, sich selbst zu versorgen, umfasst

- Waschen des Oberkörpers,
- Körperpflege im Bereich des Kopfes,
- Waschen des Intimbereichs,
- Duschen und Baden einschließlich Waschen der Haare,
- An- und Auskleiden des Oberkörpers,
- An- und Auskleiden des Unterkörpers,
- mundgerechtes Zubereiten der Nahrung und Eingießen von Getränken,
- Essen,
- Trinken,
- Benutzen einer Toilette oder eines Toilettenstuhls,
- Bewältigung der Folgen einer Harninkontinenz und Umgang mit Dauerkatheter und Urostoma,
- Bewältigung der Folgen einer Stuhlinkontinenz und Umgang mit Stoma.

Eine SELBSTÄNDIGE SELBSTVERSORGUNG wird wie gehabt mit 0 Punkten gewertet, eine ÜBERWIEGEND SELBSTÄNDIGE mit 1 Punkt, eine ÜBERWIEGEND UNSELBSTÄNDIGE mit 2 Punkten und – ist die Person UNSELBSTÄNDIG – mit 3 Punkten. Einige Kriterien wie das Essen, Trinken und der Toilettengang, also die Grundbedürfnisse eines Menschen, sind jedoch für die Bewältigung des Alltags im Gegensatz zu anderen Fähigkeiten von besonderer Bedeutung. Die Punkte für diese besonders wichtigen Kriterien werden daher nicht wie bei der Mobilität immer mit dem gleichen Wert vergeben (0–3), sondern STÄRKER GEWICHTET. Ist jemand zum Beispiel unselbständig beim Essen, vergibt der Gutachter nicht lediglich 3 Punkte wie bei den anderen Kriterien, sondern 9 Punkte, weil die Nahrungsaufnahme von elementarer Bedeutung ist. Ebenso verhält es sich beim Trinken mit dem Höchstwert von 6 Punkten oder dem Benutzen einer Toilette oder eines Toilettenstuhls mit ebenfalls 6 Punkten. Der Gutachter prüft, ob die betroffene Person die abzufragenden Tätigkeiten praktisch ausführen kann. Dabei ist es irrelevant, ob eine Beeinträchtigung der Selbständigkeit auf körperlichen oder geistigen Ursachen beruht.

MODUL 4: SELBSTVERSORGUNG

		selbständig	überwiegend selbständig	überwiegend unselbständig	unselbständig
4.1	Waschen des vorderen Oberkörpers	0	1	2	3
4.2	Körperpflege im Bereich des Kopfes	0	1	2	3
4.3	Waschen des Intimbereichs	0	1	2	3
4.4	...weitere Feststellungsfragen siehe vertikale Auflistung oben				
...	(z. B. Duschen und Baden)				
4.8	Essen	0	3	6	9
4.9	Trinken	0	2	4	6
4.10	Benutzen einer Toilette oder eines Toilettenstuhls	0	2	4	6
4.11	Bewältigung der Folgen einer Harninkontinenz und Umgang mit	0	1	2	3
4.12	Bewältigung der Folgen einer Stuhlkontinenz und Umgang mit ...	0	1	2	3

Weiterhin wird der besondere Hilfebedarf bei SONDEN- ODER PARENTERALER ERNÄHRUNG bewertet. Es wird geprüft, ob die Versorgung selbständig erfolgt (= 0 Punkte), nicht täglich bzw. nicht auf Dauer (= 0 Punkte), täglich zusätzlich zu oraler Ernährung (= 6 Punkte) oder ob eine (nahezu) ausschließliche Ernährung über dieses Hilfsmittel notwendig ist (= 3 Punkte).

VERSORGUNG MIT HILFE

	Versorgung selbständig	nicht täglich, nicht auf Dauer	täglich zusätzlich zu oraler Ernährung	ausschließlich oder nahezu
Ernährung parenteral oder über Sonde	0	0	6	3

Hinsichtlich der Punktevergabe wird bei der höchsten Punktzahl (zusätzlich zu oraler Ernährung) der regelmäßig besondere Unterstützungsbedarf in dieser Situation berücksichtigt.

Bei KINDERN bis zu 18 Monaten wird darüber hinaus bewertet, ob gravierende Probleme bei der Nahrungsaufnahme bestehen, die einen außergewöhnlichen pflegeintensiven Hilfebedarf auslösen.

Beispiel:
Kann eine Person sich die Zähne selbst putzen und das Gesicht waschen, wenn zuvor die notwendigen Utensilien wie Waschlappen und Zahnbürste bereitgestellt werden, würde man sie als überwiegend selbständig einstufen. Muss dagegen eine Pflegeperson teilweise die Körperpflege übernehmen, wäre die betroffene Person überwiegend unselbständig.

Aus den in diesem Modul vergebenen Punkten wird wieder ein GESAMTMODULWERT errechnet.

7. Modul 5: Bewältigung von und selbständiger Umgang mit krankheits- oder therapiebedingten Anforderungen und Belastungen

In diesem Bereich wird die Fähigkeit zur SELBSTÄNDIGEN KRANKHEITSBEWÄLTIGUNG durch die betroffene Person betrachtet. Die Fähigkeiten, die abgefragt werden, haben große Ähnlichkeit mit der häuslichen Krankenpflege. Überprüft wird an dieser Stelle aber nicht, welche behandlungspflegerischen Maßnahmen notwendig sind, sondern ausschließlich, über welche Ressourcen der Betroffene selbst verfügt, also wie er mit Therapien und anderen krankheitsbedingten Anforderungen umgehen kann. Das bedeutet, dass zu ermitteln ist, ob er die körperlichen und kognitiven Fähigkeiten sowie die Motivation und Kenntnisse hat, seine ERKRANKUNG UND die damit einhergehenden SYMPTOME ZU KONTROLLIEREN. Zu denken wäre dabei beispielsweise an die selbständige Durchführung und Deutung von Blutzuckermessungen, das Anziehen von Kompressionsstrümpfen, das Anlegen einer Prothese oder das eigenständige Aufsuchen eines Arztes.

Dazu gehört:

- Medikation,
- Injektionen,
- Versorgung intravenöser Zugänge,
- Absaugen und Sauerstoffgabe,
- Einreibungen oder Kälte- und Wärmeanwendung,
- Messung und Deutung von Körperzuständen,
- der Umgang mit körpernahen Hilfsmitteln,

- Verbandswechsel und Wundversorgung,
- Versorgung mit Stoma,
- regelmäßige Einmalkatheterisierung und Nutzung von Abführmethoden,
- Therapiemaßnahmen in häuslicher Umgebung,
- zeit- und technikintensive Maßnahmen in häuslicher Umgebung,
- Arztbesuche,
- Besuche anderer medizinischer oder therapeutischer Einrichtungen (bis zu 3 Stunden),
- zeitlich ausgedehnte Besuche anderer medizinischer oder therapeutischer Einrichtungen (länger als 3 Stunden),
- Einhaltung einer Diät oder anderer krankheits- oder therapiebedingter Verhaltensvorschriften.

In diesem Bereich wird häufig ein Hilfebedarf dahingehend festgestellt, dass die betroffene Person eine Anleitung, Motivation oder Schulung benötigt.

Der Gutachter erfasst zunächst, welche Maßnahmen überhaupt ÄRZTLICH ANGEORDNET wurden und überprüft bei diesem Modul dann zum einen, wie selbständig eine Person im Umgang mit den krankheitsbedingten Anforderungen ist, und zum anderen, wie oft Hilfe benötigt wird. Die Selbständigkeit wird wieder mit der Einteilung 0 Punkte = selbständig bis 3 Punkte = unselbständig bewertet. Zusätzlich wird die Anzahl ermittelt, wie häufig jemand Hilfe pro Tag, pro Woche oder pro Monat benötigt. Bei diesem Modul findet also hinsichtlich der einzelnen Fähigkeiten eine doppelte Erfassung statt.

MODUL 5: BEWÄLTIGUNG VON UND SELBSTÄNDIGER UMGANG MIT KRANKHEITS- ODER THERAPIEBEDINGTEN ANFORDERUNGEN UND BELASTUNGEN

				Häufigkeit der Hilfe (Anzahl)		
		entfällt	**selbständig**	**pro Tag**	**pro Woche**	**pro Monat**
5.1	Medikation		0–3 Punkte			
5.2	Injektion		...			
5.3	Versorgung intravenöser Zugänge		...			
	... weitere Feststellungsfragen siehe vertikale Auflistung oben					

Beispiel:
Nach einer Krebsoperation hat Herr L einen künstlichen Darmausgang und muss Medikamente einnehmen. Hinzu kommen Kontrolltermine beim Arzt. Da er bereits vor der Krebserkrankung unter Diabetes litt, muss er zusätzlich noch auf seinen Blutzuckerspiegel achten und gelegentlich spritzen. Mit der Diabetes kam er bisher gut zurecht. Zusammen mit den Folgen der Krebserkrankung fühlt er sich zunehmend überfordert und benötigt zusätzlich Unterstützung.

TIPP:
Die Berechnung des Gesamtwertes ist in diesem Modul recht kompliziert und nur mithilfe interner Umrechnungsanleitungen ermittelbar. Die Punkteberechnung kann aber gerade dann, wenn man einen Widerspruch gegen das Gutachten einlegen will, entscheidend sein. Lassen Sie sich am besten vom Gutachter die Berechnung erläutern, wenn in diesem Modul Punkte für Sie oder Ihre Angehörigen vergeben werden.

In diesem Modul einen MODUL-GESAMTWERT zu ermitteln, ist etwas schwieriger als bei den übrigen. Die Punkte bei der Selbständigkeit rechnet der Gutachter rein rechnerisch zusammen. Die Angaben zur Häufigkeit werden dagegen mit Hilfe einer Anleitung in einen Tageswert umgerechnet. Dieser Tageswert ist bei täglichen Hilfen entsprechend größer als bei lediglich wöchentlichen oder monatlichen, da häufiger Hilfe benötigt wird. Der so ermittelte Tageswert wird zu den Punkten der Selbständigkeit dazu gerechnet und ergibt dann einen Gesamt-Modulwert für Modul 5.

8. Modul 6: Gestaltung des Alltagslebens und sozialer Kontakte
Das Modul 6 enthält zentrale Aspekte zur Gestaltung des Alltags und zur Unterhaltung sozialer Kontakte. Geprüft wird hier die Fähigkeit, den TAGESABLAUF selbständig und individuell zu gestalten und mit anderen Menschen in KONTAKT zu treten. Abgestellt wird dabei auf den konkreten Lebensraum des Einzelnen. Es werden typische Bereiche des Alltagslebens abgefragt, in denen sowohl motorische Fähigkeiten benötigt werden als auch mentale.

Abgefragt werden:

- Gestaltung des Tagesablaufs und Anpassung an Veränderungen,
- Ruhen und Schlafen,
- sich beschäftigen,
- Vornehmen von in die Zukunft gerichteten Planungen,
- Interaktionen mit Personen im direkten Kontakt,
- Kontaktpflege zu Personen außerhalb des direkten Umfelds.

Die Kontaktpflege kann beispielsweise durch einen selbständigen Besuch eines Gottesdienstes oder einer Spielrunde gegeben sein. Ein Hilfebedarf kann aber auch darin bestehen, dass die Personen angeleitet und beaufsichtigt werden müssen.

Wie bei Modul 1 Mobilität und bei Modul 4 Selbstversorgung erfolgt die Bewertung wieder anhand der bekannten vierstufigen Skala „SELBSTÄNDIG“ = 0 Punkte, „ÜBERWIEGEND SELBSTÄNDIG“ = 1 Punkt, „ÜBERWIEGEND UNSELBSTÄNDIG = 2 Punkte und „UNSELBSTÄNDIG“ = 3 Punkte. Es wird demnach wieder überprüft, was die betroffene Person noch selbst erledigen kann, ob sie der Motivation und Unterstützung bedarf oder ob einzelne Aufgaben sogar ganz von einer Pflegeperson übernommen werden müssen.

MODUL 6: GESTALTUNG DES ALLTAGSLEBENS UND SOZIALER KONTAKTE

		selbständig	überwiegend selbständig	überwiegend unselbständig	unselbständig
6.1	Gestaltung des Tagesablaufs und Anpassung an Veränderungen	0	1	2	3
6.2	Ruhen und Schlafen	0	1	2	3
6.3	Sich beschäftigen	0	1	2	3
	... weitere Feststellungsfragen siehe Auflistung oben				

Beispiel:
Frau M leidet unter Demenz. Wenn ihre Tochter sie morgens versorgt hat und sie in einen Sessel ans Fenster setzt, bleibt Frau M dort sitzen, bis ihre Tochter mittags mit ihr kocht. Aus eigenem Antrieb bewegt Frau M sich weder aus dem Sessel, obwohl sie dies körperlich könnte, noch beschäftigt sie sich mit etwas.

Der rechnerische GESAMT-MODULWERT für dieses Modul fließt ebenfalls in die Gesamtbewertung des Pflegebedarfs ein.

9. Modul 7: Außerhäusliche Aktivitäten

Der Bereich der außerhäuslichen Aktivitäten wird zwar von dem Gutachter abgefragt, um einen möglichst umfassenden Überblick auf die persönliche Lebenssituation des Betroffenen zu erhalten, fließt aber nicht in die Bewertung des Pflegegrades selbst ein. Der Unterstützungsbedarf, der hier festgestellt wird, kann die spätere Versorgungsplanung erleichtern und hilft auch die Feststellungen in den Modulen 1 bis 6 nochmals zu überprüfen.

Erhoben wird in diesem Bereich,

- ob sich eine Person selbständig im öffentlichen Raum bewegen, also den eigenen Wohnraum verlassen und sich außerhalb der Wohnung bewegen,
- an kulturellen, religiösen oder sportlichen Veranstaltungen teilnehmen sowie
- welche Transportmittel sie selbständig nutzen kann; ebenso
- Besuch von Schule, Kindergarten, Arbeitsplatz, einer Werkstatt für behinderte Menschen sowie Einrichtungen der Tages- oder Nachtpflege oder Tagesbetreuungsangebote.

Beispiel:
Der Gutachter fragt danach, ob die Person regelmäßig an Zusammenkünften mit anderen, wie Konzertbesuchen oder Gruppentherapien, teilnimmt oder regelmäßig spazieren geht.

Abgestellt wird hier wieder auf die Selbständigkeit bzw. den Unterstützungsbedarf.

10. Modul 8: Haushaltsführung
In diesem Modul wird von dem Gutachter die Selbständigkeit der betroffenen Person bei typischen Tätigkeiten der Haushaltsführung ermittelt sowie der Inanspruchnahme von Dienstleistungen. Die Bewertung fließt nicht in die Gesamtbewertung zur Ermittlung des Pflegegrades ein. Sie dient lediglich der VERVOLLSTÄNDIGUNG eines Gesamtüberblicks über die persönliche Situation des Betroffenen. Dem Gutachter soll es durch diese zusätzlichen Informationen, die nicht der Erfassung des Pflegebedarfs dienen, gelingen, einen umfassenden Überblick über die Lebenssituation der betroffenen Person zu erhalten.

Betrachtet werden

- das Einkaufen (bzw. die Möglichkeit dazu) durch den Betroffenen selbst sowie die Zubereitung einfacher Mahlzeiten, Aufräumen, Putzen und Wäschepflege,
- seine Fähigkeit zur Durchführung von Behördengängen und schließlich
- die Regelung finanzieller Angelegenheiten durch ihn selbst.

Beispiel:
Herr O wohnt seit 30 Jahren in seinem Viertel und geht regelmäßig spazieren. Er kann zu dem Lebensmittelmarkt nebenan gehen, wenn ihm eine Hilfsperson eine Einkaufsliste schreibt und jemand beim Tragen der Einkünfte hilft. Demnach ist er in diesem Bereich noch überwiegend selbständig.

III. Ermittlung des Pflegegrades

Die vorgestellten Module ermöglichen es dem Gutachter festzustellen, in welchem Bereich und in welchem Ausmaß eine pflegebedürftige Person Unterstützung benötigt. Nunmehr muss ermittelt werden, welchem PFLEGEGRAD die betroffene Person zugeordnet werden kann.

§ 15 Absatz 2 SGB XI enthält Regelungen dazu, wie aus den Ergebnissen der einzelnen Module ein Gesamtwert und damit ein Pflegegrad errechnet wird. Erst aufgrund der Gesamtbewertung aller Fähigkeiten und Beeinträchtigungen im Rahmen der Überprüfung der oben genannten sechs relevanten Module erfolgt eine Einstufung in einen der fünf Pflegegrade. Die Berechnung für die Zuordnung zu einem Pflegegrad erfolgt mit Hilfe einer mehrschrittigen Berechnungsfolge auf Basis einer pflegefachlich begründeten BEWERTUNGSSYSTEMATIK .

TIPP:
Wenden Sie sich an Ihre Pflegekasse, damit man Ihnen die Ermittlung des Pflegegrades anhand des Gutachtens und der darin vorgenommenen Schritte genau erläutert.

Zuerst werden – wie oben dargestellt – innerhalb der EINZELNEN MODULE für jedes einzelne erhobene Kriterium je nach Schwere der Beeinträchtigung oder Häufigkeit des Vorkommens bestimmte Punktwerte ermittelt. Das geschieht beim Pflegebedürftigen während der Begutachtung, indem der Gutachter seine Erkenntnisse in den Begutachtungsbogen einträgt. Diese Punktwerte werden dann je Modul addiert, so dass man einen MODUL-GESAMTWERT erhält. Für jedes der sechs Module erhält man auf diese Weise einen Zahlenwert.

Diese sechs einzelnen Modulwerte zusammen ergeben einen Wert, der den Grad der Pflegebedürftigkeit bestimmt. Die Module sind untereinander aber nicht gleichwertig, sondern werden im Hinblick auf die Pflegebedürftigkeit eines Menschen unterschiedlich stark GEWICHTET und fließen damit auch unterschiedlich stark in die Gesamtwertung ein. Die Fähigkeiten einer Person, sich selbst zu versorgen (Modul 4), werden dabei stärker berücksichtigt als die Möglichkeiten der Mobilität (Modul 1). Die einzelnen Modulwerte müssen daher zueinander INS

VERHÄLTNIS gesetzt werden. So ergibt sich ein Gesamtpunktwert, der die Zuordnung zu einem Pflegegrad erlaubt. Dieses Verfahren ist vom Bundesministerium für Gesundheit verbindlich festgelegt. Damit alle betroffenen Personen EINHEITLICH BEWERTET werden können, hat der Spitzenverband der Pflegekassen VERFAHRENSANLEITUNGEN zur Handhabung für die Gutachter erarbeitet. Diese werden regelmäßig geschult.

Ermittlung des Pflegegrades:
Um eine zu begutachtende Person einem Pflegegrad zuzuordnen, müssen die Gutachter in DREI SCHRITTEN vorgehen:

- Schritt 1: In den einzelnen sechs Bewertungs-Modulen wird für jedes der einzelnen Kriterien ein EINZELPUNKTWERT ermittelt.
- Schritt 2: Die ermittelten Einzelwerte werden zu einem Gesamtwert für das jeweilige bewertungsrelevante Modul zusammengefasst (dies ergibt SECHS MODULWERTE).
- Schritt 3: Die einzelnen Modul-Gesamtwerte werden nach einer festgelegten GEWICHTUNG ins Verhältnis zueinander gesetzt und ein GESAMTWERT zur Ermittlung des Pflegegrades ermittelt. Die Gewichtung spiegelt die unterschiedliche Berücksichtigung der einzelnen Module wider.

So ergibt sich letztendlich ein Gesamtwert, der den individuellen Pflegegrad des Betroffenen ergibt.

1. Ermittlung der Einzelpunktwerte innerhalb eines Moduls (Schritt 1)
Im ersten Schritt werden in jedem Modul die einzelnen Punkte, die vor Ort vom Gutachter vergeben wurden, zu einem Gesamtwert zusammengezählt. Die Bewertung der einzelnen Fähigkeit oder Auffälligkeit in jedem Modul wird von dem Gutachter mit einem EINZELPUNKTWERT versehen. Der Gutachter ist gehalten, diese Prüfung bei jedem einzelnen Kriterium der sechs feststellungsrelevanten Module individuell vorzunehmen. Dadurch erhält er für jede zu überprüfende Frage einen Einzelpunktwert. Diese EINZELPUNKTE werden wie zuvor erläutert nach einem vorgegebenen System vergeben.

In den MODULEN 1, 4 UND 6 wird die Selbständigkeit bzw. Beeinträchtigung der Fähigkeiten in den einzelnen Bereichen in jeweils vier Schweregrade eingeteilt. Jede Fähigkeit, wie zum Beispiel die Fähigkeit Treppen zu steigen (= in Modul 1) oder den Oberkörper zu waschen (= in Modul 4), wird mit 0 bis 3 Punkten bewertet, je nachdem, ob die Person diese Aktivitäten selbständig oder unselbständig ausführen kann. In MODUL 2 wurde das Vorhandensein bestimmter Fähigkeiten eingeschätzt und mit Punkten versehen, in MODUL 3 die Häufigkeit bestimmter Verhaltensweisen bewertet. Bei MODUL 5 ist die Ermittlung der Summe der Einzelwerte etwas komplizierter: Zwar wurde auch hier die Selbständigkeit mit einem Punktwert von 0 bis 3 Punkten bewertet, aber zusätzlich erfasst der Gutachter auch noch die Häufigkeit von Hilfen pro Tag, Woche oder Monat. Diese Anzahl der Hilfen muss hier erst noch mittels eines Rechenschritts in einen Tageswert umgerechnet werden, der dann in die Berechnung des Gesamtwertes für dieses Modul einfließt.

Modul 1: Mobilität
Überprüft wird die Fähigkeit zu:

1.1 Positionswechsel im Bett

1.2 Stabile Sitzposition halten

1.3 Aufstehen aus sitzender Position/Umsetzen

1.4 Fortbewegen innerhalb des Wohnbereichs

1.5 Treppensteigen

Hinsichtlich jeder Fähigkeit prüft der Gutachter, ob die betroffene Person die Tätigkeit selbständig ausführen kann oder Hilfe/Anleitung benötigt und vergibt dafür Punkte:

0 = selbständig

1 = überwiegend selbständig

2 = überwiegend unselbständig

3 = unselbständig

PRÜFUNGSKRITERIEN	SELBSTÄNDIG	ÜBERWIEGEND SELBSTÄNDIG	ÜBERWIEGEND UNSELBSTÄNDIG	UNSELBSTÄNDIG
Positionswechsel	0	1	2	3
Halten einer stabilen Sitzposition	0	1	2	3
Umsetzen	0	1	2	3
Fortbewegen innerhalb des Wohnbereichs	0	1	2	3
Treppensteigen	0	1	2	3

Beispiel:
Bei der Begutachtung von Frau G würde das Modul 1 einen Modul-Gesamtwert von 3 als Summe der Einzelpunkte für die einzelnen Kriterien ergeben. Entsprechend würde auch bei den anderen Modulen verfahren, so dass man insgesamt 6 Modul-Gesamtwerte erhält, für jedes Modul einen.

SCHRITT 1:
Der Gutachter geht mit der hilfebedürftigen Person bzw. den anwesenden Angehörigen jedes einzelne Bewertungsmodul durch und vergibt für jedes einzelne Kriterium innerhalb der Module einen Punktwert anhand einer festgelegten Bewertungsskala. Diese Bewertung erfolgt entweder nach Selbständigkeit oder Häufigkeit bei bestimmten Verhaltensweisen. Aus dem Zusammenrechnen der Einzelwerte innerhalb eines Moduls ergibt sich ein Modul-Gesamtwert.

ACHTUNG!
Der Gutachter darf nicht selbst nach seinem Empfinden entscheiden, wie stark die einzelnen Module gewichtet werden. Die Gewichtung ist mittels einer festgelegten Umrechnungstabelle vorgegeben. Der Gutachter muss dort die jeweiligen zusammengerechneten Modul-Gesamtwerte eintragen und erhält dann einen gewichteten Wert.

2. Ermittlung und Gewichtung der Gesamtmodulwerte (Schritt 2)

Im ersten Schritt hat man die Einzelpunkte für jedes Kriterium innerhalb eines Moduls ermittelt und dann einen MODUL-GESAMTWERT daraus errechnet (im Beispiel von Frau G = 3 Punkte im Modul 1). Nun liegen entsprechend 6 Modul-Gesamtwerte vor. Die sechs Module sind aber in der Gesamtbetrachtung zur Ermittlung der Schwere des Pflegebedarfs einer Person nicht alle gleichwertig, sondern werden unterschiedlich stark berücksichtigt. Es muss also eine GEWICHTUNG der einzelnen Module innerhalb der Gesamtbetrachtung vorgenommen werden.

Die GEWICHTUNG führt dazu, dass die jeweilige Schwere der Beeinträchtigungen von Selbständigkeit und/oder Fähigkeiten der betroffenen Personen mit körperlichen Defiziten einerseits und kognitiven oder psychischen Defiziten andererseits sachgerecht bei der BILDUNG DES GESAMTWERTS berücksichtigt wird. Damit soll erreicht werden, dass die einzelnen Bedarfe der begutachteten Personen angemessen in die Gesamtbewertung einfließen. Der Pflege- und Betreuungsaufwand von Personen mit körperlichen Defiziten ist nicht unmittelbar mit dem von Personen mit kognitiven oder psychischen Beeinträchtigungen zu vergleichen, die ständig beaufsichtigt und ermutigt werden müssen.

Die Mobilität fließt beispielsweise auch nur mit 10 % in die Gesamtwertung ein, die kognitiven und kommunikativen Fähigkeiten zusammen mit den Verhaltensweisen und psychischen Problemlagen sowie der Gestaltung des Alltagslebens und sozialer Kontakte dagegen mit zusammen 30 %. Kommen bei einzelnen Personen körperliche und kognitive/psychische Beeinträchtigungen zusammen, wird dies durch das

Modulsystem und die Gewichtung ebenfalls abgebildet. Selbstversorgung zusammen mit Mobilität haben für die pflegefachliche Einschätzung und die Ausprägung von Pflegebedürftigkeit eine zentrale Bedeutung und werden daher entsprechend stark mit zusammen 50 % des Gesamtwerts gewichtet (Mobilität 10 % und Selbstversorgung 40 %). Diese unterschiedliche Gewichtung wurde von Pflegeexperten erarbeitet.

Module und deren Gewichtung:

Mobilität	10 %
Kognitive und kommunikative Fähigkeiten	
Verhaltensweisen und deren Problemlagen zusammen	15 %
Selbstversorgung	40 %
Umgang mit krankheits-/therapiebedingten Anforderungen	20 %
Gestaltung des Alltagslebens und soziale Kontakte	15 %
	100 %

Begutachtung von Pflegebedürftigkeit –
Sechs Lebensbereiche („Module") werden betrachtet und gewichtet

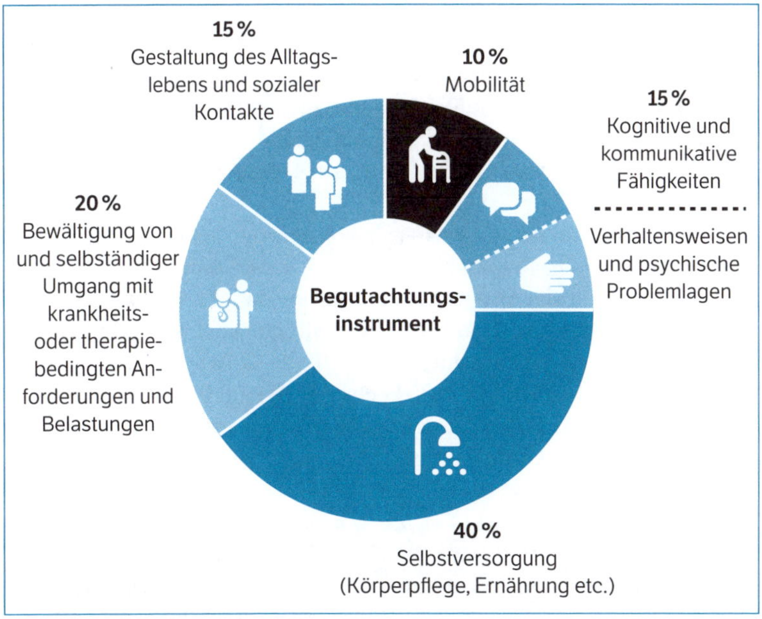

© Medizinischer Dienst Bund
Quelle: https://md-bund.de/fileadmin/bilder/Infografiken/Grafik-PB-Module-Kreis-DEU-300dpi.jpg

Die Summe der Einzelpunkte für das MODUL 1 „Mobilität", also der Modul-Gesamtwert, wird in der Gesamtbetrachtung somit mit 10 % berücksichtigt. Die MODULE 2 „kognitive und kommunikative Fähigkeiten" und 3 „Verhaltensweisen und psychische Problemlagen" werden GEMEINSAM ERFASST werden. Nur der jeweils höhere Punktwert fließt in die Gesamtbewertung ein, und wird mit 15 % gewichtet. Ein Grund hierfür ist, dass beide Bereiche einen psychosozialen Unterstützungsbedarf nach sich ziehen, der sich nicht ohne weiteres einzelnen Handlungen zuordnen lässt. Die Summe der Einzelwerte beim MODUL 4 „Selbstversorgung" erhält die stärkste Gewichtung und fließt mit 40 % in die Gesamtbewertung mit ein. Der Gesamt-Modulwert von MODUL 5 „Bewältigung und Umgang mit krankheitsbedingten Belastungen" geht mit 20 % in die Berechnung des Pflegegrades ein und der Wert des MODULS 6 „Gestaltung des Alltagslebens" mit 15 %.

Um den Gutachtern diese Gewichtung zu erleichtern, gibt es festgelegte Umrechnungsskalen. Das nachfolgende Muster soll diese interne Umrechnung nach Gewichtung exemplarisch aufzeigen, zeigt aber auch, wie kompliziert die Bewertung tatsächlich ist.

Modul 1: Mobilität

Im Beispiels-Fall von Frau G ist diese in ihrer Mobilität so beeinträchtigt, dass sie sich zwar noch selbständig im Bett umdrehen (= 0 Punkte) und mit Hilfe einer Haltestange aufsetzen und diese Position halten (= 0 Punkte), aber nur im Beisein Dritter aufstehen und sich fortbewegen (= je 1 Punkt), sowie Treppen steigen kann (= 1 Punkte). Dadurch wurde ein MODUL-GESAMTPUNKTWERT von 3 PUNKTEN in diesem Modul ermittelt.

Dieser Punktwert muss nun wiederum von dem Gutachter anhand einer festgelegten Skala nach seiner Erheblichkeit im Gesamtbild eingeordnet, also gewichtet werden. In dem Beispielsfall im Modul 1 entsprächen 3 Punkte einem GERINGEN Grad der Beeinträchtigung der Selbständigkeit und damit dem WERT 2,5 auf einer Gewichtungs-Skala von 0–10 Punkten. Die Gewichtungsskala hat deshalb höchstens 10 Punkte, weil das Modul 1 „Mobilität" mit 10 % in den späteren Gesamtwert zur Einstufung der Person in einen Pflegegrad einfließt.

Würde die betroffene Person so in ihrer Mobilität eingeschränkt sein, dass alle Kriterien mit „unselbständig" bewertet werden müssten, also jeweils 3 Punkte, käme am Ende ein Gesamtmodulwert von 15 Punkten heraus (= Schritt 1). Setzt man diesen Gesamt-Modulwert nun mittels der oben aufgezeigten Gewichtungs-Skala ins Verhältnis (= Schritt 2), ergäbe sich ein gewichteter Modulwert von 10. Dieser höchste Wert entspricht gleichzeitig der Gewichtung des Moduls Mobilität in der Gesamtbetrachtung der Pflegebedürftigkeitsbewertung, nämlich 10 %. Hier kann man den mathematischen Hintergrund der Umrechnungsskala erkennen. Für Frau G fließt dagegen für das Modul 1 ein gewichteter Wert von 2,5 in den nachfolgenden Schritt ein.

Insgesamt könnte somit theoretisch, wenn jemand in allen Kriterien in allen Modulen höchste Punktzahl erreichen würde, ein Gesamtwert von 100 Punkten herauskommen, der 100 % entspricht und damit absoluter Pflegebedürftigkeit.

SCHWEREGRAD DER BEEINTRÄCHTIGUNG DER SELBSTÄNDIGKEIT ODER DER FÄHIGKEITEN:

MODUL	keine Beeinträchtigung	geringe	erhebliche	schwere	schwerste	
Mobilität	0–1	2–3	4–5	6–9	10–15	SUMME Modul 1
	0	2,5	5	7,5	10	GEWICHTUNG 10 %
Kognitive und kommunikative Fähigkeiten	0–1	2–5	6–10	11–16	17–33	SUMME Modul 2
Verhaltensweisen und psychische Problemlagen	0	1–2	3–4	5–6	7–65	SUMME Modul 3
	0	3,75	7,5	11,25	15	GEWICHTUNG ZUS. 15 %
Selbstversorgung	0–2	3–7	8–18	19–36	37–54	SUMME Modul 4
	0	10	20	30	40	GEWICHTUNG 40 %
Bewältigung von und Umgang mit krankheits- und therapiebedingten Anforderungen	0	1	2–3	4–5	6–15	SUMME Modul 5
	0	5	10	15	20	GEWICHTUNG 20 %
Gestaltung des Alltagslebens und sozialer Kontakte	0	1–3	4–6	7–11	12–18	SUMME Modul 6
	0	3,75	7,5	11,25	15	GEWICHTUNG 15 %

SCHRITT 2:
Der Gutachter gewichtet die in Schritt 1 errechneten Gesamt-Modulwerte eines jeden Moduls (insgesamt sechs Werte, für jedes Modul einen) anhand einer vorgegebenen Umrechnungs-Skala und stellt sie damit zueinander ins Verhältnis.

Unter Berücksichtigung aller Bewertungsvorgaben hat der Gutachter am Ende dieses Prüfungsschritts 2 insgesamt SECHS GEWICHTETE GESAMT-MODULWERTE ermittelt. Jeder dieser einzelnen gewichteten Gesamt-Modulwerte zeigt auf, wie stark die Selbständigkeit oder die Fähigkeit, innerhalb eines der sechs Module mit der Pflegebedürftigkeit umzugehen, Einfluss auf den Grad der Pflegebedürftigkeit insgesamt hat.

3. Zusammenrechnung der gewichteten Gesamt-Modulwerte (Schritt 3)
Jedes Modul erhält also am Ende einen gewichteten Gesamt-Punktwert, der in die Gesamtbewertung zur Bestimmung des Pflegegrades einfließt. Zählt man die sechs gewichteten Gesamt-Modulwerte zusammen, ergibt sich ein GESAMTPUNKTWERT zwischen 0 und 100 Punkten. Personen, die in allen Bereichen selbständig und in ihren Fähigkeiten nicht beeinträchtigt sind, würden am Ende jeden Moduls nur 0 Punkte erhalten und damit nach der Gewichtung im Endergebnis auch nur 0 Punkte. Wer dagegen in allen Bereichen unter größtmöglichen Beeinträchtigungen seiner Selbständigkeit oder seiner Fähigkeiten leidet, würde nicht nur die Höchstpunktzahl in jedem Modul erreichen, sondern am Ende nach Gewichtung auch 100 Gesamtpunkte erhalten.

Innerhalb dieses Gesamt-Spektrums von 100 möglichen Punkten wurden die Pflegegrade angesiedelt:

- 12,5 bis unter 27 Gesamtpunkte ergeben den PFLEGEGRAD 1. Hier liegt insgesamt eine geringe Beeinträchtigung der Selbständigkeit oder der Fähigkeiten vor.
- 27 bis unter 47,5 Gesamtpunkte ergeben den PFLEGEGRAD 2. Eine erhebliche Beeinträchtigung der Selbständigkeit oder der Fähigkeiten ist gegeben.
- 47,5 bis unter 70 Gesamtpunkte ergeben den PFLEGEGRAD 3. Die betroffene Person ist in ihrer Selbständigkeit oder den Fähigkeiten schwer beeinträchtigt.
- 70 bis unter 90 Gesamtpunkte ergeben den PFLEGEGRAD 4. Es liegen schwerste Beeinträchtigungen der Selbständigkeit oder der Fähigkeiten vor.
- 90 bis 100 Gesamtpunkte ergeben den PFLEGEGRAD 5. Es liegen schwerste Beeinträchtigungen der Selbständigkeit oder der Fähigkeiten vor, mit besonderen Anforderungen an die pflegerische Versorgung, und damit eine BESONDERE BEDARFSKONSTELLATION.
  - Eine besondere Bedarfskonstellation, die besondere Anforderungen an die pflegerische Versorgung aufweist, liegt beispielsweise bei einer Gebrauchsunfähigkeit der Arme und Beine oder ausgeprägten motorischen Verhaltensauffälligkeiten mit Selbst- und Fremdgefährdung vor.

SCHRITT 3:
Zählt man die sechs gewichteten und umgewandelten Modul-Gesamtwerte summarisch zusammen, ergibt sich aus der Summe der Pflegegrad. Um die Voraussetzungen zu erfüllen, überhaupt einem Pflegegrad zugeordnet werden zu können und damit pflegebedürftig zu sein, muss die Begutachtung danach einen Mindestgesamtwert von 12,5 Punkten ergeben.

Diese komplizierte Ermittlung eines Pflegegrades soll dafür sorgen, dass möglichst kein Mensch mit einem Hilfebedarf „durchs Raster fällt“.

5 Grade der Pflegebedürftigkeit (Pflegegrade)

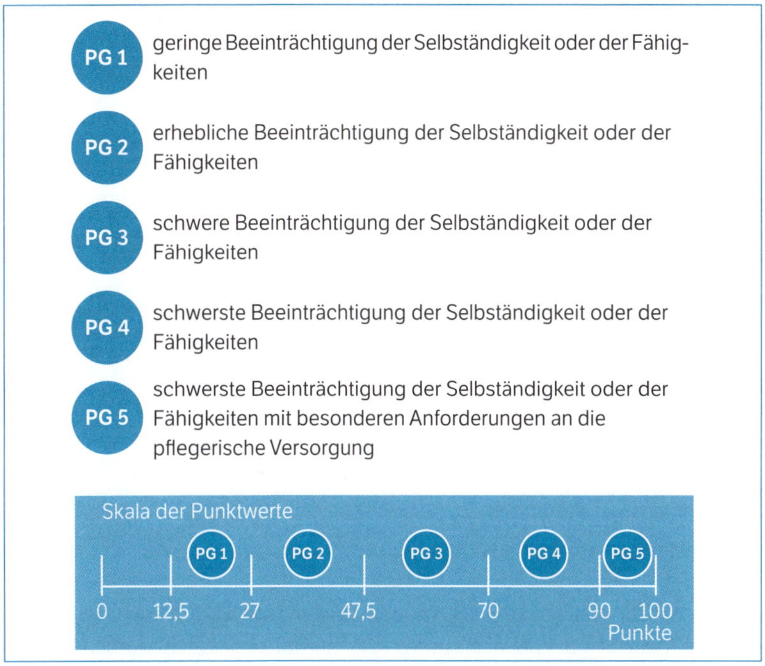

© Medizinischer Dienst des Spitzenverbandes Bund der Krankenkassen (MDS)
Quelle: https://md-bund.de/uploads/pics/MDS-Grafik-5Grade-300dpi_01.jpg

IV. Begutachtung von Kindern

Pflegebedürftigkeit kann in allen ALTERSSTUFEN auftreten. Nicht nur die altersbedingte, sondern auch die aufgrund einer Behinderung in jüngeren Jahren bestehende Pflegebedürftigkeit, zum Beispiel wegen eines Unfalls oder wegen Krankheit, kann dazu führen, dass man einen Anspruch auf Leistungen der Pflegekasse hat. Dass auch für KINDER Leistungen der sozialen Pflegeversicherung beansprucht werden können, ergibt sich bereits daraus, dass diese in die Familienversicherung einbezogen sind. Darüber hinaus bestimmt § 15 Absätze 6 und 7 SGB XI ausdrücklich, wie eine Begutachtung und Eingruppierung bei Kindern vorzunehmen sind.

1. Was ist bei der Begutachtung von Kindern anders?
Auch bei der Begutachtung von Kindern wird nach dem erläuterten Begutachtungsassessment (NBA) vorgegangen und es werden grundsätzlich die GLEICHEN MODULE wie auch bei erwachsenen Personen angewandt. Ebenso folgt die Bewertungssystematik den allgemeinen Vorgaben, jedoch abgestellt auf die BESONDERHEITEN GERADE KLEINER KINDER UNTER 11 JAHREN, die naturgemäß einige Tätigkeiten und Verrichtungen noch gar nicht selbständig erledigen können. Merkmale, die erst ab einem bestimmten Alter geprüft werden können, sind daher in den vom Gutachter anzuwendenden Handlungsvorgaben entsprechend gekennzeichnet. Es erfolgt der Hinweis an entsprechender Stelle, dass eine Beurteilung „bei Kindern im Alter unter ... Monaten nicht erforderlich" ist, oder die konkrete Angabe eines Alters, ab der das Kriterium erst Anwendung findet.

Modul 4 Selbstversorgung
4.1 Vorderen Oberkörper waschen (zu beurteilen ab 2 Jahre.)

...

4.4 Duschen oder Baden (zu beurteilen ab 4 Jahren)

4.5 Oberkörper an- und auskleiden

Der Gutachter stellt bei der Begutachtung den tatsächlich vorhandenen GRAD DER ABHÄNGIGKEIT des Kindes fest. Im Rahmen der Begutachtung werden betroffene Kinder und Heranwachsende hinsichtlich der Beeinträchtigung ihrer Selbständigkeit und eventueller Fähigkeitsstörungen in den Modulen 1, 2, 4 und 6 mit altersentsprechend entwickelten Kindern VERGLICHEN. Dies geschieht jedoch objektiv, der Gutachter selbst muss nicht beurteilen, ob die festgestellte Abhängigkeit altersgemäß ist. Dieser Vergleichsmaßstab ist bereits in der Punkteberechnung hinterlegt. Bei den Modulen 3 (Verhaltensweisen und psychische Problemlagen) und 5 (Bewältigung von und selbständiger Umgang mit krankheits- oder therapiebedingten Anforderungen und Belastungen) spielt das Alter des Kindes dagegen keine Rolle

Die Begutachtung von Kindern erfolgt in der ALLTAGSWELT eines Kindes des jeweiligen Alters. Für SÄUGLINGE und KLEINKINDER unter 18 Monaten gibt es eine besondere Bewertung, die die besondere Situation eines von der Norm abweichenden Pflegebedarfs eines Kleinkindes sicherstellen soll. Stellt man bei der Überprüfung, ob Pflegebedürftigkeit vorliegt, auf das Maß der SELBSTÄNDIGKEIT ab, ist zu bedenken, dass Säuglinge von Natur aus in allen Bereichen des Alltagslebens unselbständig sind.

Je jünger ein Kind ist, desto weniger ist es möglich darzustellen oder festzulegen, welchen Bedarf das Kind hat, der über die herkömmliche Pflege und Versorgung hinausgeht. Dies ist erst mit zunehmendem Alter des Kindes möglich. Erst dann kann festgestellt werden, welche Abweichungen von dem altersgemäßen Grad der Selbständigkeit vorliegen, und erst dann ist eine Messung der benötigten personellen Hilfe möglich.

Würde man schon vorher das NBA ohne Sonderregelungen für diese Altersgruppe anwenden, bekämen Kinder unter 18 Monaten in der Regel keinen Zugang zu einem Pflegegrad oder nur zu einem zu niedrigen. Außerdem müssten aufgrund der fortlaufenden Entwicklungsphasen der Kinder ständig neue Begutachtungen vorgenommen werden. Der Gutachter muss daher nicht selbst entscheiden, was altersgemäß ist, sondern es wird der tatsächlich vorhandene Abhängigkeitsgrad dokumentiert.

Bei Kleinkindern unter 18 Monaten ENTFÄLLT daher eine BEGUTACHTUNG im Bereich der Module 1 (Mobilität), 2 (Kognitive und kommunikative Fähigkeiten) sowie 6 (Gestaltung des Alltagslebens und soziale Kontakte).

Allgemein kann man davon ausgehen, dass

- auch gesunde Kinder im Alter bis zu DREI JAHREN bei den Verrichtungen des Grundbedarfes regelmäßig unterstützt werden müssen.
- Im 4./5. LEBENSJAHR beherrschen gesunde gleichaltrige Kinder alterstypische Fertigkeiten und Eigenschaften: Die Grobmotorik ist vorhanden, die Feinmotorik reift heran, selbständiges An- und Auskleiden und selbständiges Waschen wird erlernt und ebenso das Zusammenspiel mit Gleichaltrigen.
- Mit knapp 6 JAHREN kann bei gesunden Kindern bei Vorliegen von Schulfähigkeit davon ausgegangen werden, dass sie für die Verrichtungen ihres Grundbedarfes im Allgemeinen keine Hilfe mehr benötigen. Ihre altersentsprechende geistige Entwicklung macht es lediglich erforderlich, sie generell zu beaufsichtigen, zu ermahnen und auch zu einzelnen Verrichtungen anzuhalten.

Das Modul 4 (Selbstversorgung) wird durch die Frage „Bestehen gravierende Probleme bei der Nahrungsaufnahme, die einen außergewöhnlichen pflegeintensiven Hilfebedarf im Bereich der Ernährung auslösen?" ersetzt. Eine Bejahung wird bei bestimmten Krankheitsbildern bzw. Behinderungen erfolgen müssen, wie beispielsweise bei Säuglingen mit schweren Fehlbildungen sowie angeborenen oder früh erworbenen schweren Erkrankungen eines oder mehrerer Organsysteme. Dadurch kann bei der häuslichen Pflege die Nahrungsaufnahme erheblich erschwert und um Stunden zeitaufwendiger sein. Auch kann die Nahrungsaufnahme bei einigen seltenen Syndromen oder schweren Cerebralparesen, die mit ausgeprägten Störungen der Mundmotorik einhergehen, erheblich erschwert sein.

Die Module 3 (Verhaltensweisen und psychische Problemlagen) sowie 5 (Bewältigung von und selbständiger Umgang mit ...) sind ALTERSUNABHÄNGIG zu bewerten.

2. Wie wird der Pflegegrad bei kleinen Kindern berechnet?

Die Begutachtung erfolgt im Sinne einer PAUSCHALIERTEN EINSTUFUNG und führt regelhaft zu etwas höheren Ergebnissen als bei Erwachsenen. Es gibt darüber hinaus gar keinen Pflegegrad 1. Kinder unter 18 Monaten können bis zum Erreichen des 18. Lebensmonats in dem einmal festgestellten Pflegegrad verbleiben, sofern nicht eine Wiederholungsbegutachtung aus fachlicher Sicht notwendig ist. Dies kann zum Beispiel der Fall sein, wenn relevante Veränderungen durch eine erfolgreiche Operation zu erwarten sind.

Nach § 15 Absatz 7 SGB XI werden Kinder unter 18 Monaten abweichend zu dem oben erläuterten Einstufungssystem eingruppiert:

- ab 12,5 bis unter 27 Gesamtpunkten in den Pflegegrad 2 (Erwachsene dagegen in 1)
- ab 27 bis unter 47,5 Gesamtpunkten in den Pflegegrad 3 (Erwachsene dagegen in 2)
- ab 47,5 bis unter 70 Gesamtpunkten in den Pflegegrad 4 (Erwachsene dagegen in 3)
- ab 70,5 Gesamtpunkten in den Pflegegrad 5.

Die Begutachtungs-Richtlinien, die den Gutachtern zur Verfügung stehen, listen konkret auf, welche der im Gesetz genannten Kriterien erfahrungsgemäß von altersentsprechend entwickelten, nicht-pflegebedürftigen Kindern eines bestimmten Alters ohne fremde Hilfe wahrgenommen werden können. Ab diesem jeweiligen ALTER ist ein Abweichen der Selbständigkeit oder der Fähigkeiten dann für die Beurteilung der Pflegebedürftigkeit heranzuziehen.

V. Dauer des Hilfebedarfs

Der festgestellte Bedarf an Hilfe im Rahmen der zuvor genannten Kriterien muss AUF DAUER , voraussichtlich für MINDESTENS SECHS MONATE, vorliegen. Diese Zeitspanne stellt eine zeitliche Untergrenze dar. Ein nur vorübergehender Hilfebedarf, wie nach einem Unfall oder einer Krankheit, führt nicht zur Pflegebedürftigkeit, wenn er nicht für mindestens sechs Monate besteht. Dies bedeutet allerdings nicht, dass in den ersten sechs Monaten einer Pflegebedürftigkeit keine Leistungen verlangt werden können, weil sozusagen erst einmal dieser Zeitraum abgewartet werden muss, bevor überhaupt Pflegebedürftigkeit vorliegt. Die Frage der voraussichtlichen Dauer muss vielmehr zum Zeitpunkt der Beurteilung sozusagen vorausschauend festgestellt werden. Pflegebedürftigkeit liegt daher vor, wenn sich die eingeschränkten oder nicht vorhandenen Fähigkeiten voraussichtlich innerhalb von sechs Monaten nach Eintritt der Hilfebedürftigkeit, beispielsweise durch rehabilitative Maßnahmen, nicht wiederherstellen lassen. Wichtig ist auch, dass Pflegebedürftigkeit auf Dauer auch unterstellt wird, wenn der Hilfebedarf nur deshalb nicht über sechs Monate hinausgeht, weil die zu erwartende Lebensspanne voraussichtlich weniger als sechs Monate beträgt. So soll vermieden werden, dass bei schnell voranschreitenden Krankheiten, die vielleicht erst spät entdeckt wurden, die notwendige Hilfe nicht erbracht werden kann.

VI. Die Bedeutung des Gutachtens

Das Begutachtungsinstrument und die Ermittlung des Pflegegrades wurden ausführlich dargestellt. Um sich auf den Begutachtungstermin vorbereiten zu können, sollte man aber auch wissen, welches die Hintergründe des Begutachtungsablaufs sind.

Verfahren zur Feststellung der Pflegebedürftigkeit:
(1) Das Verfahren kommt nur dann in Gang, wenn der betroffene Versicherte einen Antrag auf Überprüfung von Pflegebedürftigkeit bei seiner Pflegekasse stellt, oder eine andere Stelle wie ein Arzt oder das Krankenhaus mit seiner Einwilligung die Kasse auf eine mögliche Pflegebedürftigkeit hinweist.

(2) Die Pflegekasse beauftragt daraufhin den Medizinischen Dienst zur Begutachtung.

(3) Der Medizinische Dienst schickt einen Gutachter zu dem Versicherten, der eine Empfehlung an die Pflegekasse hinsichtlich der Eingruppierung in einen Pflegegrad abgibt.

(4) Die Pflegekasse entscheidet über den Pflegegrad und schickt dem Antragsteller einen entsprechenden Bescheid.

(5) Der Antragsteller akzeptiert diesen Bescheid oder er wehrt sich dagegen, indem er Widerspruch dagegen einlegt.

In Rechtsstreitigkeiten über die Feststellung von Pflegebedürftigkeit und die Zuordnung zu einem Pflegegrad, auch im gerichtlichen Verfahren, können die Gutachten des Medizinischen Dienstes als Entscheidungsgrundlage herangezogen werden.

1. Welche Qualifikation haben Gutachter?
Der Medizinische Dienst ist traditionell vorwiegend mit ÄRZTEN der unterschiedlichen Fachrichtungen besetzt. Bei den Begutachtungen werden aber auch Pflegefachkräfte und andere geeignete Fachkräfte herangezogen. Alle Gutachter sind auf die Durchführung der Begutachtung und die Anwendung der Begutachtungs-Richtlinien besonders GESCHULT. Dies ist erforderlich, um flächendeckend eine weitgehend einheitliche und vergleichbare Vorgehensweise bei der Erstellung der Bewertungsergebnisse zu erreichen. Pflegebedürftige sollen keinen Vor- oder Nachteil dadurch erhalten, dass sie in einer bestimmten Region leben oder ein Gutachter mit einer bestimmten Profession das Gutachten führt. Bei der Begutachtung von Kindern ist aufgrund der Besonderheit dieser Personen die Prüfung in der Regel von besonders geschulten Gutachtern mit einer Qualifikation als Gesundheits- und Kinderkrankenpfleger oder KINDERARZT vorzunehmen.

Die Gutachter des Medizinischen Dienstes sowie die sonstigen beauftragten Gutachter sind bei der Wahrnehmung ihrer medizinischen Aufgaben nach dem Gesetz in Anlehnung an ihren ärztlichen Eid nur ihrem ÄRZTLICHEN GEWISSEN unterworfen. Sie sind an die einschlägigen Richtlinien gebunden, letztlich aber gehalten, ihre Entscheidung im Einzelfall zu treffen. Auf diese Weise soll erreicht werden, dass zwar eine möglichst einheitliche Vorgehensweise eingehalten wird, aber dennoch der einzelne Mensch in seiner individuellen Situation im Vordergrund steht. Gerade letzteres hindert die Gutachter nicht, in den zu fertigenden Gutachten auf der Grundlage des von ihnen zu beurteilenden individuellen Sachverhalts, einzelne Vorgaben der Richtlinien in Frage zu stellen. Immerhin haben sie allein einen medizinisch-pflegerischen Sachverhalt aufzuklären und zu ergründen. Die rechtlichen Schlussfolgerungen aus diesem, zuallererst die Eingraduierung, sind von den Kranken- und Pflegekassen selbst zu treffen.

2. Was veranlasst die Versicherung, wenn ein Antrag eingeht?
Wenn ein ANTRAG AUF PFLEGELEISTUNGEN bei der Pflegekasse eingeht, muss diese zunächst die versicherungsrechtlichen Voraussetzungen prüfen. Das bedeutet, sie prüft zunächst, ob der Antragsteller überhaupt Mitglied ist oder eine Familienversicherung besteht und die Erfüllung der Vorversicherungszeiten gegeben ist. Erst dann leitet die Versicherung den Antrag an den Medizinischen Dienst weiter. Zusammen mit dem Antrag sind dem Medizinischen Dienst auch weitere für die Begutachtung erforderliche UNTERLAGEN vorzulegen, wie zum Beispiel über Vorerkrankungen, Klinikaufenthalte, über Hilfsmittelversorgung, zum behandelnden Arzt und zu einer etwa gewährten häuslichen Krankenpflege, soweit die Pflegekasse hierüber verfügt. Weitere Unterlagen können von behandelnden Ärzten oder Krankenhäusern nur herangezogen werden, wenn der Betroffene EINWILLIGT . Zu dieser Einwilligung wird durch die Pflegekasse regelmäßig aufgefordert; die privaten Versicherungen gehen genauso vor. Da die zu begutachtenden Personen häufig aufgrund ihres Alters oder Hilfebedarfs nicht (mehr) ausreichend in der Lage sind, ihre Situation vollständig zu erfassen und darzustellen, sollen mit Einverständnis des Versicherten auch pflegende ANGEHÖRIGE oder sonstige Personen oder Dienste, die an der bisherigen Pflege beteiligt sind, befragt werden. Dies gilt insbesondere auch für Vorsorgebevollmächtigte oder Betreuer.

Die Versicherten der Pflegeversicherung haben eine Mitwirkungspflicht. Das bedeutet, dass sie in der Regel, wenn sie Leistungen beantragen und erhalten,

- alle erheblichen Tatsachen angeben müssen,
- der Erteilung erforderlicher Auskünfte durch Dritte zustimmen müssen,

- Veränderungen der Verhältnisse unverzüglich mitteilen müssen,
- zu persönlichen Untersuchungen erscheinen müssen und
- sich einer Heilbehandlung unterziehen müssen, wenn dies zur Verringerung der Pflegebedürftigkeit beiträgt.

Im Normalfall untersucht der Medizinische Dienst oder der sonstige beauftragte Gutachter die Versicherten, die Pflegeleistungen beantragt haben, bei einem HAUSBESUCH . Dieser Besuch dient dazu, dass sich der Gutachter ein umfassendes Bild von der Wohn- und Lebenssituation des Antragstellers machen kann. So kann festgestellt werden, ob eine pflegerische Versorgung in der eigenen Wohnung möglich ist, welche Barrieren vorliegen, ob Umbaumaßnahmen empfohlen werden müssen sowie, ob jemand mit dem Antragsteller zusammenwohnt, der ihn versorgt. Der Gutachter wird aber auch bemerken können, ob vielleicht bereits Anzeichen für eine Verwahrlosung gegeben sind oder eine sonstige Versorgungslücke vorliegt. Ebenso, ob es in der Nähe Möglichkeiten der Versorgung durch zum Beispiel Ärzte und Betreuungsangebote gibt.

Die Untersuchung im häuslichen Bereich kann nur mit ZUSTIMMUNG des Betroffenen durchgeführt werden. Allerdings kann die Pflegekasse die beantragten Leistungen verweigern, wenn das Einverständnis zur Untersuchung nicht erteilt wird. In einigen Fällen kann eine Begutachtung aber auch nach Aktenlage erfolgen. Ist die Situation so eindeutig, dass das Ergebnis der Untersuchung bereits feststeht, kann eine Untersuchung des Antragstellers im Wohnbereich ausnahmsweise UNTERBLEIBEN. Zu Zeiten der Corona-Pandemie wurden Begutachtungen regelmäßig telefonisch oder anderweitig digital, beispielsweise per Zoom oder ähnlichen Programmen, durchgeführt. Umso wichtiger ist hier, dass Angehörige anwesend sind, da die Betroffenen eher überfordert sind, wenn ihnen der Gutachter nicht persönlich gegenübersitzt.

Wird eine Begutachtung angekündigt, wird in der Regel zugleich gebeten, evtl. vorhandene Unterlagen (Berichte von betreuenden Diensten, Pflegetagebücher, ärztliche Unterlagen, Gutachten und Bescheide anderer Sozialleistungsträger) bereitzulegen. Obwohl die Gutachten und Befunde anderer Stellen für die Begutachtung durch den Medizinischen Dienst nicht von entscheidender Bedeutung sind, kann es gleichwohl hilfreich sein, vorhandene Unterlagen wie ärztliche ATTESTE und GUTACHTEN oder auch den Bescheid des Versorgungsamtes über die Anerkennung als schwerbehinderter Mensch dem Medizinischen Dienst bzw. dem Gutachter für die Beurteilung der Pflegebedürftigkeit zur Verfügung zu stellen.

Beispiel:
Herr S hat aufgrund eines Autounfalls eine Behinderung, mit der er bisher gut seinen Alltag bewältigen konnte. Mit zunehmendem Alter beeinflusst diese Behinderung aber seine Fähigkeiten, so dass er pflegebedürftig geworden ist. Die Feststellungen seine Behinderung betreffend sollte er unbedingt dem Gutachter zur Verfügung stellen.

Häufig werden sich die Feststellungen zu den medizinischen Diagnosen für die eine wie die andere Entscheidung überschneiden. Vor allem aber kann es zu einer möglichst vollständigen Begutachtung durch den Medizinischen Dienst führen, wenn aufgrund bereits vorhandener Unterlagen auch gezieltere Nachfragen durch die Gutachter möglich sind. Da eine GESAMTBETRACHTUNG der pflegebedürftigen Person vorgenommen werden soll, können Fremdbefunde (insbesondere in Krankenhaus-, Rehabilitations- und Arztberichten, vor allem auch des Hausarztes oder des behandelnden Facharztes) geprüft und mitbewertet werden, soweit sie Angaben über pflegeverursachende Funktionsstörungen sowie Art und Umfang des Pflegebedarfs enthalten. Auch Pflegedokumentationen und Berichte von Einrichtungen für behinderte Menschen wie Werkstätten für behinderte Menschen oder Therapeuten (Logopäden, Krankengymnasten etc.) können herangezogen werden. Auch selbst oder von Angehörigen, Freunden etc. geführte Aufzeichnungen über mehrere Tage des Pflegealltags (Pflegetagebücher) können zu einem realistischen Bild der notwendigen Hilfen und Unterstützungen beitragen.

3. Wie lange dauert es bis zur Begutachtung?

Der Besuch des Medizinischen Dienstes oder eines anderen beauftragten Gutachters hat innerhalb von 25 ARBEITSTAGEN nach Antragstellung zu erfolgen und muss rechtzeitig angekündigt und mit dem Pflegebedürftigen oder seinen Angehörigen vereinbart werden. Die Feststellung der Pflegebedürftigkeit richtet sich auch bei Personen, die sich zum Zeitpunkt der Begutachtung in einem Krankenhaus, einer Rehabilitationseinrichtung oder bereits in einer stationären Pflegeeinrichtung aufhalten, nach den allgemeinen Grundsätzen, insbesondere den Pflegebedürftigkeits-Richtlinien. Allerdings ist die Begutachtung vor allem dann besonders EILBEDÜRFTIG, wenn sich der Antragssteller wegen einer Erkrankung zur Behandlung in einem Krankenhaus befindet, aufgrund derer nunmehr Pflegebedürftigkeit bestehen kann, und entschieden werden muss, ob eine Rückkehr in den eigenen Wohnbereich mit ambulanter Hilfe möglich ist oder aber eine Verweisung in eine stationäre Einrichtung erforderlich wird. Das Gleiche gilt beim Aufenthalt in einer Rehabilitationseinrichtung vor allem im Anschluss an eine Heilbehandlung

Beispiel:
Herr N hatte einen Schlaganfall. Im Krankenhaus wird festgestellt, dass er aufgrund einer Lähmung dauerhaft eingeschränkt sein wird. Frau O hatte einen Autounfall und ist seitdem querschnittsgelähmt. Sie befindet sich in einer Reha-Einrichtung. Bei beiden ist es eilig, einen Pflegegrad festzustellen, damit die weitere Versorgung geregelt werden kann.

Befindet sich der Antragsteller im Krankenhaus oder einer stationären Rehabilitationseinrichtung, hat die Begutachtung unter bestimmten Umständen sogar unverzüglich, spätestens innerhalb EINER WOCHE, vor Ort stattzufinden. Dies ist der Fall, wenn Hinweise vorliegen, dass

- zur Sicherstellung der ambulanten oder stationären Weiterversorgung und Betreuung eine Begutachtung in der Einrichtung erforderlich ist oder
- die pflegende Person bereits die Inanspruchnahme von Pflegezeit nach dem Pflegezeitgesetz gegenüber dem Arbeitgeber angekündigt hat oder
- mit dem Arbeitgeber der pflegenden Person eine Familienpflegezeit nach dem Familienpflegezeitgesetz vereinbart wurde.

Diese verkürzte Begutachtungsfrist gilt ebenfalls, wenn sich die pflegebedürftige Person in einem Hospiz befindet oder bereits palliativ versorgt wird.

Im Anschluss hat eine unverzügliche INFORMATION des Antragsstellers darüber zu erfolgen, ob Pflegebedürftigkeit vorliegt und welche Empfehlungen der Medizinische Dienst bzw. der Gutachter an die Pflegekasse weiterleiten. Die verkürzten Fristen sollen dabei jeweils dem Umstand Rechnung tragen, dass die Gesamtsituation nicht nur für den Pflegebedürftigen selbst, sondern auch für die Pflegeperson schnellstmöglich organisiert und bewältigt werden muss.

Erfolgt eine Begutachtung im Krankenhaus oder in einer stationären Rehabilitationseinrichtung, kann zunächst geprüft werden, ob VORÜBERGEHENDE LEISTUNGEN der Kurzzeitpflege oder auch Wohnumfeldverbesserungen zu Hause erforderlich sind. Soll der Pflegebedürftige ambulant gepflegt werden, kann sich der Gutachter zunächst auf die Feststellung von Pflegebedürftigkeit im Sinne des SGB XI allgemein beschränken und die Einstufung in einen Pflegegrad der abschließenden Begutachtung im häuslichen Umfeld (Wohnbereich/soziales Umfeld) überlassen. Soll dagegen eine DAUERHAFTE stationäre Pflege erfolgen, muss die Begutachtung auch deren Erforderlichkeit konkret miteinbeziehen. Es sollte sogar zeitnah eine ergänzende Begutachtung des häuslichen Umfeldes stattfinden, um abzuklären, ob eine Pflege zu Hause nicht doch sichergestellt werden kann.

Beispiel:
Frau J ist nach einem Oberschenkelhalsbruch pflegebedürftig und erhält Pflegegrad 2. Die Tochter meint, Frau J könne zu Hause nicht versorgt werden, weil sie selbst berufstätig sei, und müsse deshalb in ein Heim. Der Medizinische Dienst stellt auf Nachfrage dagegen fest, dass es im Wohnumfeld eine Sozialstation gibt, die Kapazitäten hat, so dass eine häusliche Versorgung doch möglich ist.

Dies entspricht dem VORRANG der häuslichen Pflege und soll nur unterbleiben, wenn von vornherein die Unmöglichkeit häuslicher Pflege feststeht, beispielsweise, weil eine (nichtprofessionelle) Pflegeperson nicht verfügbar ist oder weil der Betroffene den Zugang zur Wohnung strikt verweigern wird.

Soll seitens der Pflegekasse nicht der Medizinische Dienst, sondern ein „anderer unabhängiger Gutachter" beauftragt werden, oder ist innerhalb von vier Wochen ab Antragstellung noch keine Begutachtung erfolgt, ist die Pflegekasse verpflichtet, dem Antragsteller mindestens drei unabhängige Gutachter unter Hinweis auf deren Qualifikation und Unabhängigkeit zur AUSWAHL zu benennen. Von denen kann er sich dann einen Gutachter aussuchen und hat seine Entscheidung innerhalb einer Frist von einer Woche mitzuteilen.

Kommt es zu VERZÖGERUNGEN der oben genannten Fristen, die die Pflegekasse zu vertreten hat, hat diese an den Antragsteller pro angefangene Woche einer FRISTÜBERSCHREITUNG einen Betrag von 70 Euro zu zahlen. Auf diese Weise soll das Verschleppen von Anträgen in einer für die Betroffenen entscheidenden Situation vermieden werden. Allerdings gilt dies nur, sofern der Antragsteller sich nicht bereits in vollstationärer Pflege befindet und bei ihm mindestens der Pflegegrad 2 festgestellt wird.

4. Was gehört alles zum Gesamtgutachten?
Das GUTACHTEN ist standardisiert. Der Vordruck für dieses Gutachten ist verbindlich festgelegt. Er ist sehr umfangreich und beinhaltet Fragen zur Versorgungssituation einschließlich medikamentöser Versorgung und eines Hilfsmitteleinsatzes, zu den Hilfe leistenden Personen und zur Wohnsituation. Weiter folgen gutachterliche Befunde und Stellungnahmen unter Berücksichtigung von Fremdbefunden (Hausarzt) zu den

vorhandenen körperlichen, kognitiven und psychischen Fähigkeiten und Ressourcen. Es wird also eine umfassende ANAMNESE erstellt. Schließlich folgen Feststellungen über die Fähigkeiten in Bezug auf die Aktivitäten des täglichen Lebens und zum Hilfebedarf in Bezug auf die genannten und zu überprüfenden Module. Der Grad der Selbständigkeit bzw. die Häufigkeit des Auftretens bestimmter Verhaltensweisen ist (wie oben dargestellt) genau zu dokumentieren.

Tatsächlich ist das Begutachtungsassessment also nur EIN Baustein in dem gesamten Begutachtungsverfahren.

Denn der Gutachter

- nimmt zunächst alle Angaben zur betroffenen Person auf und stellt die Begutachtungssituation fest,
- erstellt dann eine umfassende Anamnese,
- prüft die Wohn- und Lebenssituation,
- fragt die Versorgungssituation ab (also beispielsweise wer in welchem Umfang wie die Versorgung übernimmt),
- erhebt dann einen Befund zu Schädigungen und Beeinträchtigungen,
- führt die eigentliche Begutachtung mittels des NBA durch
- und fasst dann seine Ergebnisse und Empfehlungen zusammen.

Ziel ist es, dass neben der reinen Begutachtung eine umfassende BERATUNG und das Erstellen eines individuellen VERSORGUNGSPLANS sowie eine PFLEGEPLANUNG nebst sachgerechter Erbringung von Hilfen bei der Haushaltsführung ermöglicht werden.

Als ERGEBNIS des Gutachtens wird festgehalten, ob Pflegebedürftigkeit im Sinne des SGB XI vorliegt und in welchen Pflegegrad der Antragsteller eingestuft werden soll. Da die reine Begutachtung einer hilfebedürftigen Person ausschließlich anhand des NBA erfolgt, ist es irrelevant, ob eine pflegebedürftige Person zum Beispiel tagsüber eine Werkstatt für behinderte Menschen, eine Sonderschule oder eine sonstige Einrichtung besucht, ob Familienangehörige die Hilfe übernehmen, ob Essen auf Rädern oder sonstige Dienste in Anspruch genommen werden. Für die Feststellung der Pflegebedürftigkeit kommt es allein auf den konkret bestehenden BEDARF an Hilfe an, und zwar zu jedem Zeitpunkt des Tages und nicht nur zu den Zeiten, in denen sich die pflegebedürftige Person im häuslichen Bereich aufhält. Auch eine BERUFSTÄTIGKEIT schließt die Feststellung von Pflegebedürftigkeit entgegen weit verbreiteter Auffassung nicht aus. Auch wer tagsüber stundenweise im Büro arbeiten kann, braucht möglicherweise dennoch beim Aufstehen- und Zubettgehen, beim Waschen etc. persönliche Hilfe, weil er in der Selbständigkeit beeinträchtigt ist, und kann daher durchaus pflegebedürftig sein. Entsprechend dem ermittelten Punktwert erhält die antragstellende Person dann einen Pflegegrad.

Ergänzt wird das Gutachten durch weitere STELLUNGNAHMEN und EMPFEHLUNGEN. Der Medizinische Dienst soll nämlich auch Feststellungen darüber treffen, ob und in welchem Umfang Maßnahmen zur Beseitigung, Minderung oder Verhütung einer Verschlimmerung der Pflegebedürftigkeit einschließlich der medizinischen REHABILITATION geeignet, notwendig und zumutbar sind. Diese Feststellungen muss er der Pflegekasse ebenfalls übermitteln, gemeinsam mit einem Vorschlag für einen individuellen Pflegeplan und einer Stellungnahme zu der Frage, ob im Fall eines beantragten Pflegegeldes die häusliche Pflege in geeigneter Weise sichergestellt ist. Die Feststellungen zur PRÄVENTION und zur medizinischen Rehabilitation sind von dem beauftragten Gutachter auf der Grundlage eines bundeseinheitlichen strukturierten Verfahrens zu treffen und in einer gesonderten Präventions- und Rehabilitationsempfehlung zu dokumentieren. Auf diese Weise soll wieder dem Grundsatz der Pflegeversicherung „Rehabilitation vor Pflege“ Rechnung getragen werden. Diesem vereinfachten Verfahren muss der Betroffene zustimmen. Hierbei ist zu bedenken, dass die Versicherten der Pflegeversicherung immer auch eine Mitwirkungspflicht haben, was dazu führt, dass sie dazu verpflichtet sind, eine Verschlimmerung der eigenen Pflegebedürftigkeit zu mindern bzw. verhindern. Der Gutachter wird eine medizinische Rehabilitation empfehlen, wenn der Antragsteller rehabilitationsfähig ist und eine positive Prognose besteht.

Das Gutachten soll darüber hinaus auch konkrete Empfehlungen zur HILFSMITTEL- UND PFLEGEHILFSMITTELVERSORGUNG abgeben. Sofern der Versicherte zustimmt, gelten die Empfehlungen jeweils direkt als ANTRAG AUF LEISTUNGSGEWÄHRUNG gegenüber der Kasse. Die Zustimmung erfolgt gegenüber dem Gutachter im Rahmen der Begutachtung und wird im Formular schriftlich dokumentiert. Der Gutachter legt dazu in seinem Gutachten fest, welche Hilfsmittel nach Art, Ausführung und Menge in Frage kommen. Die Entscheidung obliegt aber letztendlich der Pflegekasse selbst. Hilfsmittel dienen der Erleichterung der Pflege, sollen Beschwerden der Betroffenen lindern und/oder eine selbständigere Lebensführung ermöglichen.

Das Gutachten enthält

- ☐ Anamnese der Gesamtsituation,
- ☐ Zusammenfassung des gutachterlichen Befunds,
- ☐ Prüfergebnisse der Module 1–8,
- ☐ Einschätzung des Präventionsbedarfs,
- ☐ Darstellung der realistischen Möglichkeiten zur Verbesserung der Situation,
- ☐ Empfehlungen zur Rehabilitation sowie
- ☐ Empfehlungen zur Hilfsmittel- und Pflegehilfsmittelversorgung
- ☐ und ist dem Betroffenen zwingend zur Kenntnis zu bringen.

Die Empfehlung eines Hilfsmittels im Gutachten soll den Zugang dazu und die Antragstellung für den Betroffenen vereinfachen. Der Markt für Hilfsmittel ist aber groß und die betroffene Person hat oft ganz genaue Vorstellungen, was sie benötigt. Die Vorstellungen der Pflegekasse und des Versicherten können durchaus auseinandergehen. Es kann daher sinnvoll sein, einen gesonderten Antrag auf ein Hilfsmittel stellen, nachdem der Markt sondiert, mit dem Hilfsmittelanbieter gesprochen und evtl. das Hilfsmittel getestet wurde. Die Möglichkeit, dass der Antrag von der Pflegekasse abgelehnt wird, besteht aber nach wie vor – eine vorherige Information der Pflegekasse über eigene Recherchen erscheint deshalb sinnvoll.

5. Wer bekommt das Gutachten?

Der Gutachter hat der Pflegekasse das Ergebnis der Prüfung zur Feststellung der Pflegebedürftigkeit unverzüglich zu übermitteln. Wegen der Bedeutung des Gutachtens brauchen die Betroffenen von seinem Inhalt in jedem Fall KENNTNIS. Das Gutachten wird dem Antragsteller durch die Pflegekasse übersandt. Dabei ist das Ergebnis transparent darzustellen und dem Antragsteller verständlich zu erläutern. Die Versicherten sollen auf diese Weise in den Stand gesetzt werden, die Angaben im Gutachten aus ihrer Sicht als zutreffend oder nicht zutreffend bewerten zu können. Gegebenenfalls kann dann auch moniert werden, dass bestimmte Aspekte unberücksichtigt geblieben sind, die eine andere Bewertung durch die Pflegekasse bewirken könnten. Das System ist für den Laien schwer verständlich und intransparent: Umso mehr Anforderungen sind an die Qualität mit Blick auf die Verständlichkeit der Bescheide zur Eingraduierung durch die Pflegekassen zu stellen. Notfalls müssen die Gerichte dazu beitragen, dass die Pflegekassen in den Begründungen ihrer Bescheide dem Transparenzgebot (als Teil des Rechtsstaatsprinzips) genügen.

Gegen die Entscheidung der Pflegekasse kann dann WIDERSPRUCH eingelegt werden. Die für den Betroffenen transparente Darstellung ist insofern von ERHEBLICHER BEDEUTUNG, dass es um seine Versorgung und individuelle PFLEGEPLANUNG geht. Schon mit Antragstellung auf Begutachtung sind die Betroffenen auf die Möglichkeiten einer umfassenden Pflegeberatung hinzuweisen. Umso wichtiger wird dies nach Übersendung des Gutachtens. Nach § 7a SGB XI kann im Rahmen einer Beratung eine Pflegeplanung vorgenommen und bei Bedarf ein individueller Versorgungsplan aufgestellt werden, der auch fortlaufend überprüft wird. Ein Versorgungsplan beinhaltet nicht nur die Maßnahmen zur pflegerischen Versorgung, sondern berücksichtigt auch im Einzelfall erforderliche Sozialleistungen sowie gesundheitsfördernde, präventive, kurative, rehabilitative sowie sonstige medizinische Maßnahmen.

TIPP:
Die Pflegeberatung erfolgt entweder durch einen Pflegeberater, der ins Haus kommt, oder durch Beratungsstellen bzw. Beratungspartner der Pflegekassen. In den meisten Bundesländern gibt es Pflegestützpunkte, die man aufsuchen kann. Auf der Homepage der Stiftung Zentrum für Qualität in der Pflege (www.zqp.de) findet man eine Online-Datenbank, die Pflegeberatungsstellen deutschlandweit ausweist.

Wurde ein Antragsteller begutachtet und festgestellt, dass Pflegebedürftigkeit vorliegt, sowie die Einordnung in einen Pflegegrad vorgenommen, gilt es nun, die pflegerische Versorgung bedürfnisorientiert sicher zu stellen. Grundsätzlich hat jede pflegebedürftige Person dazu – je nach Wohnumfeld und vorhandenen Versorgungsstrukturen – die WAHL, ob die Pflege zu Hause, ggfls. mit teilstationärer Unterstützung oder in einer stationären Einrichtung (Heim) erfolgen soll. Dabei ist aber nach den Regeln der Pflegeversicherung der Grundsatz „ambulant vor stationär“ zu beachten. Das bedeutet, dass zunächst geprüft werden muss, ob jemand auch zu Hause versorgt werden kann, bevor er in ein Heim zieht. Wählt der Betroffene danach eine Heimversorgung, obwohl diese nicht erforderlich ist, muss er mit einer Begrenzung des Aufwendungsersatzes rechnen. Zu beachten ist jedoch, dass die Mehrzahl der Leistungen ohnehin erst ab Pflegegrad 2 in Anspruch genommen werden kann. Manche Versorgungsbedarfe erschweren diese Wahl aber auch, beispielsweise bei einer schweren Demenz mit Weglauftendenz oder sonstigen schweren Erkrankungen, so dass in einem solchen Fall eine stationäre Versorgung unumgänglich ist. Auch die familiären Strukturen können entscheidend sein. Eine pflegebedürftige alleinstehende Person beispielsweise könnte mit der Organisation der eigenen Versorgung überfordert sein.

Wurde die betroffene Person mittels des Gutachtens in einen Pflegegrad eingruppiert, stehen ihr verschiedene Versorgungsmöglichkeiten zur Verfügung. Jeder pflegebedürftige Mensch kann grundsätzlich frei wählen, WIE er versorgt werden möchte. Es stehen verschiedene Betreuungsformen zur Verfügung. Die ANGEBOTSPALLETTE geht von der Versorgung durch Angehörige, durch ambulante Pflegedienste, professionelle Einzelkräfte, neue Wohnformen wie Pflege-Wohngemeinschaften,

Tages- und Nachpflege bis hin zur stationären Versorgung. Dabei ist der Vorrang der ambulanten Pflege zu beachten. Die optimale Versorgungsform ist jedoch vor allem abhängig von der Schwere der Pflegebedürftigkeit und den persönlichen Lebensumständen. Eine Pflegeberatung kann hier hilfreich sein.

Wollen Sie über das Leistungsspektrum der Pflegeversicherung (und über eventuelle aufstockende Sozialhilfeleistungen – dazu Kapitel 11) informiert werden, machen Sie Ihren Anspruch auf eine PFLEGEBERATUNG nach § 7a SGB XI gegenüber der Pflegekasse geltend oder erklären Sie einfach den Bedarf einer Begutachtung – ab dann tickt die Uhr für die Pflegekasse, die nun handeln muss: Wird eine Beratung gewünscht, muss nämlich innerhalb einer Frist von zwei Wochen ein Beratungstermin gewährt werden. Jeder Pflegebedürftige soll nach der gesetzlichen Regelung einen persönlichen Pflegeberater haben, an den er sich wenden kann. Ist dieser verhindert, hat die Pflegekasse für eine Vertretung zu sorgen.

Wie soll die Versorgung erfolgen?

- ☐ Soll die Pflege zu Hause erfolgen?
  - Lässt der Gesundheitszustand dies zu?
  - Gibt es Angehörige/Freunde, die dies übernehmen können?
  - Oder wird eher eine professionelle Pflegekraft benötigt?
  - Ist das Wohnumfeld für eine pflegerische Versorgung geeignet?
- ☐ Ist eine Wohngemeinschaft eine Alternative zur eigenen Häuslichkeit?
- ☐ Soll eine häusliche Versorgung durch eine Tages- oder Nachtpflege ergänzt werden?
  - Gibt es Angebote in der Region?
- ☐ Benötigt man vorrübergehend eine vollstationäre Versorgung (Kurzzeitpflege)?
- ☐ Ist eine vollstationäre Versorgung unumgänglich?
- ☐ Welche zusätzlichen Bedarfe zur Betreuung bestehen?

Zusammenfassung:
Eine Begutachtung einer pflegebedürftigen Person erfolgt auf Antrag bei der Pflegekasse. Diese beauftragt daraufhin einen qualifizierten Gutachter, unter Übersendung medizinisch relevanter Unterlagen (sofern vorhanden) einen Hausbesuch vorzunehmen, um das Vorliegen einer Pflegebedürftigkeit zu überprüfen. Dabei sind bestimmte Fristen zu beachten.

Die Begutachtung erfolgt mit Hilfe eines gesetzlich festgelegten Begutachtungssystems, bei dem acht Module abgefragt werden, von denen sechs in die Bewertung einfließen. Für jedes Modul gibt es festgelegte Punktwerte, die im Verhältnis zueinander gewichtet werden. Die Gesamtsumme der Punkte aller Module ergibt die Eingruppierung in einen von fünf Pflegegraden, je nach Schwere des Pflegebedarfs.
Das Gutachten enthält darüber hinaus noch weitere Feststellungen und Empfehlungen für die pflegerische Versorgung. Es ist dem Antragsteller zuzuleiten, damit dieser eventuell dagegen vorgehen kann, wenn er sich nicht richtig begutachtet fühlt.
Hinsichtlich des festgestellten Pflegegrades kann der Betroffene dann selbst entscheiden, wie er künftig versorgt werden möchte.

3

Leistungen bei häuslicher Pflege

Die Mehrzahl der pflegebedürftigen Menschen möchte in ihrem häuslichen Umfeld bleiben und dort versorgt werden. In diesem Kapitel werden Ihnen daher die Leistungen vorgestellt, die ein Pflegebedürftiger von der Pflegeversicherung erhalten kann, wenn er in seiner Häuslichkeit bleibt. Dabei ist „zu Hause" nicht zwingend gleichzusetzen mit einem eigenen Haushalt. Pflegeleistungen können auch in einem Haushalt erbracht werden, in den der Pflegebedürftige zwecks Versorgung aufgenommen wurde, beispielsweise bei Familienmitgliedern, in einer Pflege-Wohngemeinschaft oder Wohngruppe.

3. Leistungen bei häuslicher Pflege

I. Leistungsarten

Wurde einer betroffenen Person nach Begutachtung ein Pflegegrad vergeben, hat sie Anspruch auf Leistungen der Pflegeversicherung. Welche Leistungen man erhalten kann und in welcher Höhe, hängt vom PFLEGEGRAD ab. Entscheidet sich der Pflegebedürftige dazu, in seiner Wohnung oder seinem Haus zu bleiben oder auch dem von Angehörigen, hat er grundsätzlich die Wahl, ob die Pflege und Betreuung durch professionelle Pflegekräfte erbracht werden soll oder durch Laien wie Angehörige oder Freunde. Auch eine Kombination aus professioneller und Laienpflege ist möglich. Man spricht hier von „HÄUSLICHER" oder auch „AMBULANTER" Pflege. Zieht die pflegebedürftige Person in eine Wohngemeinschaft, lebt sie zwar auch in der eigenen (neu begründeten) Häuslichkeit, hier kommt aber regelmäßig ein Pflegedienst zum Einsatz, möglicherweise mit zusätzlicher Unterstützung von Angehörigen oder sonstigen Vertrauenspersonen.

Pflegebedürftige der Pflegegrade 2 bis 5 haben bei häuslicher Pflege Anspruch auf SACHLEISTUNGEN . Das sind Pflegeeinsätze durch zugelassene ambulante Pflegedienste, die ins Haus kommen. Wird die Grundversorgung anderweitig durch Angehörige oder sonstige Vertrauenspersonen sichergestellt, besteht bei Pflegegrad 2 bis 5 ein Anspruch auf PFLEGEGELD. Häusliche Betreuung neben der reinen körperlichen Pflege umfasst Unterstützung und sonstige Hilfen im häuslichen Umfeld des Pflegebedürftigen, vor allem zum Zweck der Kommunikation, der Aufrechterhaltung sozialer Kontakte, der Gestaltung des häuslichen Alltags, Hilfen zur Entwicklung und Aufrechterhaltung einer Tagesstruktur, Durchführung bedürfnisgerechter Beschäftigungen und zur Erhaltung eines bedürfnisgerechten Tag-Nacht-Rhythmus.

Neben den Pflegeleistungen haben alle Pflegebedürftigen schon ab Pflegegrad 1 zusätzlich noch einen Anspruch auf ENTLASTUNGSLEISTUNGEN. Das sind sogenannte niedrigschwellige Leistungen, die dazu dienen, die Selbstständigkeit der Betroffenen zu wahren oder auch deren pflegende Angehörige zu entlasten. Die einzelnen Leistungen werden nachfolgend erläutert.

Grundsätzlich gibt es verschiedene Möglichkeiten zuhause versorgt zu werden. Dies kann durch

- professionelle Kräfte wie einen Pflegedienst erfolgen; in diesem Fall besteht ein Anspruch auf Pflegesachleistungen,
- durch informelle Pflegepersonen wie Verwandte oder Freunde; in diesem Fall besteht ein Anspruch auf Pflegegeld,
- oder in Kombination dieser beiden Modelle.
- Darüber hinaus haben alle Pflegebedürftigen einen Anspruch auf einen zusätzlichen Entlastungsbetrag in Höhe von 125 Euro.

II. Die Pflegesachleistung

Pflegebedürftige der Pflegegrade 2 bis 5 können körperbezogene Pflegemaßnahmen und pflegerische Betreuungsmaßnahmen sowie Hilfen bei der Haushaltsführung als SACHLEISTUNG in Anspruch nehmen. Man nennt dies verständlicher auch HÄUSLICHE PFLEGE : Das bedeutet, dass ein ambulanter Pflegedienst ins Haus kommt und die pflegebedürftige Person unterstützt. Hat ein Pflegebedürftiger nur den Pflegegrad 1 erhalten, hat er keinen Anspruch auf Pflegesachleistungen.

1. Was bedeutet „Sachleistungen“?

„SACHLEISTUNG“ bedeutet eigentlich, dass der Pflegebedürftige gegen die Pflegekasse unmittelbar einen Anspruch auf Erbringung der Dienstleistung – hier also der Pflegeleistungen – hat und nicht etwa (nur) einen Anspruch auf Erstattung von Kosten, die ihm durch die Inanspruchnahme von Diensten Dritter entstehen. Streng genommen müsste die Kasse also selbst Pflegepersonen zu den Pflegebedürftigen schicken. Das ist aber natürlich nicht wirklich umsetzbar: Tatsächlich schließt der Pflegebedürftige daher mit einem Pflegedienst, den er beauftragen will, einen Vertrag. Die Pflegekasse hat somit mit der eigentlichen Leistungserbringung selbst nichts zu tun, aber hinsichtlich der Kosten (beziehungsweise eines Teils derselben) hilft sie entsprechend dem Grad der Pflegebedürftigkeit. Sollte es hinsichtlich der Leistungserbringung inhaltliche Probleme geben, muss der Pflegebedürftige sich zuallererst nicht an die Pflegekasse wenden, sondern an seinen Vertragspartner. Die HÄUSLICHE PFLEGEHILFE wird durch geeignete Pflegekräfte erbracht, die bei ambulanten Pflegeeinrichtungen angestellt sind, mit denen die Pflegekassen sogenannte VERSORGUNGSVERTRÄGE abgeschlossen haben. Die Pflegesachleistung kann entweder durch solche zugelassenen ambulanten Pflegedienste erbracht werden oder auch durch Einzelpersonen, die durch gesonderte Verträge mit den Pflegekassen hierfür zugelassen sind. Diese Pflegedienste rechnen dann ihre Leistungen auch direkt mit der Pflegekasse ab. Der Pflegebedürftige bekommt daher die Pflegesachleistungen nicht als Geldbetrag ausgezahlt, sondern er hat einen Anspruch gegenüber der Pflegekasse, dass diese die Rechnungen des Pflegedienstes bis zu einer bestimmten Höhe, die an den Pflegegrad gekoppelt ist, bezahlt.

2. Welche Leistungen erbringt ein Pflegedienst?
Zum Leistungsangebot eines Pflegedienstes gehören die klassischen Tätigkeiten zur Körperpflege, Ernährung, allgemeine Unterstützung wie

- körperbezogene Pflegemaßnahmen,
- pflegerische Betreuungsmaßnahmen,
- Hilfen bei der Haushaltsführung, aber auch
- Beratung der Pflegebedürftigen und ihrer Angehörigen zu allen pflegerischen Bereichen.
- Daneben – aber aus dem Finanztopf der Krankenkassen – kann es zusätzlich häusliche Krankenpflege geben.

Pflegerische Betreuungsmaßnahmen umfassen auch Unterstützungsleistungen zur Bewältigung und Gestaltung des täglichen Lebens im häuslichen Umfeld, insbesondere

- bei der Bewältigung psychosozialer Problemlagen oder von Gefährdungen,
- bei der Orientierung, der Tagesstrukturierung, der Kommunikation, der Aufrechterhaltung sozialer Kontakte und bei bedürfnisgerechten Beschäftigungen im Alltag sowie
- durch Maßnahmen zur kognitiven Aktivierung.

Es handelt sich dabei also genau um die notwendige Unterstützung, die in den Modulen 2 (kognitive und kommunikative Fähigkeiten) und 3 (Verhaltensweisen und psychische Problemlagen) sowie Modul 6 (Gestaltung des Alltagslebens und sozialer Kontakte) abgefragt wird. Zu denken wäre dabei beispielsweise an Spaziergänge, Begleitung zum Treffen von Bekannten, Hilfen bei der Strukturierung des Tages, Beaufsichtigung, Beschäftigung etc.

Die Angebotspallette erfasst also gleichwertig die Bedarfe somatisch und kognitiv eingeschränkter Menschen.

Die KÖRPERLICHE PFLEGE hat sich insoweit an den persönlichen Gewohnheiten des Pflegebedürftigen zu orientieren. Die Intimsphäre ist zu schützen und der Zeitpunkt der Körperpflege ist mit dem Pflegebedürftigen und seinem sozialen Umfeld abzustimmen. Der selbstverständliche Umgang mit dem Thema „Ausscheiden/Ausscheidungen" soll durch die Pflegekraft unterstützt werden.

Beispiel:
Frau S ist ihr Leben lang spät aufgestanden und spät zu Bett gegangen. Der Pflegedienst vereinbart mit ihr, dass er erst um 10.00 Uhr kommt und sie nicht bereits um 8.00 Uhr aufstehen muss, um versorgt zu werden.

Für die ERNÄHRUNG gilt als ein wichtiges Ziel, dass im Rahmen der Planung von Mahlzeiten und der Hilfe bei der Nahrungszubereitung eine ausgewogene Ernährung angestrebt wird. Spezielle Hilfsmittel sollen eingesetzt und zu ihrem Gebrauch angeleitet werden. Der Pflegebedürftige ist bei der Essens- und Getränkeauswahl, der Zubereitung und Darreichung sowie bei Problemen der Nahrungsaufnahme zu beraten. Bei Nahrungsverweigerung ist ein differenzierter Umgang mit den zugrunde liegenden Problemen erforderlich.

Beispiel:
Herr T mag kein Gemüse essen, Obst ist ihm zu hart. Um ihn dennoch gesund zu ernähren, schlägt der Pflegedienst vor, ihm Smoothies zu jeder Mahlzeit zuzubereiten, die er gerne zu sich nimmt.

Ziel im Rahmen der MOBILITÄT ist die Förderung der Beweglichkeit in der häuslichen Umgebung. Dazu gehört auch die Förderung einer sicheren Umgebung durch eine regelmäßige Überprüfung des Wohnumfeldes in Bezug auf erforderliche Veränderungen (beispielsweise Haltegriffe) und eine gezielte Beobachtung des Pflegebedürftigen in seiner Umgebung. Unter dem Sicherheitsaspekt ist gegebenenfalls eine Beratung über Vorkehrungen für Notfälle und ihren Einsatz (zum Beispiel Notrufsystem, Schlüsseldepot) erforderlich. Die Anwendung angemessener Hilfsmittel erleichtert den Umgang mit Bewegungsdefiziten.

Beim Aufstehen und Zubettgehen sind Schlafgewohnheiten, Ruhebedürfnisse und eventuelle Störungen angemessen zu berücksichtigen. Dies gilt vor allem für das gewohnte Bett, das entsprechend den Bedürfnissen des Pflegebedürftigen so lange wie möglich zu erhalten ist. Die Angehörigen sind auf fachgerechte und schlafstörungsarme Lagerung hinzuweisen.

Beispiel:
Frau M bleibt immer länger und häufiger im Bett liegen. Um Druckgeschwüre zu vermeiden, nimmt der Pflegedienst Kontakt mit dem Hausarzt auf, damit dieser eine Dekubitus-Matratze verschreibt.

Ziel der HAUSWIRTSCHAFTLICHEN VERSORGUNG ist die Förderung der Fähigkeit zur Selbstversorgung in einer hygienegerechten Umgebung.

PFLEGERISCHE BETREUUNGSLEISTUNGEN müssen sich an den Bedürfnissen der Pflegebedürftigen ausrichten. Bei der Begutachtung der betroffenen Person wurde festgestellt, welche Leistungen noch selbständig erbracht werden können, welche psychischen und kognitiven Problemlagen vorliegen bzw. wie häufig zum Beispiel auffällige Verhaltensweisen auftreten. Die Betreuungsleistungen sollen hier unterstützend und fördernd wirken sowie Defizite kompensieren.

Der Pflegedienst soll bei alledem auch darauf hinwirken, dass geeignete PFLEGEHILFSMITTEL eingesetzt werden. Die Anleitung und Unterstützung der Pflegebedürftigen und ihrer Angehörigen bei der Nutzung dieser Hilfsmittel gehört ebenfalls zu den Aufgaben des Pflegedienstes.

3. Wie findet man den richtigen Pflegedienst?

Es gibt verschiedene Anbieter für Pflege- und Betreuungsleistungen. Viele ambulante Pflegedienste werden von den Trägern der FREIEN WOHLFAHRTSPFLEGE betrieben. Die KIRCHLICHEN Einrichtungen sind in den Spitzenverbänden der Caritas (katholisch), des Diakonischen Werkes (evangelisch) oder der Zentralwohlfahrtsstelle der Juden zusammengeschlossen. Einrichtungen der Arbeiterwohlfahrt oder des Roten Kreuzes sowie einer Reihe ANDERER FREI-GEMEINNÜTZIGER Träger, die dem Paritätischen Wohlfahrtsverband (DPWV) angehören, kommen hinzu. In immer größer werdendem, zwischenzeitlich überwiegendem Ausmaß werden Pflegedienste aber von PRIVATPERSONEN betrieben, die entweder als Einzelperson oder in der Form einer Gesellschaft (Gesellschaft bürgerlichen Rechts, GmbH, KG etc.) den Dienst leiten. Weiterhin gibt es teilweise auch Pflegedienste in ÖFFENTLICHER TRÄGERSCHAFT, wie zum Beispiel die Sozialstationen in einigen Kommunen. Insgesamt ist das Netz der ambulanten Dienste örtlich sehr unterschiedlich ausgeprägt, was auch mit historischen Entwicklungen, konfessionellen Prägungen und politischen Verhältnissen zusammenhängt.

Unter den Pflegediensten, die mit den Pflegekassen Versorgungsverträge abgeschlossen haben, haben die Pflegebedürftigen die freie AUSWAHL.

TIPP:
Im Einzelfall sollte man sich daher umhören, welchen Ruf ein Unternehmen hat und welche Erfahrungen andere Kunden gemacht haben.

Die Wahl unter diesen Diensten müssen die Pflegebedürftigen und ihre Angehörigen SELBST TREFFEN. Dabei können verschiedene Gesichtspunkte maßgeblich sein. Manche Dienste sind auf besondere Gruppen Pflegebedürftiger spezialisiert (zum Beispiel ältere Menschen, Demenzkranke, geistig behinderte Menschen, Beatmungspatienten). Die Art der

Hilfe, die KONFESSIONELLE BINDUNG und ÖRTLICHE GEGEBENHEITEN können ebenfalls eine Rolle spielen. Natürlich darf man darüber hinaus nicht außer Acht lassen, dass auch ambulante Pflegedienste Wirtschaftsunternehmen sind, die sich finanziell tragen müssen und somit einen unternehmerischen Gewinn erzielen wollen. Arbeitet in diesem Fall ein Unternehmen überwiegend mit Kräften in geringfügigen Beschäftigungsverhältnissen, kann dies unter Umständen auch zu häufig wechselndem Personal führen, auf das sich die Pflegebedürftigen immer neu einstellen müssen, oder zum Einsatz einer großen Zahl verschiedener Personen, insbesondere bei zeitintensiver Hilfe. Allerdings kann die Wettbewerbssituation und das Gewinnstreben der Anbieter bei seriösen Diensten auch gerade dazu führen, dass sie sich besonders für die Pflegebedürftigen engagieren.

Bei allen Diensten kann die QUALIFIKATION des eingesetzten PERSONALS sehr unterschiedlich sein. Weder vom Gesetz noch von den einschlägigen Ausführungsbestimmungen ist vorgeschrieben, dass die Pflegekräfte über eine bestimmte berufliche Qualifikation verfügen müssen, sie müssen nur „geeignet" sein, wie das Gesetz vorschreibt; allerdings müssen die Anstellungsträger bestimmte Qualifikationsanforderungen, gerade hinsichtlich der Leitungskräfte, erfüllen.

Zum Schutz der Pflegebedürftigen und zur Qualitätssicherung gibt es sogenannte LANDESRAHMENVERTRÄGE, welche die Leistungen beschreiben, die ein Pflegedienst erbringen muss, sowie welche Qualitätsanforderungen gelten. Die Regelungen sollen dafür sorgen, dass Pflegeleistungen auf dem allgemein anerkannten Stand medizinisch-pflegerischer Erkenntnisse erbracht und fortlaufend weiterentwickelt werden. Dadurch soll die Entwicklung einer guten Qualität in der Pflege gefördert werden.

Um neben der Fachlichkeit auch TRANSPARENZ zu schaffen, sind dabei regelmäßig, möglichst einmal im Jahr, QUALITÄTSPRÜFUNGEN vom Medizinischen Dienst vorzunehmen. Sollten Sie den Eindruck haben, der von Ihnen beauftragte Pflegedienst arbeitet nicht ordentlich, oder haben Sie sonstige Fragen zu dessen Arbeit, Qualität oder Abrechnung, wenden Sie sich an Ihre Pflegekasse. Diese kann Ihnen nicht nur beratend zur Seite stehen, sondern kann auch auf eine Beschwerde hin anlassbezogen den Dienst überprüfen lassen.

Reine Vertragsangelegenheiten werden Sie aber als Vertragspartner letztendlich selber regeln müssen. Dazu können Auskünfte der Kassen hilfreich sein.

TIPP:
Überlegen Sie zunächst, was für Sie bei der Auswahl des Pflegedienstes besonders wichtig ist. Bringen Sie in Erfahrung, welche Dienste für Ihren Wohnort und die von Ihnen benötigte Art der Hilfe zugelassen sind. Informieren Sie sich dann in Gesprächen mit diesen Diensten über die Einzelheiten ihrer Dienstleistungen und fragen Sie im Einzelnen nach den Ihnen wichtigen Entscheidungskriterien. Auch Nachfragen bei anderen Betroffenen – soweit möglich – können weiterhelfen, die Qualität der einzelnen Dienste in Erfahrung zu bringen. Fragen Sie außerdem nach dem Ergebnis der letzten Qualitätsprüfung.

Wichtig ist, dass der Pflegedienst den Abschluss eines SCHRIFTLICHEN VERTRAGES anbietet, in dem die gegenseitigen Rechte und Pflichten geregelt sind. Viele Dienste greifen hierbei auf Musterverträge zurück, die von verschiedenen Spitzenorganisationen der freien Wohlfahrtspflege empfohlen werden. Liegt kein Vertrag vor, kann es später zu Unstimmigkeiten kommen, welche Leistungen gegenseitig geschuldet sind.

Innerhalb ihres Einzugsbereiches sind die Pflegedienste im Rahmen ihrer personellen Möglichkeiten VERPFLICHTET, die Pflegebedürftigen zu versorgen, die die Pflegeleistungen dieser Dienste in Anspruch nehmen wollen. Allerdings gibt es auch einige Regionen, vor allem in Ballungsgebieten, wo es schwer werden kann, einen Pflegevertrag mit einem Pflegedienst zu schließen, weil diese schlichtweg ausgebucht sind und keine neuen Kunden mehr annehmen können. Der Fachkräftemangel wird hier leider deutlich spürbar. Im Rahmen des Versorgungsauftrages hat jeder Pflegedienst die individuelle Versorgung der Pflegebedürftigen mit Pflegeleistungen JEDER ZEIT, bei Tag und Nacht einschließlich an Sonn- und Feiertagen, zu gewährleisten. Hierzu ist auch eine Kooperation mit anderen Diensten möglich.

Die vom Gesetz vorgeschriebene PFLEGEFACHKRAFT ist insbesondere verantwortlich für die fachliche Planung der Pflegeprozesse, die fachgerechte Führung der Pflegedokumentationen, die an dem individuellen Pflegebedarf orientierte Einsatzplanung der Pflegekräfte und die fachliche Leitung der Dienstbesprechungen innerhalb des Pflegedienstes. Die anderen vom Pflegedienst eingesetzten PFLEGEKRÄFTE müssen nicht über die gleiche Qualifikation verfügen wie die verantwortliche ausgebildete Pflegefachkraft, der die Pflegedienstleitung obliegt. In Betracht kommen hier beispielsweise auch Altenpflegehelfer, Betreuungskräfte, Alltagsbegleiter, Haus- und Familienpfleger. In jedem Fall muss der Pflegedienst auch für eine VERTRETUNG der eingesetzten Kräfte sorgen. Schließlich können die Pflegebedürftigen bei Krankheit oder Urlaub „ihrer“ Pflegekraft nicht auf die notwendige Hilfe verzichten.

4. Wie hoch sind die Sachleistungen?
Obwohl es sich um eine Sachleistung und nicht um eine Geldleistung handelt, legt das Gesetz fest, bis zu welchem Gegenwert monatlich häusliche Pflegehilfe in Form von Pflegeeinsätzen durch die jeweiligen Pflegekräfte in Anspruch genommen werden kann. Das bedeutet, dass ein Pflegedienst, der von einem Pflegebedürftigen beauftragt wird, bis zu dem gesetzlich festgelegten Betrag mit der Pflegekasse erbrachte Pflege- und Betreuungsleistungen abrechnen kann. Je nach Pflegegrad beträgt dieser monatliche GESAMT-HÖCHSTWERT der Leistungen

- für Pflegebedürftige des Pflegegrades 2 724 Euro
- für Pflegebedürftige des Pflegegrades 3 1.363 Euro
- für Pflegebedürftige des Pflegegrades 4 1.693 Euro
- für Pflegebedürftige des Pflegegrades 5 2.095 Euro.

HINWEIS:
Der Bundestag hat im Mai 2023 das Gesetz zur Unterstützung und Entlastung in der Pflege (PUEG) beschlossen und der Bundesrat hat im Juni 2023 zugestimmt. Es soll die häusliche Pflege stärken und die gestiegenen Kosten der letzten Jahre berücksichtigen. Darin ist unter anderem auch eine Anhebung der Pflegesachleistungen, welche die Pflegekasse je nach Pflegegrad zahlen, um 5 % vorgesehen. Diese belaufen sich ab dem 1.1.2024 auf folgende Beträge:

- für Pflegebedürftige des Pflegegrades 2 761 Euro
- für Pflegebedürftige des Pflegegrades 3 1.432 Euro
- für Pflegebedürftige des Pflegegrades 4 1.778 Euro
- für Pflegebedürftige des Pflegegrades 5 2.200 Euro

Zum 1.1.2025 steigen die Pflegesachleistungen dann noch einmal um 4,5 %. Im Anschluss daran soll künftig alle drei Jahre eine Anpassung der Pflegesachleistungen an die aktuelle Preisentwicklung folgen. Dies wird dann zum 1.1.2028 erstmals umgesetzt.

Diese Beträge werden dazu verwendet, Sachleistungen bei ambulanten Pflegediensten „einzukaufen". Aus diesen Beträgen kann aber noch nicht entnommen werden, wie viel an Dienstleistungen die Pflegebedürftigen hierfür bei dem von ihnen gewählten Pflegedienst abrufen können. Die Pflegedienste müssen mit den Pflegekassen VERGÜTUNGSVEREIN-BARUNGEN abschließen, aus denen sich erst im Einzelnen ergibt, welche Beträge der Dienst für seine Einsätze im Haushalt des Pflegebedürftigen der Pflegekasse berechnen kann. Für unterschiedliche Leistungen können zudem unterschiedliche Sätze vereinbart werden und auch die Vergütungsgrundsätze können unterschiedlich sein. In den Vergütungsvereinbarungen kann eine Abrechnung nach Zeiteinheiten oder auch nach sogenannten Komplexleistungen (also einer Summe unterschiedlicher Leistungen, die üblicherweise oder jedenfalls häufig gemeinsam erbracht werden) oder in Ausnahmefällen auch nach Einzelleistungen vorgesehen werden. Verschiedene Leistungen können zudem mit Pauschalen vergütet werden. Das bedeutet, dass die ambulanten Dienste mit der Pflegekasse Preisvereinbarungen für bestimmte Leistungen oder Leistungskomplexe (beispielsweise „Große Morgentoilette") treffen.

Beispiel:
Eine „Ganzwaschung" umfasst die Leistungen „Waschen, Duschen, Baden", „Mund- und Zahnpflege", „Rasieren", „Hautpflege", „Haarpflege", „Nagelpflege" sowie „An- und Auskleiden" und ist beim X-Dienst mit 22,71 Euro zu vergüten.

Die Erbringung bestimmter Leistungen davon kann dann mit den Betroffenen selbst in einem PFLEGEVERTRAG geregelt werden. Dazu wird ein KOSTENVORANSCHLAG erstellt. Die ambulanten Dienste rechnen die erbrachten Leistungen direkt mit den Pflegekassen ab.

Die Pflegesachleistungen nach § 36 SGB XI werden nur für die Hilfeleistungen erbracht, die bei Feststellung der Pflegebedürftigkeit als notwendig festgestellt wurden.

Der Anspruch auf häusliche Pflegehilfe umfasst danach pflegerische Maßnahmen und Hilfen bei der Haushaltsführung in den Bereichen, die auch als Module bei der Begutachtung geprüft worden sind, also in den Bereichen

- Mobilität,
- kognitive und kommunikative Fähigkeiten,
- Verhaltensweisen und psychische Problemlagen,
- Selbstversorgung,
- Bewältigung von und selbständiger Umgang mit krankheits- oder therapiebedingten Anforderungen und Belastungen sowie
- Gestaltung des Alltagslebens und sozialer Kontakte.

Soweit Hilfe bei anderen Verrichtungen benötigt wird, muss dies von den Pflegebedürftigen SELBST FINANZIERT werden oder weitergehende Leistungen der Sozialhilfe müssen ergänzend in Anspruch genommen werden.

Obwohl die im Gesetz vorgesehenen HÖCHSTBETRÄGE für die Pflegesachleistung in den letzten Jahren fortlaufend erhöht wurden, muss davon ausgegangen werden, dass diese in aller Regel für eine umfassende Versorgung gerade der Personen, die einer ständigen Aufsicht und Betreuung bedürfen, dennoch NICHT AUSREICHEN.

Außerdem soll die häusliche Pflegehilfe erbracht werden, um Beeinträchtigungen der Selbständigkeit oder der Fähigkeiten des Pflegebedürftigen so weit wie möglich durch pflegerische Maßnahmen zu beseitigen oder zu mindern und eine Verschlimmerung der Pflegebedürftigkeit zu verhindern. Der Ansatz ist eine AKTIVIERENDE, ZUGEWANDTE PFLEGE, die auch entsprechender Zeit bedarf, gerade was die Betreuung angeht. Denn die pflegerischen Betreuungsmaßnahmen umfassen auch Unterstützungsleistungen zur Bewältigung und Gestaltung des alltäglichen Lebens im häuslichen Umfeld wie Bewältigung psychosozialer Problemlagen oder von Gefährdungen, Orientierung bei Tagesstrukturierung, Kommunikation, sozialen Kontakten und bedürfnisgerechter Beschäftigung sowie Maßnahmen zur kognitiven Aktivierung. Des Weiteren sollen Pflegebedürftige und Pflegepersonen pflegefachlich angeleitet werden. Hier wird besonders deutlich, dass die Leistungen der Pflegeversicherung die familiäre, nachbarschaftliche oder sonstige ehrenamtliche Pflege im häuslichen Bereich lediglich ERGÄNZEN, diese jedoch nicht ersetzen sollen. Wer auf die ehrenamtliche Hilfe Dritter nicht zurückgreifen kann, muss auch die weitergehende Hilfe selbst finanzieren oder auf die Sozialhilfe zurückgreifen.

HINWEIS:
Da die Pflegeversicherung nur die oben dargestellten Beträge je Pflegegrad zahlt, kann es bei Inanspruchnahme von darüberhinausgehenden Leistungen passieren, dass man als Pflegebedürftiger die überschießenden Kosten aus eigener Tasche zahlen muss. Man sollte sich daher vor Vertragsschluss nicht nur erkundigen, welche Kosten genau anfallen (Kostenvoranschlag), sondern auch, ob Investitionskosten berechnet werden. Pflegedienste dürfen nämlich eigene Aufwendungen wie beispielsweise Miet- und Leasingkosten für Büroräume und Firmenwagen auf ihre Kunden umlegen. Bei Vertragsausschluss muss dies ausdrücklich vereinbart werden.

5. Gibt es weitere Entlastungen?

Ein weiterer Baustein bei der Organisation der häuslichen Pflege kann der ENTLASTUNGSBETRAG nach § 45b SGB XI sein. Pflegebedürftige in häuslicher Pflege haben danach Anspruch auf einen zusätzlichen Betrag in Höhe von 125 Euro monatlich, der zweckgebunden für qualitätsgesicherte Leistungen zur ENTLASTUNG PFLEGENDER ANGEHÖRIGER in ihrer Eigenschaft als Pflegende sowie zur FÖRDERUNG DER SELBSTÄNDIGKEIT UND SELBSTBESTIMMTHEIT der Pflegebedürftigen bei der Gestaltung des Alltags einzusetzen ist. Der Entlastungsbeitrag dient der Erstattung von Aufwendungen im Zusammenhang mit

- Leistungen der Tages- und Nachtpflege,
- Leistungen der Kurzzeitpflege,
- Leistungen der ambulanten Pflegedienste, jedoch nicht im Bereich der Selbstversorgung sowie
- Leistungen der Angebote zur Unterstützung im Alltag.

Anders als bei den sonstigen Pflegesachleistungen haben auch Pflegebedürftige des PFLEGEGRADES 1 einen Anspruch auf diesen Entlastungsbetrag.

Nach § 45b SGB XI haben danach also alle Pflegebedürftigen in häuslicher Pflege einen Anspruch auf einen ENTLASTUNGSBETRAG in Höhe von bis zu 125 Euro monatlich. Die Pflegebedürftigen erhalten die zusätzlichen finanziellen Mittel AUF ANTRAG von der zuständigen Pflegekasse oder dem zuständigen privaten Versicherungsunternehmen sowie im Fall der Beihilfeberechtigung anteilig von der Beihilfefestsetzungsstelle gegen Vorlage entsprechender Belege über entstandene Eigenbelastungen im Zusammenhang mit der Inanspruchnahme bestimmter Leistungen. Auch hier wird der Betrag demnach nicht bar zur freien Verfügung ausgezahlt, sondern es können damit Leistungen zur Entlastung „eingekauft" werden, die der Dienstleister direkt mit der Kasse abrechnet, oder der Pflegebedürftige geht in Vorleistung und erhält den Betrag dann erstattet. Der Betrag ist ZWECKGEBUNDEN für Leistungen zur Entlastung der pflegenden Angehörigen (oder sonstigen Dritten) sowie zur Förderung der Selbständigkeit und Selbstbestimmtheit der Pflegebedürftigen bei der Gestaltung des Alltags einzusetzen.

Beispiel:
Herr P hat Pflegegrad 3 und lebt noch allein in seiner Wohnung. Er wird von einem Pflegedienst betreut. Über eine Sozialstation erhält er zusätzlich einmal wöchentlich Leistungen zur Reinigung von Bad und Küche. Dies ermöglicht ihm selbstständig in seiner Wohnung zu bleiben. Die Sozialstation rechnet dies direkt mit der Kasse ab.

Wird der Betrag von bis zu 125 Euro monatlich in einem Kalenderjahr nicht ausgeschöpft, kann der nicht verbrauchte Betrag in das folgende Kalenderhalbjahr übertragen und bis zum 30.6. verbraucht werden.

Bei den Angeboten zur Unterstützung im Alltag handelt es sich um NIEDRIGSCHWELLIGE ANGEBOTE, die an die Unterstützer nicht so hohe Anforderungen stellen wie an professionell pflegende Fachkräfte. Dennoch bieten viele ambulante Pflegedienste in Ergänzung ihrer sonstigen pflegerischen Leistungen entsprechende Dienste an. Will ein Pflegedienst diese Unterstützungen in sein Angebot aufnehmen, muss er dafür nach dem jeweiligen Landesrecht seines Sitzes zugelassen sein. Die Zulassung kann erfolgen, wenn der Anbieter ein qualitätssicherndes Konzept erarbeitet, das Ziele und Qualifikationen aufweist. Die Pflegekassen sind seit Anfang 2017 verpflichtet, LEISTUNGS- UND PREISVERGLEICHSLISTEN zu Angeboten zur Unterstützung im Alltag zu führen und regelmäßig zu aktualisieren. Betroffene sollten sich daher an ihre Pflegekasse oder örtliche Pflegestützpunkte wenden, um einen Überblick über die Angebote vor Ort zu erhalten.

Da die Leistungen, die zur Entlastung pflegender Angehöriger oder zur Unterstützung Pflegebedürftiger erbracht werden, einen gewissen Qualitätsstandard haben sollen, muss der Dienstleister, der den Entlastungsbetrag abrechnen will, also nach Landesrecht zugelassen sein. Zwar gibt es mittlerweile in einigen Bundesländern auch die sogenannte „NACHBARSCHAFTSHILFE“, aber auch die (ehrenamtlich gegen Aufwandsentschädigung) Engagierten müssen durch die zuständige Zulassungsstelle zugelassen sein. Bei der Nachbarschaftshilfe bedeutet dies regelmäßig, dass die Nachbarschaftshelfer mindestens eine Schulung absolviert haben müssen, die sich an den Bedürfnissen pflegebedürftiger, insbesondere demenziell veränderter Menschen ausrichtet. Die zuständige Pflegekasse oder das zuständige private Versicherungsunternehmen haben den Pflegebedürftigen auf Verlangen die LISTE der in ihrem Einzugsbereich vorhandenen qualitätsgesicherten Betreuungsangebote, deren Leistungen mit dem Betreuungsbetrag finanziert werden können, zur Verfügung zu stellen.

6. Kombination von Pflege- und Entlastungsleistungen

Ein Pflegebedürftiger kann grundsätzlich von einem Pflegedienst versorgt werden, die entsprechenden Pflegesachleistungen je nach Pflegegrad verwenden und daneben für den Entlastungsbetrag in Höhe von 125 Euro Entlastungsleistungen in Anspruch nehmen. Das Gleiche gilt, wenn ein Pflegebedürftiger von Angehörigen versorgt wird und Pflegegeld erhält. Benötigt ein Pflegebedürftiger aber überwiegend niedrigschwellige Unterstützungsleistungen im Alltag und weniger Pflegeleistungen durch den ambulanten Pflegedienst, kann man auch einen Teil der Pflegesachleistungen für Entlastungsleistungen nutzen. Man widmet danach Pflegesachleistungen in Entlastungsleistungen um. Da häufig ambulante Pflegedienste neben den eigentlichen Pflege- und Betreuungsleistungen auch Entlastungsleistungen anbieten, funktioniert die UMWIDMUNG unproblematisch.

Zusätzlich zu den häuslichen Pflegehilfen (körperbezogene Pflegemaßnahmen, pflegerische Betreuung und hauswirtschaftliche Hilfen) können Pflegebedürftige in häuslicher Pflege mit mindestens Pflegegrad 2 also auch eine Kostenerstattung für ANGEBOTE ZUR UNTERSTÜTZUNG IM ALLTAG erhalten (§ 45a SGB XI). Diese Aufwendungen (Kosten) werden dann auf die Pflegesachleistungen angerechnet, jedoch nur bis zu 40 % des für den Pflegegrad vorgesehenen Höchstbetrags. Pflegesachleistungen nach § 36 SGB XI werden vorrangig abgerechnet.

Angebote zur Unterstützung im Alltag sind:

- Angebote, in denen ehrenamtliche Helfer unter pflegefachlicher Anleitung die Betreuung von Pflegebedürftigen mit allgemeinem oder besonderem Pflegebedarf in Gruppen oder im häuslichen Bereich übernehmen (Betreuungsangebote),
- Angebote, die der Entlastung und beratenden Unterstützung von pflegenden Angehörigen dienen (Angebote zur Entlastung von Pflegenden) sowie

- Angebote, die dazu dienen, Pflegebedürftige bei der Bewältigung von allgemeinen oder pflegebedingten Anforderungen des Alltags, insbesondere bei der Haushaltsführung oder eigenverantwortlichen Organisation benötigter Hilfeleistungen zu unterstützen (Angebote zur Entlastung im Alltag).

Typische Angebote zur Unterstützung im Alltag sind zum Beispiel Betreuungsgruppen für Demenzkranke, Helferkreise für pflegende Angehörige oder Tagesbetreuung in Kleingruppen.

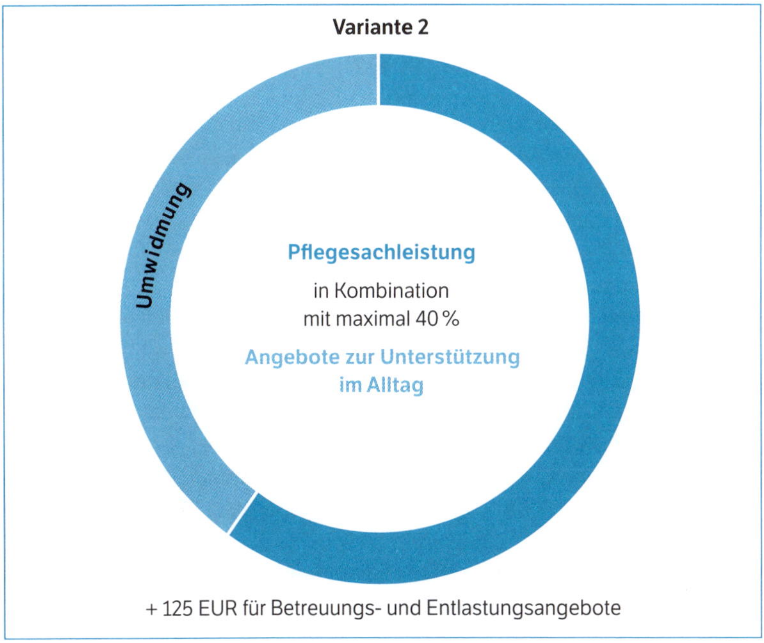

Die Varianten 3 und 4 finden Sie in diesem Kapitel auf Seite 100 und 101.

Beispiel 1:
Herr K hat Pflegegrad 3 und wird in seiner Wohnung von einem Pflegedienst versorgt. Dieser erledigt zwar die reine Versorgung, kann ihm aber keine adäquaten weiteren Unterstützungsangebote mehr machen. Er beschließt daher, einen Teil der Pflegesachleistungen dazu zu verwenden, täglich von einer Alltagsbegleiterin spazieren gefahren zu werden. Bei Pflegegrad 3 kann Herr K bis zu 1.363 Euro von der Pflegekasse für Pflegesachleistungen einsetzen. Möchte er Angebote zur Unterstützung im Alltag in Anspruch nehmen, kann er davon bis zu 545,20 Euro (= 40 % von 1.363) einsetzen. Für die Pflegesachleistungen bleiben dann aber nur 817,80 Euro.

Beispiel 2:
Frau M ist zunehmend dement. An manchen Tagen wird ihre Unruhe so stark, dass ihre Angehörigen nur damit beschäftigt sind, sie permanent zu beaufsichtigen. Sie gelangen daher regelmäßig an ihre eigenen körperlichen und psychischen Grenzen. Durch das örtliche Angebot einer Betreuungsgruppe, die Frau M neuerdings besuchen und dafür einen Teil der Pflegesachleistungen verwenden kann, erfahren die pflegenden Angehörigen Entlastung und können sich auch einmal um sich selbst kümmern.

Soll die Pflegesachleistung zur ERGÄNZUNG familiärer Hilfeleistung eingesetzt werden, sollte sich der Pflegebedürftige gemeinsam mit seinen Angehörigen überlegen, in welcher Weise die gedeckelten Leistungen der Pflegekasse am effektivsten eingesetzt werden können. Die Hilfe kann jeden Tag oder auch nur an einzelnen Tagen der Woche konzentriert in Anspruch genommen werden. So ist es möglich, beispielsweise an Werktagen auf den ambulanten Dienst zurückzugreifen, während an Wochenenden die Hilfe vollständig von Angehörigen übernommen wird. Oder der Dienst kann gerade an Wochenenden zur Entlastung der ansonsten mit der Pflege betrauten Personen in Anspruch genommen werden. Wegen der unterschiedlichen Vergütung für die einzelnen Leistungen der Pflegedienste kann auch überlegt werden, ob beim Pflegedienst eher die – in der Regel „teureren" – Hilfen bei der Grundpflege (Waschen, Toilettengang etc.) abgerufen werden oder eher „preiswertere" Hilfen wie die der hauswirtschaftlichen Versorgung (wie Putzen, Einkaufen, Kochen etc.). Es ist nämlich in keiner Weise vom Gesetz vorgeschrieben, wann und zu welcher Hilfe die Pflegeeinsätze des Pflegedienstes in Anspruch genommen werden. Hinzu kommt, dass die Pflegesachleistung mit dem Pflegegeld kombiniert werden kann, was im nächsten Kapitel erläutert wird.

Empfohlene Vorgehensweise:

- ☐ Lassen Sie sich von Ihrer Pflegekasse und/oder dem ambulanten Pflegedienst Ihrer Wahl darüber informieren, welche Kosten Ihre Pflegekasse für die unterschiedlichen Leistungen des Dienstes bezahlen muss.
- ☐ Überlegen Sie zusammen mit dem Dienst und/oder Ihren Angehörigen, für welche Hilfen des ambulanten Dienstes Sie den von der Pflegekasse zu übernehmenden Höchstbetrag der Pflegesachleistung für Ihre Bedürfnisse am effektivsten einsetzen können.
- ☐ Sollen zusätzliche Entlastungsleistungen durch einen Pflegedienst erbracht werden, besteht die Möglichkeit eine Abtretungserklärung zu unterzeichnen, damit der Pflegedienst auch den zusätzlichen

Betrag in Höhe von 125 Euro direkt mit der Kasse abrechnen kann und Sie nicht erst in Vorleistung treten müssen.
- ☐ Sollen mehr Entlastungsleistungen und weniger Pflegeleistungen erbracht werden, überlegen Sie, wie viel Sie dafür umwidmen möchten.

Kombinationsmöglichkeiten:
Wenn die Pflege AUSSCHLIESSLICH VON BERUFLICHEN PFLEGEKRÄFTEN erbracht wird, können die von den Pflegeversicherungen je nach Pflegegrad zu zahlenden monatlichen Beträge für Pflegesachleistungen wie folgt verwendet werden:

- ☐ zu 100 % für einen Pflegedienst oder eine Einzelpflegekraft;
  - hinzu kommt die Möglichkeit 125 Euro zur Inanspruchnahme von Betreuungs- und Entlastungsangeboten einzusetzen (ambulante Versorgung VARIANTE 1)

ODER

- ☐ für einen Pflegedienst oder eine Einzelpflegekraft in Kombination mit
- ☐ einem umgewidmeten Betrag in Höhe von max. 40 % für Angebote zur Unterstützung im Alltag;
  - hinzu kommt die Möglichkeit 125 Euro zur Inanspruchnahme von Betreuungs- und Entlastungsangeboten einzusetzen (ambulante Versorgung VARIANTE 2).

Die VARIANTEN 3 UND 4 finden Sie auf Seite 100 und 101.

III. Das Pflegegeld

Pflegebedürftige sollen selbst darüber entscheiden können, wie und von wem sie gepflegt werden möchten. Anstelle der Pflegesachleistung können Pflegebedürftige daher auch ein Pflegegeld beantragen, mit dem sie teilweise oder ganz ihre Unterstützung selbst organisieren können (§ 37 Absatz 1 SGB XI). Voraussetzung für den Bezug von Pflegegeld ist, dass eine Versorgung grundsätzlich SICHERGESTELLT ist, beispielsweise durch pflegende Angehörige oder andere Pflegepersonen, die ehrenamtlich und nicht berufsmäßig tätig sind. Im Gegensatz zu den Pflegesachleistungen wird das Pflegegeld direkt an die pflegebedürftige Person ausgezahlt. Wird Pflegegeld bezogen, steht es dem Betroffenen grundsätzlich zur FREIEN VERFÜGUNG, wird aber in der Alltagspraxis regelmäßig an die Pflegeperson weitergegeben.

1. Wie viel Pflegegeld erhält man und wofür?
Das Pflegegeld ist nach dem jeweiligen Pflegegrad GESTAFFELT und beträgt pro Kalendermonat:

- für Pflegebedürftige des Pflegegrades 2: 316 Euro
- für Pflegebedürftige des Pflegegrades 3: 545 Euro
- für Pflegebedürftige des Pflegegrades 4: 728 Euro
- für Pflegebedürftige des Pflegegrades 5: 901 Euro.

HINWEIS:
Auch das Pflegegeld wird nach dem Gesetz zur Unterstützung und Entlastung der Pflege ab dem 1.1.2024 um 5 % angehoben:

- für Pflegebedürftige des Pflegegrades 2 auf 332 Euro
- für Pflegebedürftige des Pflegegrades 3 auf 573 Euro
- für Pflegebedürftige des Pflegegrades 4 auf 765 Euro
- für Pflegebedürftige des Pflegegrades 5 auf 947 Euro

Zum 1.1.2025 folgt dann eine weitere Steigerung um 4,5 %. Im Anschluss daran wird das Pflegegeld wie alle Leistungen der Pflegeversicherung alle drei Jahre an die jeweils aktuelle Preisentwicklung angepasst, erstmals zum 1.1.2028.

PFLEGEPERSON ist nach der Definition des Gesetzes eine Person, die nicht erwerbsmäßig einen Pflegebedürftigen in seiner häuslichen Umgebung pflegt. Gedacht ist vor allem an pflegende FAMILIENANGEHÖRIGE, Nachbarn, Freunde oder sonstige ehrenamtlich tätige Personen.

Pflegebedürftige des Grades 1 haben KEINEN ANSPRUCH auf Pflegegeld, sondern allenfalls auf den Entlastungsbetrag in Höhe von 125 Euro. Das Pflegegeld wird monatlich im Voraus gezahlt. Voraussetzung für die Inanspruchnahme des Pflegegeldes ist, dass der Pflegebedürftige hiermit die erforderlichen körperbezogenen Pflegemaßnahmen und pflegerische Betreuungsmaßnahmen sowie Hilfen bei der Haushaltsführung in geeigneter Weise SELBST SICHERSTELLT, beispielsweise durch Pflegepersonen.

Diese erhalten für ihre Hilfe kein Arbeitsentgelt, sondern lediglich Zuwendungen des Pflegebedürftigen. Regelmäßig geben diese dafür das Pflegegeld weiter. Pflegt die Pflegeperson eine oder mehrere pflegebedürftige Personen wenigstens 10 Stunden wöchentlich verteilt auf mindestens zwei Tage, erhält sie zusätzlich Leistungen zur sozialen

Absicherung nach § 44 SGB XI in Form von Beiträgen an den zuständigen Träger der gesetzlichen RENTENVERSICHERUNG. Dies dient der Verbesserung der sozialen Sicherung der Pflegeperson im Alter, denn häufig reduzieren Pflegepersonen ihre eigene Berufstätigkeit oder stellen diese ganz zurück.

Die notwendige Hilfe für den Pflegebedürftigen ist SICHERGESTELLT, wenn die Pflegeperson oder auch mehrere Pflegepersonen diese auch tatsächlich erbringen. Beantragt ein Pflegebedürftiger Pflegegeld, hat sich bereits bei der Begutachtung der Pflegebedürftigkeit die Stellungnahme des Medizinischen Dienstes darauf zu erstrecken, ob die häusliche Pflege in geeigneter Weise sichergestellt ist.

Aufgestockt werden kann das Pflegegeld – wie auch bei den Pflegesachleistungen – durch die zusätzliche Inanspruchnahme des ENTLASTUNGSBETRAGS in Höhe von 125 Euro. Es gelten die gleichen Voraussetzungen und Anwendungsmöglichkeiten.

Beispiel:
Herr G hat Pflegegrad 3 und wird von seiner Tochter versorgt, der er auch das Pflegegeld in Höhe von 545 Euro weitergibt. Zusätzlich nimmt er hauswirtschaftliche Unterstützungsleistungen einer Sozialstation für 125 Euro in Anspruch, damit seine Tochter stundenweise arbeiten gehen kann.

In der VERWENDUNG des Pflegegeldes sind die Pflegebedürftigen grundsätzlich frei. Es gibt keine ausdrückliche Verpflichtung, das Pflegegeld auch den Pflegepersonen zuzuwenden, die die Hilfe tatsächlich übernehmen. Allerdings muss der Pflegebedürftige mit dem Pflegegeld die körperbezogenen Pflegemaßnahmen, die pflegerischen Betreuungsmaßnahmen sowie Hilfen bei der Haushaltsführung selbst in geeigneter Weise sicherstellen, möglicherweise allerdings in KOMBINATION mit der sogenannten Sachleistung. Dies ist in der Regel nur gegeben, wenn das Pflegegeld jedenfalls zum überwiegenden Teil wirtschaftlich der Pflegeperson zugutekommt, die die tägliche Pflege tatsächlich leistet. Ob allerdings das Geld direkt an die Pflegeperson gezahlt wird, ob es zu ihren Gunsten angelegt wird oder einverständlich ihr nahestehenden Dritten – beispielsweise Kindern – zugewandt wird, bleibt dem Pflegebedürftigen und der Pflegeperson überlassen. Wichtig ist nur, dass das Pflegegeld dazu eingesetzt wird, die PFLEGEBEREITSCHAFT der Pflegeperson aufrechtzuerhalten und so die Pflege sicherzustellen.

Beispiel:
Frau W ist in Pflegegrad 3 eingestuft. Ihr Sohn und ihre Schwiegertochter übernehmen die notwendige Pflege, die Pflegekasse zahlt das Pflegegeld von 545 Euro monatlich. Hiervon gibt Frau W ihrem Sohn 245 Euro und unterstützt mit weiteren je 100 Euro die beiden Kinder ihres Sohnes, die sich noch in Ausbildung befinden. 100 Euro werden gespart, um hiervon je nach Bedarf größere Anschaffungen für die Familie oder einen Jahresurlaub mitfinanzieren zu können.

Die Leistungen der Pflegeversicherung bleiben als EINKOMMEN des Pflegebedürftigen bei Sozialleistungen, deren Gewährung von anderen Einkommen abhängig ist, unberücksichtigt.

2. Wie wird die Pflege sichergestellt?
Pflegegeld wird seitens der Pflegekasse nur gezahlt, wenn die Pflege auch sichergestellt ist. Die Pflegebedürftigen sind daher bei Bezug von Pflegegeld verpflichtet, regelmäßig eine BERATUNG einer zugelassenen Pflegeeinrichtung, einer von den Landesverbänden der Pflegekassen anerkannten Beratungsstelle oder einer von der Pflegekasse beauftragten Pflegefachkraft in Anspruch zu nehmen, und zwar in den Pflegegraden 2 und 3 einmal halbjährlich und in den Pflegegraden 4 und 5 einmal vierteljährlich. Pflegebedürftige des Pflegegrades 1 haben einen Anspruch darauf, einmal im halben Jahr einen Beratungsbesuch abzurufen. Die Pflegeberatung findet in der eigenen Häuslichkeit statt. Die VERGÜTUNG DIESER BERATUNG wird von der Pflegekasse übernommen. Die Beratungen sollen der Sicherung der Qualität der häuslichen Pflege und der regelmäßigen Hilfestellung und praktischen pflegefachlichen Unterstützung der häuslich Pflegenden dienen. Die Pflegedienste haben mit Einverständnis der Pflegebedürftigen der zuständigen Pflegekasse die gewonnenen Erkenntnisse zur Qualität der Pflegesituation und zur Notwendigkeit einer Verbesserung mitzuteilen. Hierzu stellen die Spitzenverbände der Pflegekassen ein einheitliches Formular zur Verfügung. Von der Mitteilung an die Pflegekasse erhält der Pflegebedürftige eine Durchschrift.

Viele pflegebedürftige Menschen und auch Angehörige empfinden die Pflegeeinsätze/Beratungen häufig als MISSTRAUEN gegenüber der von letzteren geleisteten Hilfe und weniger als Unterstützung. In vielen Fällen ist die Verpflichtung zur Inanspruchnahme der Beratungen aber auch sinnvoll und kann zu einer besseren Qualität der Pflege beitragen. Wird die Beratung nicht abgerufen oder das Einverständnis zur Übermittlung der gewonnenen Erkenntnisse an die Pflegekasse nicht erteilt, hat die Pflegekasse das Pflegegeld angemessen zu KÜRZEN und im Wiederholungsfall zu entziehen. Die Pflegekassen sind zu dieser Sanktion also gesetzlich verpflichtet, ohne unter Berücksichtigung des Einzelfalles hiervon abweichen zu können.

Um sicherzustellen, dass die Pflegeberatung qualitativ ihrem Zweck entspricht und nicht etwa von fachfremden Personen erbracht wird, beschließt ein Qualitätsausschuss Empfehlungen zur Qualitätssicherung der Beratungsbesuche. So soll vermieden werden, dass die Besuche von Pflegekräften erbracht werden, die auf die speziellen BEDÜRFNISSE des Pflegebedürftigen nicht eingestellt sind.

TIPP:
Fragen Sie bei Ihrer Pflegekasse nach, welche Vertragsdienste für Ihre speziellen Bedürfnisse geeignet sind, die verpflichtenden Beratungseinsätze durchzuführen. Vergewissern Sie sich, dass Ihnen Kräfte geschickt werden, die mit Ihrer Krankheit/Behinderung bzw. der Ihres pflegebedürftigen Angehörigen vertraut sind. Nehmen Sie nur solche Beratungseinsätze in Anspruch.

3. Wie ist das Pflegegeld rechtlich zu beurteilen?
Da das Pflegegeld in der Regel an die Pflegeperson weitergegeben wird, sollte diese wissen, wie Pflegegeld RECHTLICH zu beurteilen ist. Mit dem Pflegegeld soll der Pflegebedürftige seine häusliche Pflege selbst sicherstellen. In der Regel geschieht dies dadurch, dass das Pflegegeld an Pflegepersonen – meist nahe Angehörige – weitergegeben wird, ohne dass zwischen der pflegebedürftigen Person und der pflegenden Person ein Arbeitsverhältnis oder eine sonstige Rechtsbeziehung begründet wird. Das Pflegegeld wird vielmehr ganz pragmatisch vollständig oder zum Teil weitergegeben, um die PFLEGEBEREITSCHAFT der Pflegeperson, die ihrerseits die Pflege aufgrund der persönlichen Bindung und nicht aufgrund einer rechtlichen Verpflichtung übernimmt, zu erhalten. In verschiedenen Bereichen kann bei dieser WEITERGABE DES PFLEGEGELDES dann die Frage auftauchen, ob das empfangene Pflegegeld bei der Pflegeperson als EINKOMMEN gewertet wird. Die Regelung des § 13 Absatz 5 SGB XI, wonach Leistungen der Pflegeversicherung bei einkommensabhängigen Sozialleistungen nicht als Einkommen berücksichtigt werden, gilt unmittelbar nur für die pflegebedürftige Person selbst. Die Behandlung des Pflegegeldes bei der PFLEGEPERSON muss in den unterschiedlichen Rechtsbereichen gesondert betrachtet werden:

§ 3 Nr. 36 EINKOMMENSTEUERGESETZ (EStG) stellt sicher, dass die Pflegeperson ein EMPFANGENES PFLEGEGELD nicht zu versteuern braucht. Danach sind Einnahmen für Leistungen zur körperlichen Pflege und pflegerischen Betreuung oder hauswirtschaftlichen Versorgung bis zur Höhe des Pflegegeldes STEUERFREI , wenn diese Leistungen von ANGEHÖRIGEN des Pflegebedürftigen oder von anderen Personen, die damit eine sittliche Pflicht gegenüber dem Pflegebedürftigen erfüllen, erbracht werden.

Eine „sittliche Pflicht" kann beispielsweise bestehen, wenn mit einer Haushaltshilfe, die bereits seit 30 Jahren im Haushalt unterstützt und fast familienähnlich im Haushalt lebt, schon vor Jahren vereinbart wurde, im Fall der Fälle Versorgungsleistungen zu übernehmen.

Entsprechendes gilt, wenn der Pflegebedürftige Pflegegeld aus privaten Versicherungsverträgen nach den Vorgaben des SGB XI oder eine Pauschalbeihilfe nach Beihilfevorschriften für häusliche Pflege erhält.

Nach dem Sozialgesetzbuch XII gelten als Einkommen grundsätzlich alle EINKÜNFTE IN GELD ODER GELDESWERT mit Ausnahme der Leistungen des SGB XII und verschiedener Renten.

Bezieht die Pflegeperson selbst SOZIALHILFE, stellt sich die Frage, ob das erhaltene Pflegegeld ein EINKOMMEN darstellt. Beim Bezug von Sozialhilfe muss grundsätzlich eigenes Einkommen eingesetzt werden. Nur wenn dieses und möglicherweise vorhandenes Vermögen nicht ausreicht, einen bestehenden Bedarf zu decken, tritt die Sozialhilfe ein.

Ebenfalls nicht als Einkommen angesehen wird nach einer Reihe von Verwaltungsgerichtsentscheidungen das pflegeversicherungsrechtliche Pflegegeld, das der Pflegebedürftige an einen Angehörigen weitergibt. Dieses WEITERGEGEBENE PFLEGEGELD darf bei diesem Pflegenden nicht als Einkommen berücksichtigt werden. Das Bundesverwaltungsgericht hat insoweit schon in der Vergangenheit zum Pflegegeld mehrfach entschieden, dass dieses seinen Sinn, Pflegepersonen zur Sicherstellung der häuslichen Pflege anzuhalten, verlieren würde, wenn es beim Empfänger als Einkommen und damit sozialhilfemindernd berücksichtigt werden könnte. Das Pflegegeld darf daher nicht als Einkommen angerechnet werden. Dies würde zudem auch zu einer Minderung des Familieneinkommens führen und somit die pflegebedürftige Person selbst treffen, wenn Pflegebedürftiger und Pflegeperson eine sogenannte Einsatzgemeinschaft bilden und in einer häuslichen Gemeinschaft leben, in der ihre Einkommen gemeinsam für die Errechnung der Sozialhilfeansprüche berücksichtigt werden.

Sozialhilfebedürftige Pflegepersonen dürfen somit nicht wesentlich schlechter gestellt werden als andere pflegende Familienangehörige.

Für das EINKOMMENSABHÄNGIGE ARBEITSLOSENGELD (ALG) II gilt hier zunächst nahezu dieselbe Rechtsauffassung wie für die Sozialhilfe. Insoweit wird das Pflegegeld, das eine Pflegeperson für Leistungen der Grundpflege und der hauswirtschaftlichen Versorgung erhält, vom zu berücksichtigenden Einkommen ausdrücklich AUSGENOMMEN. Dies gilt dann auch nicht nur für das ALG II, sondern ebenfalls für das Sozialgeld, das unter bestimmten Voraussetzungen nicht erwerbsfähige Angehörige erhalten, die mit erwerbsfähigen Hilfebedürftigen in einer Bedarfsgemeinschaft leben.

Beispiel:
Herr S bezieht Bürgergeld und versorgt seinen Vater, mit dem er in einer Wohnung zusammenlebt. Sein Vater gibt ihm das Pflegegeld weiter, damit er sich um ihn kümmern kann. Dieses Pflegegeld wird vom Amt nicht als Einkommen berücksichtigt.

Nach dem Bürgerlichen Gesetzbuch sind Ehegatten und Verwandte in gerader Linie einander zum UNTERHALT verpflichtet. Dabei legt das Gesetz – mit wenigen Ausnahmen – nicht im Einzelnen fest, in welchem Umfang Unterhaltsansprüche bestehen. Diese richten sich vielmehr nach dem BEDARF des Unterhaltsberechtigten einerseits und der LEISTUNGSFÄHIGKEIT des Unterhaltsverpflichteten andererseits. Auf beiden Seiten müssen daher die Einkommensverhältnisse betrachtet werden, um beurteilen zu können, ob Unterhaltsansprüche bestehen. In der Praxis werden hierzu häufig Tabellen verwendet, die nicht gesetzlich geregelt sind, sondern von der Rechtsprechung entwickelt wurden. Die bekannteste und in der Praxis am häufigsten angewandte ist dabei die „Düsseldorfer Tabelle", die vom Oberlandesgericht (OLG) Düsseldorf entwickelt wurde und ständig fortgeschrieben wird.

Das Pflegegeld, das an eine Pflegeperson gezahlt wird, darf bei der Ermittlung von Unterhaltsansprüchen und Unterhaltsverpflichtungen grundsätzlich NICHT BERÜCKSICHTIGT werden. Hiervon gibt es aber wiederum AUSNAHMEN. Diese betreffen zunächst einmal Fälle, in denen Unterhaltsansprüche aus Billigkeitsgründen gekürzt oder von Gesetzes wegen ganz verweigert werden, etwa bei einem Vergehen des Unterhaltsberechtigten gegen den Unterhaltsverpflichteten. Am wichtigsten ist aber die Ausnahme nach § 13 Absatz 6 Satz 2 Nr. 2 SGB XI: Das Pflegegeld kann als Einkommen angerechnet werden bei Unterhaltsansprüchen der Pflegeperson, wenn von dieser erwartet werden kann, ihren Unterhaltsbedarf ganz oder teilweise durch eigene Einkünfte zu decken und wenn der Pflegebedürftige mit dem Unterhaltspflichtigen nicht in gerader Linie verwandt ist.

Beispiel:
Frau B lebt von ihrem Ehemann getrennt bei ihren Eltern und erhält von ihm Unterhaltsleistungen in Höhe von 700 Euro. Sie hat keine Kinder und ist arbeitslos. Ihre Mutter wird pflegebedürftig und in Pflegegrad 3 eingestuft. Frau B teilt sich mit ihrem Vater die Pflege ihrer Mutter und bekommt von dieser dafür die Hälfte des Pflegegeldes, also 273 Euro monatlich. Nachdem ihr Ehemann davon erfahren hat, kürzt er seine Unterhaltszahlungen auf 427 Euro (700 minus 273) monatlich. Die Kürzung erfolgt hier zu Recht.

Die Mutter als Pflegebedürftige ist nicht mit dem Ehemann ihrer Tochter verwandt, von der Tochter kann wiederum erwartet werden, ihren Unterhaltsbedarf durch eigene Einkünfte zu decken. In diesem Fall wird das Pflegegeld als Einkommen angerechnet. Anders wäre es, wenn von Frau B – zum Beispiel wegen der Erziehung von kleinen Kindern – eine

Erwerbstätigkeit nicht erwartet werden kann. Dann könnte sie das Pflegegeld von ihrer Mutter beziehen, ohne dass dies ihren Unterhaltsanspruch gegenüber dem Ehemann beeinflussen würde.

Wichtig:

- Der Erhalt des Pflegegeldes ist für die Pflegeperson steuerfrei, wenn sie mit der pflegebedürftigen Person verwandt ist (Angehöriger), oder eine sonstige sittliche Pflicht besteht.
- Bezieht die Pflegeperson Sozialhilfe, wird das erhaltene Pflegegeld nicht als Einkommen berücksichtigt und wirkt sich nicht anspruchsmindernd aus.
- Erhält eine Pflegeperson einkommensabhängige Arbeitslosenhilfe (ALG II), wird das Pflegegeld für erbrachte Pflege- und Betreuungsleistungen nicht angerechnet.
- Bei dem Bezug von Unterhaltsleistungen wird der Erhalt von Pflegegeld grundsätzlich nicht angerechnet. Es gibt aber Ausnahmen von dieser Regel, die im Einzelfall zu prüfen sind.

4. Kann das Pflegegeld mit anderen Leistungen kombiniert werden?
Jeder Pflegebedürftige kann entscheiden, ob er Pflegesachleistung, also die Versorgung durch einen Pflegedienst, oder Pflegegeld in Anspruch nehmen will. Die Entscheidung schließt aber nicht automatisch die andere Versorgungsmöglichkeit aus. § 38 SGB XI eröffnet zusätzlich die Möglichkeit, beide LEISTUNGSARTEN auch miteinander zu KOMBINIEREN .

Danach kann der Pflegebedürftige, wenn er die ihm zustehende Sachleistung nur teilweise in Anspruch nimmt, daneben ein anteiliges Pflegegeld erhalten. Gemeint ist, dass Pflegeeinsätze durch einen ambulanten Pflegedienst oder anerkannte Einzelpflegekräfte nur in einem Umfang in Anspruch genommen werden, durch den der für den jeweiligen Pflegegrad vorgesehene Höchstbetrag pro Monat nicht vollständig ausgeschöpft wird. In diesem Fall kann daneben ein anteiliges Pflegegeld beansprucht werden, und zwar der Prozentsatz vom Höchstpflegegeld, zu dem der Betrag der Pflegesachleistung nicht ausgeschöpft ist.

Beispiel:
Herr G ist in den Pflegegrad 3 eingestuft. Er hat damit einen Anspruch auf Leistungen der Pflegekasse für Pflegesachleistungen in Höhe von 1.363 Euro. Herr G nimmt monatlich aber nur Pflegeeinsätze seiner Sozialstation im Gesamtwert von insgesamt 920 Euro in Anspruch (=

Pflegesachleistungen). Dies sind 67,49 % des Höchstbetrages von 1.363 Euro für Pflegegrad 3. Er kann daher noch 32,50 % des Pflegegeldes von 545 Euro für Pflegegrad 3, also 177,12 Euro monatlich beanspruchen.

Die Kombination kann grundsätzlich zu jedem beliebigen Prozentsatz vorgenommen werden. Wichtig ist, dass der Prozentsatz des anteiligen Pflegesachleistungsbetrags und der des Pflegegeldbetrags zusammen 100 % ergeben. An die Entscheidung, in welchem Verhältnis Pflegesachleistung und Pflegegeld in Anspruch genommen werden sollen, sind die Pflegebedürftigen jedoch für die Dauer von sechs Monaten GEBUNDEN. Nach Ablauf dieser Frist kann eine andere Kombination gewählt werden.

Bei der Entscheidung, ob eine KOMBINATION VON PFLEGESACHLEISTUNG UND PFLEGEGELD in Anspruch genommen wird und zu welchem Prozentsatz, sind verschiedene Gesichtspunkte zu berücksichtigen. So kann es durchaus sinnvoll sein, nur für EINZELNE VERRICHTUNGEN – zum Beispiel zweimal in der Woche Duschen oder Baden – die Hilfe eines Pflegedienstes in Anspruch zu nehmen, während die übrige Hilfe von Angehörigen geleistet wird, für die dann das anteilige Pflegegeld zur Verfügung steht. Dies richtet sich jeweils nach den Besonderheiten des Einzelfalles. Denkbar wäre auch, dass die Pflegesachleistung ausschließlich für hauswirtschaftliche Verrichtungen in Anspruch genommen wird, weil diese nach der Vergütungsvereinbarung des Pflegedienstes der Wahl preiswerter sind als Hilfen bei der Grundpflege und daher für den gleichen Anteil vom Betrag der Sachleistung verhältnismäßig mehr Hilfe zur Verfügung steht. Zudem wäre hierbei die Intimsphäre des Pflegebedürftigen nicht durch fremde Personen beeinträchtigt. Schließlich kommt auch in Betracht, dass nur zu bestimmten Zeiten – beispielsweise ein Wochenende pro Monat – auf einen Pflegedienst zurückgegriffen wird, um der Pflegeperson Entlastung und Zeiten der Erholung zu ermöglichen.

Das VERHÄLTNIS des Höchstbetrags der Pflegesachleistungen zu dem Höchstbetrag des Pflegegeldes ist in jedem Pflegegrad etwa gleich, so dass im Verhältnis etwa gleich viele Pflegeeinsätze in Anspruch genommen werden können. Dennoch gibt es kleine rechnerische Vorteile je nach Pflegegrad, die vor einer Wahl in die Überlegungen einbezogen werden sollten.

Beispiel:
Herr N ist pflegebedürftig nach Grad 2, Frau K nach Grad 3. Beide beschließen, Sachleistung und Pflegegeld je zur Hälfte in Anspruch zu nehmen. Herr N erhält daher 158 Euro Pflegegeld und daneben Pflegeeinsätze im Gegenwert von 362 Euro. Frau K erhält neben dem Pflegegeld

von 272,50 Euro Pflegeeinsätze im Gegenwert von 681 Euro. Dies führt rein rechnerisch dazu, dass Frau K durch die gleiche Kombination im Verhältnis zu Herrn N mehr Mittel für professionelle Pflegeeinsätze zur Verfügung hat.

ZUSÄTZLICH zu der Kombination von Pflegesachleitungen und Pflegegeld besteht wieder die Möglichkeit, den ENTLASTUNGSBETRAG in Höhe von 125 Euro in Anspruch zu nehmen.

Variante 3

+ 125 EUR für Betreuungs- und Entlastungsangebote

Weiterhin kann auch bei einer Kombination von Pflegesachleistungen und Pflegegeld innerhalb des Anteils der Pflegesachleistungen wieder eine UMWIDMUNG von bis zu 40 % der Mittel für Angebote zur Unterstützung im Alltag stattfinden. Man sollte sich also genau überlegen, welche Angebote man für eine möglichst maßgeschneiderte Versorgung in Anspruch nehmen möchte, und die verschiedenen Leistungskombinationen durchrechnen beziehungsweise sich über eine Pflegeberatung entsprechend informieren lassen.

Variante 4

+ 125 EUR für Betreuungs- und Entlastungsangebote

Die Varianten 1 und 2 finden sie auf Seite 87 und 89.

Kombinationsmöglichkeiten:
Wenn die Pflege IN KOMBINATION von beruflichen Pflegekräften (Pflegesachleistungen) und sonstigen Pflegepersonen (Pflegegeld) erbracht wird, können die von den Pflegeversicherungen je nach Pflegegrad zu zahlenden monatlichen Beträge für Pflegesachleistungen wie folgt verwendet werden:

- ☐ ein Prozentanteil für einen Pflegedienst oder eine Einzelpflegekraft plus
- ☐ einen Prozentanteil Pflegegeld;
  - hinzu kommt die Möglichkeit 125 Euro zur Inanspruchnahme von Betreuungs- und Entlastungsangeboten einzusetzen (ambulante Versorgung VARIANTE 3)

ODER

- ☐ ein Prozentanteil für einen Pflegedienst oder eine Einzelpflegekraft in Kombination mit
- ☐ einem umgewidmeten Betrag in Höhe von max. 40 % für Angebote zur Unterstützung im Alltag (Variante 1)

- ☐ plus einen Prozentanteil Pflegegeld;
  - hinzu kommt die Möglichkeit 125 Euro zur Inanspruchnahme von Betreuungs- und Entlastungsangeboten einzusetzen (ambulante Versorgung VARIANTE 4).

Die VARIANTEN 1 UND 2 finden sie oben unter „Pflegesachleistungen".

5. Was muss man beachten, wenn man Sozialhilfe erhält?
Pflegebedürftige, deren Einkommen unterhalb der Einkommensgrenzen für die HILFE ZUR PFLEGE nach dem SGB XII liegen, müssen auch das relativ komplizierte Verhältnis von Pflegeversicherungs- und Sozialhilfeleistungen berücksichtigen. Während im Recht der Pflegeversicherung Sachleistung oder Geldleistung alternativ oder eben in anteiliger Kombination gewährt werden, können nach dem Recht der Sozialhilfe beide Leistungen nebeneinander in Anspruch genommen werden. In diesem Fall kann allerdings das Pflegegeld angemessen gekürzt werden. Hier können sich je nach Lage des Einzelfalles bei unterschiedlichen Kombinationen auch verschiedene Auswirkungen auf den Anspruch gegenüber dem zuständigen Träger der Sozialhilfe ergeben. Reichen die Einkünfte der pflegebedürftigen Person für die Organisation der Pflege nicht aus, so dass sie neben den Leistungen der Pflegeversicherung noch weitere Sozialleistungen benötigt, so wird das Pflegegeld bei der Berechnung der Ansprüche eventuell berücksichtigt.

Pflegegeld

- ☐ Personen mit PFLEGEGRAD 2 BIS 5 haben
  - einen Anspruch auf Pflegegeld für eine häusliche Versorgung durch eine Pflegeperson (Höhe je nach Pflegegrad)
  - einen Anspruch auf Umwandlung von bis zu 40 % der Pflegesachleistungen für Angebote zur Unterstützung im Alltag
  - einen Anspruch auf Kombinationsleistungen aus Pflegegeld und Pflegesachleistungen,
  - einen Anspruch auf einen zusätzlichen Entlastungsbetrag in Höhe von 125 Euro.
- ☐ Personen mit PFLEGEGRAD 1 haben nur einen Anspruch auf einen zweckgebundenen Entlastungsbetrag in Höhe von 125 Euro.

IV. Pflege bei Verhinderung der Pflegeperson

Trotz allem ehrenamtlichen Engagement können Pflegepersonen auch einmal AUSFALLEN, weil sie zum Beispiel selbst erkranken oder einen Erholungsurlaub brauchen. In diesen Fällen kurzzeitiger Verhinderung muss die pflegerische Versorgung weiter gewährleistet werden. Ist eine Pflegeperson an der Pflege gehindert, übernimmt die Pflegekasse gemäß § 39 Absatz 1 SGB XI die nachgewiesenen Kosten einer notwendigen ERSATZPFLEGE (VERHINDERUNGSPFLEGE) für längstens SECHS WOCHEN je Kalenderjahr. Dadurch wird es Pflegepersonen ermöglicht, eine andere Person mit der Pflege zu betrauen, ohne dass der pflegebedürftigen Person weitere Kosten entstehen. Personeller Ersatz muss dann mit dem üblicherweise genutzten Pflegegeld beschafft werden, gegebenenfalls in Kombination mit einem Anteil Pflegesachleistung. Nicht erforderlich ist, dass die Zeit der Verhinderung sechs Wochen hintereinander beträgt. Auch mehrere Verhinderungen von kürzerer Dauer oder auch stundenweise, die in der Summe sechs Wochen pro Kalenderjahr betragen, kommen in Betracht. Während dieser Zeit wird darüber hinaus das hälftige Pflegegeld nach § 37 SGB XI weiter gewährt.

Voraussetzung für die Leistungen der Ersatzpflege (Verhinderungspflege) ist, dass die Pflegeperson den Pflegebedürftigen vor der erstmaligen Verhinderung mindestens SECHS MONATE in seiner häuslichen Umgebung gepflegt hat und der Pflegebedürftige zum Zeitpunkt der Verhinderung MINDESTENS IN PFLEGEGRAD 2 eingestuft ist.

1. Wie wird die Verhinderungspflege geleistet?

Die FORM und das AUSMASS der Ersatzpflege können frei gewählt werden. Die Ersatzpflege kann auch nur stundenweise in Anspruch genommen werden. Es muss darüber hinaus weder eine Pflegefachkraft eingesetzt werden noch ist es Voraussetzung, dass die Ersatzkraft bei einem anerkannten Pflegedienst oder der Pflegekasse beschäftigt ist. Auch eine selbstbeschaffte Pflegekraft, die die Pflege angemessen sicherstellen kann, kommt in Betracht, beispielsweise ein anderer Angehöriger, der nur für die Zeit der Verhinderung die Pflege übernimmt. Möglich ist auch, dass der Pflegebedürftige für die Zeit der Verhinderung der Pflegeperson in den Haushalt der Ersatzpflegekraft aufgenommen wird. Auch die Aufnahme in einem Pflegeheim für die Zeit der Verhinderung kann gewählt werden. Es muss nicht befürchtet werden, dass eine Verhinderungspflege im Heim zu einem Ruhen der Leistungen der Pflegeversicherung führt. Dies hat der Gesetzgeber ausdrücklich geregelt.

Auch Pflegepersonen brauchen aufgrund der eigenen Belastung eventuell einmal eine stationäre Vorsorge- oder Reha-Maßnahme. Sie verzichten aber häufig darauf oder der Erfolg wird beeinträchtigt, weil sie sich um die pflegebedürftige Person sorgen oder mit der Organisation der Ersatzpflege überlastet sind. Nach dem neuen Gesetz zur Unterstützung und Entlastung in der Pflege (PUEG) gibt es daher ab dem 1.7.2024 nach dem neu geschaffenen § 42b SGB XI einen Anspruch darauf, dass Pflegebedürftige in der Reha-Einrichtung mitversorgt werden. Dazu sollen die Anbieter dann, wenn sie dies nicht selbst sicherstellen können, Kooperationen mit ambulanten Diensten oder stationären Einrichtungen vor Ort eingehen. Der Anspruch auf Pflegegeld ruht in dieser Zeit.

Leistungen der Verhinderungspflege müssen bei der Pflegekasse BEANTRAGT werden. Dies kann aber aus Gründen der Praktikabilität auch rückwirkend geschehen. Wird Verhinderungspflege gewährt, müssen die Pflegebedürftigen die dafür tatsächlich angefallenen Kosten nachweisen.

2. In welcher Höhe werden die Kosten übernommen/erstattet?
In welcher HÖHE eine Erstattung erfolgt, hängt davon ab, wer die Ersatzpflege leistet. Die Leistungen der Pflegekasse richten sich während der Verhinderungspflege also danach, von wem konkret die Ersatzpflege geleistet wird. Handelt es sich dabei um Personen, die mit dem Pflegebedürftigen bis zum zweiten Grad VERWANDT oder verschwägert sind oder mit ihm in häuslicher Gemeinschaft leben und nicht erwerbsmäßig pflegen, dürfen die Aufwendungen der Pflegekasse den Betrag des PFLEGEGELDES nach § 37 Absatz 1 Satz 3 SGB XI für bis zu sechs Wochen nicht überschreiten. In diesem Fall richten sich die Leistungen also nach der Höhe des Pflegegeldes entsprechend dem Pflegegrad. Notwendige AUFWENDUNGEN der Pflegeperson im Zusammenhang mit der Ersatzpflege werden auf Nachweis zusätzlich übernommen, dürfen jedoch zusammen mit dem Pflegegeld den Betrag von 1.612 EURO nicht überschreiten. Hierzu zählt auch beispielsweise ein Verdienstausfall bei der Inanspruchnahme unbezahlten Urlaubs, um die Ersatzpflege leisten zu können.

Beispiel:
Frau A hat Pflegegrad 3 und wird von ihrer Tochter zu Hause versorgt. Da die Tochter sich selbst einer Operation unterziehen muss, soll deren Schwester in der Zwischenzeit die Pflege übernehmen. Das Pflegegeld beläuft sich bei Pflegegrad 3 auf 545 Euro je Kalendermonat und wird entsprechend bis zu sechs Wochen auch bei einer Pflege durch die andere

Tochter gezahlt. Ebenso kann die zweite Tochter, die die Pflege übernimmt, bei der Pflegekasse die Kosten für die Bahnfahrkarte als notwendige Aufwendung beantragen, weil sie aus 600 km Entfernung anreisen musste.

Wird die Ersatzpflege dagegen von einer ERWERBSMÄSSIG ARBEITENDEN VERWANDTEN Person ausgeübt, können sich die Aufwendungen der Pflegekasse auf den Leistungsbetrag von bis zu 1.612 EURO belaufen. Der Betrag ist derselbe wie der Höchstbetrag aus Pflegegeld zuzüglich Aufwendungsersatz bei nicht professionellen verwandten Pflegepersonen.

Variante:
Die Tochter setzt nicht ihre Schwester ein, sondern ihre Nichte. Diese ist ausgebildete Pflegefachkraft und selbständig tätig. Sie könnte daher bis zu 1.612 Euro abrechnen.

Wird die Ersatzpflege dagegen durch andere Pflegepersonen sichergestellt als solche, die mit dem Pflegebedürftigen bis zum zweiten Grade verwandt oder verschwägert sind oder mit ihm in häuslicher Gemeinschaft leben, beispielsweise durch einen ambulanten Pflegedienst, belaufen sich die AUFWENDUNGEN der Pflegekasse im Kalenderjahr auf bis zu 1.612 EURO. Dieser Betrag ist unabhängig vom Pflegegrad des Pflegebedürftigen.

Beispiel:
Die pflegende Tochter ist Einzelkind. Weitere Verwandte oder Personen, die mit im häuslichen Umfeld leben, gibt es nicht. Die Tochter muss daher während ihrer Verhinderung einen Pflegedienst beauftragen. Hierfür stehen bis zu 1.612 Euro zur Verfügung, wenn nicht in diesem Kalenderjahr bereits Leistungen der Pflegekasse für Verhinderungspflege in Anspruch genommen wurden. Ebenso verhält es sich, wenn beispielsweise ein Nachbar die Pflege übernehmen würde.

Die Kosten eines Pflegeheimes oder einer professionellen Pflegekraft dürften in aller Regel aber so hoch sein, dass mit dem vorgesehenen Betrag kaum ein Ersatz für die vorgesehenen sechs Wochen beschafft werden kann, schon gar nicht für Betroffene der Pflegegrade 4 und 5. In den meisten Fällen ist daher die Möglichkeit der Pflegeperson, tatsächlich bis zu sechs Wochen in Urlaub oder Kur zu fahren, faktisch kaum gegeben. Außerdem kann die Pflegeperson auch länger ausfallen, so dass ein über den Verhinderungspflegezeitraum von sechs Wochen hinausgehender Zeitraum überbrückt werden muss.

Aus diesem Grund gibt § 39 Absatz 2 SGB XI derzeit noch zusätzlich die Möglichkeit, den Betrag für die Verhinderungspflege mit nicht verbrauchten Mitteln der KURZZEITPFLEGE bis zu 50 % des Kurzzeitpflegebetrags zu KOMBINIEREN und dadurch zu erhöhen. Ein Anspruch auf Kurzzeitpflege bis zu acht Wochen pro Kalenderjahr in einer vollstationären Einrichtung besteht dann, wenn die häusliche Pflege zeitweise nicht, noch nicht oder nicht im erforderlichen Umfang erbracht werden kann. Dieser Anspruch greift beispielsweise im Anschluss an eine stationäre Behandlung der pflegebedürftigen Person oder wenn in einer sonstigen Krisensituation vorübergehend häusliche oder teilstationäre Pflege nicht möglich oder nicht ausreichend ist. Das dafür zur Verfügung stehende Budget von 1.774 Euro je Kalenderjahr kann, sofern es noch nicht verbraucht wurde, zusätzlich zur Verhinderungspflege in Anspruch genommen und angerechnet werden: Wurde dieser Anspruch nicht bzw. nicht vollständig ausgeschöpft, können die dadurch nicht verbrauchten Mittel die Verhinderungspflege mit einem Betrag von bis zu 806 Euro (= 50 %) ergänzen. Dies führt zu einem Leistungsbetrag von bis zu 2.418 EURO im Kalenderjahr für die Verhinderungspflege. Im Hinblick auf die Notwendigkeit der Kurzzeitpflege ist dieser Betrag dann aber verbraucht. Diese Regelung kommt vor allem den Pflegebedürftigen zugute, die eine längere Ersatzpflege benötigen und für die es keine geeignete Betreuung in einer vollstationären Kurzzeitpflegeeinrichtung gibt.

Ab dem 1.7.2025 wird diese Kombinationsmöglichkeit vereinfacht. Mit dem Gesetz zur Unterstützung und Entlastung in der Pflege (PUEG) wird das sogenannte ENTLASTUNGSBUDGET eingeführt, welches in einem neuen § 42a SGB XI zu finden sein wird. Künftig wird es einen GEMEINSAMEN JAHRESBETRAG für Verhinderungs- und Kurzzeitpflege in Höhe von bis zu 3.539 Euro pro Kalenderjahr geben, den der Anspruchsberechtigte flexibel für beide Leistungsarten einsetzen kann. Dadurch entfallen die komplizierte Berechnung der Ansprüche sowie die Übertragungsregelungen. Außerdem werden die Anspruchszeiten angeglichen, so dass auch die Verhinderungspflege künftig acht Wochen in Anspruch genommen werden kann, genauso wie die Kurzzeitpflege (dazu Kapitel 5 unter I). Dies wirkt sich dann auch auf die Zeiten der Fortzahlung des hälftigen Pflegegeldes aus.

Während der Verhinderungspflege wird derzeit bis zu sechs Wochen im Kalenderjahr die HÄLFTE des bisher bezogenen Pflegegelds weitergezahlt ab 1.7.2025 bis zu acht Wochen. Ist die Pflegeperson im Erholungsurlaub, werden die Rentenversicherungsbeiträge (wie bei Arbeitnehmern) von der Pflegekasse weitergezahlt.

Für Kinder, Jugendliche und junge Erwachsene bis zum 25. Lebensjahr mit Pflegegrad 4 und 5 gilt die Erweiterung der Verhinderungspflege von sechs auf acht Wochen bereits ab dem 1.1.2024. Darüber hinaus können im Jahr 2024 bis zu 100 % der Mittel der Kurzzeitpflege für die Verhinderungspflege umgewidmet werden, also bis zu 1.774 Euro, so dass ein Entlastungsbudget von bis zu 3.386 Euro zur Verfügung steht. Ab 2025 gilt dann auch hier das Entlastungsbudget von 3.539 Euro.

Verhinderungspflege:
Leistungen der Verhinderungspflege hängen davon ab, WER die Ersatzpflege erbringt:

- Erfolgt die Verhinderungspflege durch einen Pflegedienst oder eine Privatperson, die nicht mit dem Pflegebedürftigen verwandt ist, werden für maximal sechs Wochen im Jahr maximal 1.612 Euro bezahlt.
  - Durch Kombination mit nicht verbrauchten Mitteln der Kurzzeitpflege kann der Betrag der Pflegekasse auf bis zu maximal 2.418 Euro im Jahr aufgestockt werden.
- Erfolgt die Verhinderungspflege durch nahe Angehörige, wird für maximal sechs Wochen im Jahr der maximale Satz des Pflegegeldes bezahlt, zzgl. tatsächlichen Aufwendungen.
  - Rentenversicherungsbeiträge für die Pflegeperson laufen weiter.

Während der Verhinderungspflege wird bis zu sechs Wochen je Kalenderjahr die Hälfte des bisher gewährten Pflegegeldes weiter gewährt.

V. Pflegehilfsmittel und technische Hilfen

Nach § 40 Absatz 1 SGB XI haben Pflegebedürftige Anspruch auf Versorgung mit Pflegehilfsmitteln. Das sind Geräte und Sachmittel, die zur häuslichen Pflege notwendig sind, diese erleichtern, zur LINDERUNG DER BESCHWERDEN des Pflegebedürftigen beitragen oder ihnen eine SELBSTÄNDIGERE LEBENSFÜHRUNG ermöglichen. Der Hilfsmitteleinsatz kann für ein Verbleiben im häuslichen Bereich vor allem bei solchen Pflegebedürftigen von ausschlaggebender Bedeutung sein, die nicht über eine ständig anwesende Pflegeperson verfügen, sondern ihre Pflege durch externe Pflegepersonen bzw. Pflegesachleistungen sicherstellen. Der Pflegebedürftige soll – zur VERMEIDUNG VON HEIMPFLEGE – nach dem Grundanliegen des Gesetzgebers grundsätzlich in seiner Wohnung verbleiben können und nicht in irgendeiner Wohnung, die seinen Pflegebedürfnissen entspricht.

1. Wer trägt die Kosten für Hilfsmittel?
Für die Versorgung mit Hilfsmitteln kann die Krankenkasse zuständig sein oder die Pflegekasse. Die Pflegekasse leistet aber nur, wenn die Krankenkasse keine Leistungen erbringt und auch sonst kein anderer Leistungserbringer zuständig ist. Vorrangig sind also zunächst Hilfsmittel in Anspruch zu nehmen, die von den KRANKENKASSEN übernommen werden. Von den Krankenkassen werden nur Hilfsmittel gewährt, die im Hilfsmittelverzeichnis nach § 139 SGB V aufgelistet sind. Das Hilfsmittelverzeichnis ist für den Leistungsanspruch des Versicherten jedoch selbst nicht verbindlich; insoweit kommt – soweit die Voraussetzungen im Übrigen vorliegen – auch eine Versorgung mit Hilfsmitteln in Betracht, die nicht oder noch nicht in das Hilfsmittelverzeichnis aufgenommen sind.

Die Spitzenverbände der PFLEGEKASSEN haben als Anlage zum vorgenannten Hilfsmittelverzeichnis ein spezielles, aber ebenfalls nicht abschließendes Pflegehilfsmittelverzeichnis erstellt. Die hierin aufgelisteten Hilfsmittel können Pflegebedürftige von ihrer Pflegekasse erhalten, wenn sie benötigt werden. Die Kosten trägt dann die Pflegekasse.

Im Einzelnen sind hierin unter anderem folgende HILFSMITTEL aufgelistet:

- Pflegehilfsmittel zur Erleichterung der Pflege: Pflegelifter, Pflegebetten, Pflegebettenzubehör, Bettzurichtungen zur Pflegeerleichterung, Pflegebetttische, Pflegeliegestühle, Lagerungskeile, Umsetz- und Hebehilfen, Schieberollstühle,
- Pflegehilfsmittel zur Körperpflege/Hygiene: Badehilfen, Toilettenhilfen, Sicherheitsgriffe, Produkte zur Hygiene im Bett, Waschsysteme, Toilettenrollstühle, Duschrollstühle zum Schieben,
- Pflegehilfsmittel zur selbständigen Lebensführung: Hilfen zum Verlassen und Aufsuchen der Wohnung wie mobile Rampen oder Hebebühnen für Rollstühle, Notrufsysteme,
- Pflegehilfsmittel zur Linderung von Beschwerden: Lagerungsrollen
- zum Verbrauch bestimmte Pflegehilfsmittel: saugende Bettschutzeinlagen, Schutzbekleidung, Desinfektionsmittel

Die Aufwendungen für ZUM VERBRAUCH bestimmte Hilfsmittel wie beispielsweise Einmalhandschuhe, Einlagen, Desinfektionsmittel dürfen monatlich den Betrag von 40 EURO nicht übersteigen. Bis zu diesem Betrag brauchen die Pflegebedürftigen keine Zuzahlung zu leisten, darüber hinausgehende Kosten müssen sie jedoch voll übernehmen oder aber ergänzende Hilfe zur Pflege beim Sozialhilfeträger beantragen.

TIPP:
Nicht alle Pflegebedürftigen erhalten den vollen Betrag in Höhe von 40 Euro. Dies hängt mitunter auch von der ärztlichen Verordnung ab. Es ist daher ratsam, einen Antrag auf Hilfsmittel immer in voller Höhe zu stellen. Das kann auch durch die Apotheke oder den Lieferanten geschehen, über den die Pflegehilfsmittel später bezogen werden sollen. Die Anbieter beraten Sie dazu sicher gern.

Für nicht zum Verbrauch bestimmte TECHNISCHE Hilfsmittel wie zum Beispiel Pflegebetten oder Rollstühle müssen Versicherte, die das 18. Lebensjahr vollendet haben, eine ZUZAHLUNG in Höhe von 10 % der Kosten des Hilfsmittels, höchstens jedoch 25 Euro je Hilfsmittel leisten. Hiervon kann jedoch – ganz oder teilweise – Befreiung erteilt werden für diejenigen Pflegebedürftigen, die nach dem Recht der Krankenversicherung auch von der Zuzahlung bei Arznei- und Hilfsmitteln befreit sind.

TIPP:
Gerade technische Hilfsmittel können das Leben bei Pflegebedarf ungemein erleichtern. Daher ist es wichtig, dass das Hilfsmittel richtig angepasst wird und man einen Ansprechpartner hat, wenn Änderungs- oder Reparaturbedarf besteht. Die Auswahl des Lieferanten bzw. Herstellers sollte sorgfältig getroffen werden, Angebote gibt es gerade in großen Städten viele. Scheuen Sie sich also nicht, sorgfältig zu recherchieren (beispielsweise durch Befragung anderer Betroffener), ihren Arzt zu fragen, mehrere Sanitätshäuser aufzusuchen und genau auszuloten, ob sie einen kompetenten und zugewandten Ansprechpartner finden, der Sie auch offen und ehrlich über zusätzlich selbst zu tragende Kosten berät

ALLGEMEINE GEBRAUCHSGEGENSTÄNDE des täglichen Lebens – wie beispielsweise ein elektrisch verstellbarer Sessel – sind dagegen keine Pflegehilfsmittel, selbst wenn sie zur Erleichterung der Pflege und zur Ermöglichung einer selbständigeren Lebensführung dienen würden, etwa weil sie die Hilfe beim Umlagern erleichtern oder sogar entbehrlich machen würden. Nach der Rechtsprechung gehört es grundsätzlich nicht zu den Aufgaben einer Sozialversicherung, die Besorgung oder Anschaffung von Gegenständen zu finanzieren, die zum Lebensbedarf oder zu den Kosten der normalen Lebenshaltung gehören. Technische Hilfsmittel sollen von den Pflegekassen vorrangig LEIHWEISE überlassen werden. Lehnt ein Pflegebedürftiger die leihweise Überlassung ohne zwingenden Grund ab, müssen die Kosten des Hilfsmittels in vollem Umfang selbst übernommen werden.

Bei der Beantragung von Hilfsmitteln ist grundsätzlich das Gebot der WIRTSCHAFTLICHKEIT zu beachten. Das bedeutet, es müssen nur Leistungen bewilligt werden, die ausreichend, zweckmäßig und wirtschaftlich sind sowie das Maß des Notwendigen nicht überschreiten. Aus diesem Grund kann es auch zu Ablehnungen seitens der Versicherung kommen, weil es preiswertere Alternativen gibt.

2. Wer entscheidet, welche Hilfsmittel notwendig sind?
Die Notwendigkeit der Versorgung mit Pflegehilfsmitteln wird von der Pflegekasse unter Beteiligung einer PFLEGEFACHKRAFT oder des MEDIZINISCHEN DIENSTES überprüft. Pflegehilfsmittel sind dabei nicht vom Pflegegrad abhängig. Im Rahmen der Begutachtung zur Feststellung der Pflegebedürftigkeit hat der Medizinische Dienst ohnehin auch Stellung zu nehmen zu der Frage, ob die Bereitstellung von Pflegehilfsmitteln angezeigt ist. Diese Feststellung gilt unmittelbar als Antrag an die Pflegekasse, wenn die pflegebedürftige Person zustimmt. Das Gleiche gilt, wenn eine Pflegefachkraft während ihrer Einsätze die Notwendigkeit feststellt. In jedem Fall umfasst der Anspruch auch die notwendige Änderung, Instandsetzung und Ersatzbeschaffung von Hilfsmitteln sowie die Ausbildung in ihrem Gebrauch. Sollen Hilfsmittel in Anspruch genommen werden, ist ein ANTRAG bei der Pflegekasse zu stellen, den diese innerhalb von drei Wochen zu entscheiden hat (ist ein medizinisches Gutachten erforderlich, verlängert sich die Frist auf fünf Wochen). Die Pflegekasse kann zudem die Gewährung davon abhängig machen, dass die Pflegebedürftigen sich das Pflegehilfsmittel anpassen oder sich oder die Pflegeperson in seinem Gebrauch ausbilden lassen.

VI. Verbesserung des Wohnumfelds

Personen, die zu Hause gepflegt werden, können ZUSCHÜSSE VON DER PFLEGEKASSE erhalten, um ihr Wohnumfeld an ihre Bedürfnisse anzupassen. Ziel ist es, die Beschwerden der Betroffenen zu lindern und eine möglichst selbständige Lebensführung zu erhalten. Aber auch den Pflegepersonen soll dadurch die Versorgung erleichtert werden. Durch Vermeidung von Gefahrenquellen wie Barrieren können Unfälle verhindert werden. Zu denken wäre zum Beispiel an ein barrierefreies Bad, Handläufe, rollstuhlgerechte Bodenbeläge oder Anpassung des Küchenmobiliars. Es sind vor allem TECHNISCHE HILFEN, durch die eine häusliche Pflege ermöglicht oder erheblich erleichtert wird. Die Zuschüsse dürfen einen Betrag in Höhe von 4.000 Euro je Maßnahme nicht übersteigen. Leben mehrere Pflegebedürftige in einer gemeinsamen Wohnung, beispielsweise einer ambulant betreuten Wohngruppe, dürfen die

Zuschüsse zur Verbesserung des gemeinsamen Wohnumfelds einen Betrag von 4.000 Euro je Pflegebedürftigem nicht übersteigen (sowie einen Gesamtbetrag von 16.000 Euro je Maßnahme). Die sozialhilferechtliche Hilfe zur Pflege kann bei nicht ausreichenden Mitteln der Pflegekasse für den Wohnungsumbau zusätzliche Mittel beisteuern.

Umbaumaßnahmen können sowohl in einer VORHANDENEN WOHNUNG als auch bei der NEUERRICHTUNG von Wohnungen in Betracht kommen. Dabei ist es unerheblich, ob es sich um die Wohnung des Pflegebedürftigen handelt, eine Wohngemeinschaft oder um die Wohnung der Person, in deren Haushalt er aufgenommen ist. Voraussetzung ist danach aber jedenfalls, dass der Pflegebedürftige sich hier nicht nur vorübergehend aufhält. Soweit es sich um eine Mietwohnung handelt, muss der Pflegebedürftige sich selbst um eine entsprechende Vereinbarung mit dem Vermieter kümmern.

1. Welche wohnumfeldverbessernden Maßnahmen gibt es?
Nach den vorgenannten Empfehlungen können schließlich Zuschüsse zu verschiedenen MASSNAHMEN, gewährt werden, hierfür im Folgenden einige Beispiele:

- Maßnahmen AUSSERHALB der Wohnung bzw. im Eingangsbereich: Schaffung eines ebenerdigen Zugangs für Rollstuhlfahrer, Vergrößerung von Eingangstüren, Herabsetzung der Schalterleiste in Aufzügen auf Griffhöhe, Absenkung eines Briefkastens in Greifhöhe, Schaffung von Orientierungshilfen für Sehbehinderte/ Blinde (Hinweise auf die jeweilige Etage in Punktschrift), Installation von gut zu umfassenden und ausreichend langen Handläufen, Beseitigung von Stufen oder deren optisch besser wahrnehmbare Markierung für Sehbehinderte, Einbau von Treppenliften oder Rampen, Abbau von Türschwellen, Einbau von automatischen Türen.
- Maßnahmen INNERHALB der Wohnung: Umbaumaßnahmen zur Vergrößerung von Bewegungsflächen (etwa durch Verlegung von Anschlüssen in Bad und Küche), Beseitigung von Stolperquellen, Rutsch- und Sturzgefahr durch Austausch des Bodenbelags, Installation von Lichtschaltern, Steckdosen, Heizungsventilen etc. in Griffhöhe, ertastbare Installationen für Sehbehinderte/Blinde, Anpassung der Wohnungsaufteilung durch Austausch von Räumen, Änderung der Türanschläge, Absenkung von Fenstergriffen.
- Maßnahmen in KÜCHE UND BAD: Installation von Armaturen mit verlängertem Hebel oder Schlaufe, Schlauchbrause etc., Änderung der Höhe von Herd, Kühlschrank, Waschtisch, Schaffung unterfahrbarer Einrichtungen für Rollstuhlfahrer, Absenkung von Küchenober-

schränken, Herstellung eines bodengleichen Zugangs zur Dusche statt Badewanne oder Duschwanne, Anbringen von Einstiegshilfen in Badewanne/Duschwanne, Installation eines Duschsitzes, Anpassung der Toilettenhöhe.

Bezuschusst werden können die Gesamtkosten, einschließlich Vorbereitungskosten, Materialkosten, Arbeitslohn und notwendiger Gebühren (zum Beispiel für Genehmigungen der Bauaufsichtsbehörden etc.).

2. Voraussetzungen für die Bezuschussung
Die bezuschussungsfähigen Maßnahmen müssen insgesamt OBJEKTIV ERFORDERLICH sein, um die Pflege im häuslichen Umfeld überhaupt erst durchführen zu können, oder zu einer erheblichen Erleichterung bei der Pflege führen. Welche Maßnahmen zur Verbesserung des individuellen Wohnumfeldes allgemein in Betracht kommen, unterliegt dabei aber nicht dem Ermessen der Pflegekassen. Ausschlaggebend ist, dass die Maßnahme den beschriebenen Zielen des Gesetzes entspricht. Insofern ist der Katalog der zuschussfähigen Maßnahmen der „Gemeinsamen Empfehlungen der Spitzenverbände der Pflegekassen zu den Maßnahmen zur Verbesserung des Wohnumfeldes der Pflegebedürftigen nach § 40 Absatz 4 SGB XI“ nicht abschließend.

Im Hinblick auf das von der Regelung verfolgte Ziel, die EIGENSTÄNDIGE LEBENSFÜHRUNG des Pflegebedürftigen in seiner Wohnung zu fördern, dürfen beispielsweise WOHNUNGSSICHERUNGSMASSNAHMEN nicht von vornherein als nicht zuschussfähig ausgeschlossen werden. Jeder Mensch hat das Recht, sich vor unbefugtem Eindringen Fremder zu schützen (Grundrecht der Unverletzlichkeit der Wohnung). Dies muss auch oder gerade im Fall einer pflegebedürftigen Person gelten, die alleine wohnen will. Bei der Entscheidung hinsichtlich eines Zuschusses ist dies auch zu beachten. Zuschüsse für BAULICHE VERÄNDERUNGEN des Wohnumfeldes zur Aufrechterhaltung der selbständigen Lebensführung eines Pflegebedürftigen kommen als Ermessensleistung dann aber wieder auch nur in Betracht, soweit die Maßnahmen durchschnittliche Anforderungen an eine WOHNUNGSAUSSTATTUNG nicht übersteigen.

Beispiele:
Das Bundessozialgericht hat die Zuschussgewährung für die Herstellung eines Freisitzes im Garten als Maßnahme zur Verbesserung des individuellen Wohnumfeldes verneint. Ebenso die Umrüstung vorhandener Rollläden auf Elektroantrieb, da die Ausstattung aller ebenerdigen Zimmer eines Hauses mit Rollläden, Jalousien oder Fensterläden nicht unverzichtbar ist, um einen ausreichenden Einbruchschutz zu gewähr-

leisten. Solche Vorrichtungen zählten nicht zur STANDARDAUSSTATTUNG von Wohnungen, sondern würden – als Einbruchschutz – je nach den unterschiedlich ausgeprägten Sicherungsbedürfnissen der Bewohner angebracht.

TECHNISCHE VORKEHRUNGEN, die das unkontrollierte Verlassen der Wohnung bei Demenzkranken verhindern, können dagegen bezuschussungsfähig sein. Gleiches gilt für eine Gegensprechanlage, den Einbau eines Treppenliftes und den Einbau von Fenstern mit Griffen in rollstuhlgerechter Höhe. Ebenso wie der behindertengerechte Umbau einer Wohnung kann auch der Neubau eines behindertengerecht gestalteten Eigenheimes als Maßnahme zur Verbesserung des individuellen Wohnumfeldes von der Pflegekasse bezuschusst werden. Schließlich kann auch der Einbau eines Personenaufzugs im eigenen Haus für eine schwer gehbehinderte, pflegebedürftige Person eine Maßnahme zur Verbesserung des individuellen Wohnumfeldes bezuschussungsfähig sein.

Alle Umbauarbeiten, die zum Zeitpunkt der Zuschussgewährung aufgrund des objektiven Pflegebedarfs zur Verbesserung des individuellen Wohnumfeldes des Pflegebedürftigen erforderlich und notwendig sind, werden schließlich – auch wenn es sich vom Grundsatz her um bezuschussungsfähigen Einzelschritte (Einzelmaßnahmen) handelt – in ihrer Gesamtheit rechtlich als eine GEMEINSAME MASSNAHME gewertet, für die zusammen nur bis zu 4.000 Euro gezahlt werden können.

Die Gewährung eines ZWEITEN Zuschusses kommt danach also erst in Betracht, wenn sich die Pflegesituation objektiv ändert (durch Hinzutreten einer weiteren Behinderung oder altersbedingte Ausweitung des Pflegebedarfs eines behinderten Menschen) und dadurch im Laufe der Zeit Schritte zur Verbesserung des individuellen Wohnumfeldes erforderlich werden, die bei der Durchführung der ersten Umbaumaßnahme (bzw. der Beantragung des ersten Zuschusses) noch nicht notwendig waren.

Der für eine solche Maßnahme vorgesehene Zuschuss betrifft aber nicht nur die Kosten der Anschaffung und erstmaligen Installierung der technischen Hilfe, sondern auch alle notwendigen FOLGEKOSTEN, die im Zusammenhang mit der Sicherung und der Wiederherstellung der Funktionsfähigkeit entstehen können. Wartungs- und Reparaturkosten sind also grundsätzlich auch zuschussfähig, können aber nur dann zu einer weiteren Zahlung der Pflegekasse führen, wenn der Höchstbetrag des Zuschusses, der sich auf 4.000 Euro beläuft, bei den Anschaffungskosten noch nicht voll ausgeschöpft worden ist.

Beispiel:
Ist für die Anschaffung einer technischen Hilfe nur ein Zuschuss von 3.500 Euro gewährt worden, weil der Versicherte dafür keine höheren Kosten zu tragen hatte, steht ein Restbetrag von 500 Euro zur Verfügung, mit dem nun Wartungs- und Reparaturkosten bezuschusst werden können. Im Rahmen ihres Ermessens hat die Pflegekasse über einen entsprechenden ergänzenden Zuschussantrag zu entscheiden.

3. Wie erhält man den Zuschuss der Pflegekasse?
Notwendig ist in jedem Fall immer ein ANTRAG bei der Pflegekasse, dem möglichst schon ein Kostenvoranschlag für die vorgesehene Maßnahme beigelegt werden sollte. Der Medizinische Dienst soll bereits in seinem GUTACHTEN zur Feststellung der Pflegebedürftigkeit Vorschläge für Umbaumaßnahmen unterbreiten, wenn er solche für erforderlich hält. Diese Feststellung wird zugleich als Antrag gewertet.

Eine Antragstellung nach bereits erfolgter Umbaumaßnahme ist zwar entgegen der anfänglichen Auffassung der Pflegekassen hierzu nicht schon für sich anspruchsvernichtend, die BEWEISLAST für die Notwendigkeit des Umbaus trägt jedoch allein der Pflegebedürftige. Diesen Beweis im Anschluss an eine Umbaumaßnahme zu führen, also nachdem bereits vollendete Tatsachen geschaffen worden sind, erweist sich insoweit zumindest als schwierig. Wurden wohnumfeldverbessernde Maßnahmen in einer MIETWOHNUNG durchgeführt, müssen diese nach Beendigung des Mietverhältnisses eventuell auf Kosten des Betroffenen zurückgebaut werden.

Grundsätzlich ist es anzuraten, frühzeitig eine WOHNBERATUNGSSTELLE aufzusuchen und eine entsprechende Beratung in Anspruch zu nehmen, vor allem wenn umfassendere Umbaumaßnahmen erforderlich sind. Manchmal kann auch ein Umzug, beispielsweise in eine Pflege-Wohngemeinschaft sinnvoller sein.

Pflegehilfsmittel und wohnumfeldverbessernde Maßnahmen:
Alle Personen mit PFLEGEGRAD 1 BIS 5 haben

- ☐ mit Nachweis einen Anspruch auf bis zu 40 Euro im Monat für zum Verbrauch bestimmte Pflegehilfsmittel,
- ☐ einen Anspruch auf technische Pflegehilfsmittel soweit erforderlich (Achtung! Eventuell Zuzahlung),
- ☐ einen Anspruch auf bis zu 4.000 Euro pro Maßnahme für eine notwendige Wohnumfeldverbesserung.

VII. Alternative Wohnformen

Viele Betroffene möchten trotz Pflegebedürftigkeit selbstbestimmt leben, eigenständig sein und ihr privates Umfeld/Privatsphäre genießen. Ein Leben in einem Heim soll vermieden werden, eine Versorgung in der eigenen Wohnung ist aber vielleicht nicht möglich. In diesem Fall bietet sich eine Wohnform an, die in den letzten Jahren einen großen Zuwachs genossen hat: die PFLEGE-WOHNGEMEINSCHAFT . Die Bewohnerinnen und Bewohner leben in eigenen Zimmern, gleichzeitig besteht aber auch die Möglichkeit, Gemeinschaftsräume zu nutzen oder gemeinsamen Aktivitäten nachzugehen.

1. Wie wird eine Wohngemeinschaft organisiert?
Die Versorgung in einer Wohngemeinschaft ist genauso wie die Versorgung in der eigenen Häuslichkeit ambulante Pflege. Pflege-WGs gibt es mittlerweile als sogenannte ANBIETERGEFÜHRTE WOHNGEMEINSCHAFTEN oder selbstverantwortete. Anbietergeführte Wohngemeinschaften werden häufig von Pflegediensten angeboten. Ein Dritter vermietet die Zimmer, für die jeweils mit den Pflegebedürftigen ein Mietvertrag geschlossen wird. Dadurch begründen sie ihre Häuslichkeit in der Wohngemeinschaft. Mit einem Pflegedienst wird dann ein separater Pflege- und regelmäßig auch Betreuungsvertrag geschlossen. So erhalten die Pflegebedürftigen ambulante Pflege. Bei einigen Modellen bringen sich auch die Angehörigen (pflegend) mit ein. Gerade für demente Bewohner kann eine solche kleinteilige Wohnform vorteilhaft sein. Eine ständig anwesende Betreuungskraft hat die Bewohner oftmals besser im Blick als in einem großen Pflegeheim und die kognitiv eingeschränkten Menschen sind weniger störenden Reizen ausgesetzt.

Pflegebedürftige und ihre Angehörigen können aber auch selbst eine Pflege-WG gründen, die dann als SELBSTVERANTWORTETE WOHNGEMEINSCHAFT zu bewerten ist, wenn die Bewohner beispielsweise über ihre Versorgung, den Zuzug neuer Bewohner und die in der WG geltenden Regelungen selbst entscheiden. Zu beachten ist, dass die Wohnung ausreichend groß sein muss und klare vertragliche Regelungen geschaffen werden.

2. Wie wird eine Pflege-Wohngemeinschaft finanziert?
Leben Pflegebedürftige in einer ambulant betreuten Wohngruppe, können sie von der Pflegekasse gemäß § 38a SGB XI finanziell unterstützt werden. Voraussetzung ist, dass

- mindestens zwei, aber höchstens zwölf Personen in einer Wohngruppe wohnen, von denen mindestens drei einen Pflegegrad haben müssen,
- die Bewohner zum Zweck der gemeinschaftlich organisierten pflegerischen Versorgung zusammenleben und ambulant versorgt werden und
- die Versorgung in der WG nicht so ausgerichtet ist, dass sie vom Umfang her weitestgehend den umfassenden Leistungen in einem Pflegeheim entspricht.

Die pflegebedürftigen WG-Mitbewohner können Pflegegeld, Pflegesachleistungen, Kombinationsleistungen und/oder Betreuungs- und Entlastungsleistungen sowie Leistungen zur Unterstützung im Alltag beziehen. Ein weiterer Vorteil des Zusammenlebens ist, dass die Mitbewohner ihre pflegerische Versorgung und häusliche Betreuung GEMEINSAM in Anspruch nehmen können. Diese Form der Leistungszusammenlegung nennt sich „POOLEN" und führt in der Regel zu Zeit- und Kosteneinsparungen im Interesse der Pflegebedürftigen. Zusätzlich haben sie einen Anspruch auf einen WOHNGRUPPENZUSCHLAG in Höhe von jeweils 214 Euro monatlich. Mit diesem Betrag soll gemeinschaftlich eine Person beauftragt werden, die unabhängig von der pflegerischen Versorgung allgemein organisatorische, verwaltende, betreuende oder das Gemeinschaftsleben fördernde Tätigkeiten verrichtet oder hauswirtschaftliche Unterstützung leistet.

Gründet sich eine ambulant betreute Wohngruppe neu, kann seitens der Pflegekasse nach § 45e SGB XI eine zweckgebundene ANSCHUBFINANZIERUNG in Höhe von einmalig 2.500 Euro pro Mitbewohner gewährt werden, maximal jedoch 10.000 Euro pro Wohngruppe. Damit kann der Wohnraum altersgerecht oder barrierearm umgestaltet werden. Stellen mehr als vier Mitbegründer einen entsprechenden Antrag, wird der Gesamtbetrag anteilig aufgeteilt. Der Antrag auf Mittelbewilligung muss innerhalb eines Jahres nach Vorliegen der Anspruchsvoraussetzungen gestellt werden. Hinzukommen können dann noch die Zuschüsse zur Verbesserung des Wohnumfelds gemäß § 40 SGB XI.

Wohngemeinschaft:
Alle Personen mit PFLEGEGRAD 1 BIS 5 haben

- ☐ einen Anspruch auf Anschubfinanzierung in Höhe von einmalig 2.500 Euro bei Gründung einer ambulant betreuten WG,
- ☐ einen Anspruch auf eine monatliche Pauschale in Höhe von 214 Euro zur Unterstützung.

VIII. Leistungen für pflegende Familienangehörige

Ohne pflegende Angehörige könnte die ambulante Versorgung in Deutschland kaum aufrechterhalten werden. Man spricht auch von der Familie als „größtem Arbeitgeber in der Pflege". Ein wesentliches Anliegen bei Einführung der Pflegeversicherung war daher auch die Verbesserung der Situation von ANGEHÖRIGEN , die ihre pflegebedürftigen Familienmitglieder zu Hause pflegen. Die Möglichkeit der häuslichen Pflege bei Verhinderung der Pflegeperson ist bereits ein wesentliches Beispiel hierfür. Damit soll insbesondere den pflegenden Angehörigen ermöglicht werden, auch einmal „URLAUB VON DER PFLEGE" zu machen. Auch der Einsatz von Pflegehilfsmitteln und die Verbesserung des individuellen Wohnumfeldes sollen nicht nur dem Pflegebedürftigen, sondern auch den Pflegepersonen die tägliche Pflege erleichtern. Nicht zuletzt die vor wenigen Jahren eingeführten Angebote zur Betreuung- und Entlastung sowie Unterstützung im Alltag sollen Angehörigen helfen und sie vor Überlastung bewahren.

In diesem Sinne sieht das Gesetz auch Hilfen für Pflegepersonen vor, nämlich Leistungen zur SOZIALEN SICHERUNG und Pflegekurse.

1. Wer ist Pflegeperson?

Die SOZIALE ABSICHERUNG im Rahmen der gesetzlichen Rentenversicherung, der Unfallversicherung und der Arbeitslosenversicherung knüpft jeweils an den Begriff der PFLEGEPERSON an.

Bei PFLEGEPERSONEN handelt es sich nach § 19 SGB XI um Personen, die NICHT ERWERBSMÄSSIG einen Pflegebedürftigen in seiner häuslichen Umgebung pflegen.

Voraussetzung ist also nicht, dass es sich bei der „Pflegeperson" tatsächlich um einen Familienangehörigen handelt. Neben anderen nicht-erwerbsmäßig tätigen Personen werden hierunter aber jedenfalls auch pflegende Familienangehörige verstanden. Begrifflich ZU UNTERSCHEIDEN von der Pflegeperson ist die „PFLEGEKRAFT“: So nennt das Gesetz Personen, die bei einem Pflegedienst angestellt sind und somit berufsmäßig pflegebedürftige Menschen pflegen (die Pflegefachkraft wiederum ist eine Pflegekraft mit einer speziellen Qualifikation in einer der verschiedenen Pflegeberufe).

ERWERBSMÄSSIG handelt, wer gegen Entgelt beschäftigt oder selbständig tätig ist und hiermit im Wesentlichen seinen LEBENSUNTERHALT bestreitet.

Entscheidendes Merkmal für die Pflegeperson ist, dass sie ihre Tätigkeit nicht erwerbsmäßig ausübt.

Dies ist bei den professionellen Pflegekräften der Fall, die zudem bei wechselnden Einsatzstellen über einen längeren Zeitraum verschiedene Pflegebedürftige pflegen, zu denen sie außer über ihre Erwerbstätigkeit in der Regel keine nähere Beziehung haben. Pflegepersonen werden dagegen in aller Regel nur für einen oder allenfalls wenige Pflegebedürftige tätig, denen sie aufgrund einer näheren Beziehung (Verwandtschaft, Freundschaft, Nachbarschaft) Hilfe im täglichen Leben leisten, ohne hierfür ein Entgelt zu beziehen, mit dem sie ihren Lebensunterhalt vollständig bestreiten könnten. In der Regel erhalten sie nur das Pflegegeld oder Anteile davon vom Pflegebedürftigen weitergereicht.

Auch für Pflegepersonen ist jedoch nicht zwingend, dass sie unentgeltlich tätig werden. Vielmehr ist das Pflegegeld gerade dafür gedacht, dass es ehrenamtlich tätigen Pflegepersonen zugewandt werden soll, um deren PFLEGEBEREITSCHAFT zu unterstützen und zu unterhalten.

Pflegekräfte werden tätig aufgrund einer vertraglichen Verpflichtung durch Arbeits- oder Dienstvertrag mit der Pflegekasse, einem Pflegedienst oder dem Pflegebedürftigen selbst. Pflegepersonen leisten Hilfe aufgrund eines moralisch empfundenen ANSTANDSGEFÜHLS, einer besonderen Beziehung zu dem Pflegebedürftigen oder aus sonstigen Motiven, in der Regel ohne ausdrückliche vertragliche Bindungen einzugehen.

ACHTUNG!
Erhält eine Pflegeperson von dem Pflegebedürftigen mehr Geld als das Pflegegeld (zum Beispiel aus eigenen noch vorhandenen Mitteln), kann die Grenze zur erwerbsmäßigen Tätigkeit überschritten werden. Dies hätte zur Folge, dass eine soziale Absicherung durch § 44 SGB XI nicht mehr greifen würde.

Pflegende Familienangehörige, die für ihre tägliche Hilfe von den Pflegebedürftigen nicht mehr als das Pflegegeld der Pflegekasse oder einer privaten Pflegeversicherung erhalten, sind immer Pflegepersonen.

2. Absicherung in der gesetzlichen Rentenversicherung

Gerade pflegende Familienangehörige können oft aufgrund der zeitintensiven sowie physisch und psychisch anspruchsvollen Pflege daneben keiner oder nur einer geringeren Erwerbstätigkeit nachgehen, so dass sie nur in einem minderen Maße für eine eigene ANGEMESSENE ALTERSSICHERUNG vorsorgen können. Viele sind nur teilzeitbeschäftigt oder gar nicht berufstätig. Vor allem wenn die Pflege über viele Jahre geleistet wird, müssen sie daher in der eigenen Altersversorgung empfindliche Einbußen hinnehmen.

Hier hilft die insoweit vorgesehene Absicherung von Pflegepersonen in der GESETZLICHEN RENTENVERSICHERUNG weiter. Für Pflegepersonen besteht Versicherungspflicht in der gesetzlichen Rentenversicherung, wenn sie Pflegebedürftige mit mindestens Pflegegrad 2 nicht erwerbsmäßig wenigstens 10 STUNDEN pro Woche, verteilt auf mindestens 2 Tage der Woche, in ihrer häuslichen Umgebung pflegen. Werden mehrere Personen gepflegt, können die Pflegeleistungen ADDIERT werden. Voraussetzung ist, dass der Pflegebedürftige Anspruch auf Leistungen aus der sozialen oder einer privaten Pflegeversicherung hat. Weiterhin greift die Versicherungspflicht nur ein, wenn die Pflegeperson daneben regelmäßig nicht mehr als 30 STUNDEN wöchentlich erwerbstätig (beschäftigt oder selbständig tätig) ist. Als nicht erwerbsmäßig tätige Personen gelten diejenigen, die von dem Pflegebedürftigen ein Arbeitsentgelt beziehen, das nicht höher ist als das von der Pflegekasse gezahlte Pflegegeld. Damit soll Abgrenzungsschwierigkeiten entgegengewirkt werden. Solange die Pflegeperson keine das Pflegegeld überschreitenden Zuwendungen erhält, kommt es nicht darauf an, ob sie aufgrund eines Arbeitsvertrages mit dem Pflegebedürftigen tätig ist oder nicht. Die rentenversicherungsrechtliche Situation ist jeweils gleich.

Beispiel:
Der Vater von Frau K hat Pflegegrad 2. Er zieht in das Haus von Frau K, die seine tägliche Pflege übernimmt, mit der sie durchschnittlich mindestens zwei Stunden beschäftigt ist. Ihr Vater beantragt bei der Pflegekasse ein Pflegegeld. Frau K, die bisher als Rechtspflegerin vollzeitbeschäftigt war, reduziert ihre Berufstätigkeit auf eine halbe Stelle. Deshalb hat sie Anspruch gegenüber der Pflegekasse auf Beitragszahlungen in die gesetzliche Rentenversicherung wegen der gegenüber ihrem Vater geleisteten Pflegedienste.

Es besteht also ein Rentenversicherungsanspruch der Pflegeperson, wenn

- die pflegebedürftige Person Pflegegrad 2 bis 5 hat,
- die Pflege in häuslicher Umgebung stattfindet und
- die wöchentliche Pflegezeit mindestens 10 Stunden,
- verteilt auf mindestens 2 Tage beträgt.

Die ZUSTÄNDIGKEIT des Rentenversicherungsträgers richtet sich nach der allgemeinen Regelung. Danach kommt es zunächst darauf an, ob die

Pflegeperson bereits rentenversichert ist oder nicht: Ist die Pflegeperson neben der Pflegetätigkeit wegen einer anderen Erwerbstätigkeit bereits rentenversichert, so sind die Beiträge aufgrund der Pflichtversicherung wegen Pflegetätigkeit bei dem Träger der gesetzlichen Rentenversicherung oder dem berufsständigen Versorgungswerk zu entrichten, bei der die Pflegeperson versichert ist. Wird die Erwerbstätigkeit wegen Aufnahme der Pflegetätigkeit aufgegeben, ist der bisher zuständige Träger der Rentenversicherung auch für die Versicherung wegen der Pflegetätigkeit zuständig. War die Pflegeperson bisher nicht rentenversichert, so ist die Deutsche Rentenversicherung zuständig. Die Pflegekasse meldet den Rentenversicherungsträgern die jeweils bei ihnen versicherten Pflegepersonen.

Die BEITRÄGE für die Rentenversicherung werden von der Stelle übernommen, die auch dem Pflegebedürftigen Leistungen gewährt, also entweder die zuständige Pflegekasse, die private Pflegeversicherung oder bei beihilfeberechtigten Pflegebedürftigen je anteilig die Festsetzungsstelle für die Beihilfe und die private Pflegeversicherung. Die Pflegeperson selbst oder der Pflegebedürftige brauchen also keine eigenen Beiträge zu leisten. Bei Nichtversicherten hilft der Sozialhilfeträger.

Die Pflegepersonen werden so gestellt, als würden sie ein Arbeitseinkommen beziehen. Die HÖHE DES BEITRAGES richtet sich nach einem angenommenen FIKTIVEN EINKOMMEN der Pflegeperson. Dieses nennt man die Beitragsbemessungsgrundlage. Was die Pflegeperson vorher in ihrem Hauptberuf verdient hat, ist irrelevant. Das fiktive Einkommen wird vom Gesetz festgelegt als ein Prozentsatz der monatlichen Bezugsgröße. Die Bezugsgröße wiederum ist das Durchschnittsentgelt aller in der gesetzlichen Rentenversicherung Versicherten im vorvergangenen Kalenderjahr. Für alle Pflegepersonen wird also das gleiche fiktive Gehalt angesetzt, das sich nach dem Pflegegrad des Pflegebedürftigen richtet sowie nach der Versorgungssituation. Getrennt nach einer Bezugsgröße West und einer Bezugsgröße Ost wird diese jedes Jahr von der Bundesregierung neu bekannt gegeben. Dies bedeutet daher, dass Pflegepersonen rentenversicherungsrechtlich so stehen, als hätten sie ein Einkommen erzielt, das dem im Gesetz festgelegten Prozentsatz vom Durchschnittseinkommen aller Versicherten entspricht.

Beispiel:
Herr M pflegt seine Mutter, Frau B ihren Vater. Beide Eltern haben Pflegegrad 3 und wohnen in München. Herr M war zuvor als Bankkaufmann tätig, Frau B als Frisörin. Beide erhalten grundsätzlich den gleichen

Beitrag, gemessen an einem fiktiven Durchschnittsgehalt, auch wenn Herr M vorher wesentlich mehr verdient hat.

Dieser Prozentsatz wiederum richtet sich nach zwei verschiedenen Faktoren. Er ist abhängig zum einen vom PFLEGEGRAD des Pflegebedürftigen, der von der Pflegeperson gepflegt wird, und davon, ob die Pflegeleistungen mit Hilfe eines Pflegedienstes erbracht werden (Kombination von Pflegesachleistungen und Pflegegeld) oder ausschließlich durch eine nicht erwerbsmäßige Pflegeperson unter Bezug von Pflegegeld.

ANWARTSCHAFTEN FÜR PFLEGEZEITEN VOM 1.1.2023 AN:

PFLEGE-GRAD	Bezogene Leistungsart	monatliches Entgelt für die Rentenversicherung	monatlicher Beitrag in der Rentenversicherung	monatliche Anwartschaft für ein Jahr Pflege
2	Pflegegeld	916,65 Euro	170,50 Euro	9,19 Euro
	Kombinationsleistungen	779,15 Euro	144,92 Euro	7,81 Euro
	Sachleistungen	641,66 Euro	119,35 Euro	6,43 Euro
3	Pflegegeld	1.459,85 Euro	271,53 Euro	14,63 Euro
	Kombinationsleistungen	1.240,87 Euro	230,80 Euro	12,43 Euro
	Sachleistungen	1.021,90 Euro	190,07 Euro	10,24 Euro
4	Pflegegeld	2.376,50 Euro	442,03 Euro	23,81 Euro
	Kombinationsleistungen	2.020,03 Euro	375,73 Euro	20,24 Euro
	Sachleistungen	1.663,55 Euro	309,42 Euro	16,67 Euro
5	Pflegegeld	3.395,00 Euro	631,47 Euro	34,01 Euro
	Kombinationsleistungen	2.885,75 Euro	536,75 Euro	28,91 Euro
	Sachleistungen	2.376,50 Euro	442,03 Euro	23,81 Euro

Quelle: Deutsche Rentenversicherung Bund

Pflegepersonen, die jeweils mindestens 10 Stunden zweimal wöchentlich tätig sind, sind mit unterschiedlichen Beiträgen in der Rentenversicherung abgesichert, je nach dem Pflegegrad, in der die pflegebedürftige Person eingestuft ist, der sie Hilfe leisten, also in Anlehnung an die Intensität der zu leistenden Hilfe.

In der Regel sind die Beiträge nicht geeignet, eine vollwertige eigenständige rentenrechtliche ABSICHERUNG zu erreichen. Die Beiträge können aber dazu beitragen, einen eigenen durch Erwerbstätigkeit erworbenen Rentenanspruch zu erhöhen oder durch eine kleine Rente das übrige Familieneinkommen im Alter zu erhöhen. Allenfalls die Beiträge für Hilfen bei Pflegebedürftigen des Grades 5 bei zeitintensiverer Hilfe können auch eine vollwertige eigene Absicherung bieten. Werden MEHRERE PFLEGEPERSONEN für einen Pflegebedürftigen tätig, so müssen sie sich die BEITRÄGE TEILEN nach dem jeweiligen Anteil ihrer Tätigkeit.

3. Absicherung in der gesetzlichen Unfallversicherung

Auch bei Ausübung einer Pflegetätigkeit kann es dazu kommen, dass eine Pflegeperson einen UNFALL erleidet. Begleitet beispielsweise eine Pflegeperson einen Pflegebedürftigen zum Arzt, kann sie unterwegs stürzen und sich dabei verletzen. Wenn die Pflegetätigkeit aber wie eine Berufstätigkeit gewertet wird, ist es nur folgerichtig, sie auch in die Unfallversicherung mit einzubeziehen. In der gesetzlichen Unfallversicherung waren zunächst vor allem Arbeitnehmer gegen die Folgen von ARBEITSUNFÄLLEN und BERUFSKRANKHEITEN versichert. Beiträge für die BERUFSGENOSSENSCHAFTEN als Träger der Unfallversicherung zahlen allein die Arbeitgeber, die andererseits von dem gleichzeitig festgelegten Ausschluss von zivilrechtlichen Schadensersatzansprüchen profitieren.

Durch das Pflegeversicherungsgesetz wurden auch Pflegepersonen in die Absicherung durch die Unfallversicherung einbezogen. Auch hier ist VORAUSSETZUNG, dass die Pflegeperson mindestens 10 Stunden zweimal pro Woche für den Pflegebedürftigen tätig ist. Die Feststellung einer Pflegebedürftigkeit in den Pflegegraden 2 bis 5 ist ebenso Voraussetzung für die Absicherung.

Die VERSICHERTE TÄTIGKEIT umfasst alle Pflegetätigkeiten und Wege, soweit diese Tätigkeiten überwiegend Pflegebedürftigen zugutekommen, wie auch in unserem Eingangsbeispiel hinsichtlich der Begleitung zum Arzt. Diese Festlegung ist wichtig, weil nur Unfälle infolge der versicherten Tätigkeit zu Leistungen der gesetzlichen Unfallversicherung führen können. Gerade im häuslichen Bereich werden Hilfen bei der Ernährung, der Mobilität und der hauswirtschaftlichen Versorgung nicht allein für den Pflegebedürftigen erbracht, sondern zugleich auch für andere Familienangehörige. Wenn beispielsweise gekocht oder eingekauft wird, erfolgt dies häufig sowohl für den Pflegebedürftigen als auch für andere. Hilfen bei der Mobilität – Verlassen und Wiederaufsuchen der Wohnung – können mit eigenen Wegen der Pflegeperson verbunden sein. Unfallversichert ist die Pflegeperson hierbei dann nur, wenn der Schwerpunkt der Tätigkeit in der Hilfe für die pflegebedürftige Person liegt.

Beispiel 1:
Frau L pflegt ihre Mutter in deren Haushalt. Als sie ihr beim Duschen hilft, rutscht sie im Bad aus und zieht sich einen Knöchelbruch zu. Sie kann Leistungen der gesetzlichen Unfallversicherung in Anspruch nehmen.

Beispiel 2:
Herr F erledigt wie üblich samstagvormittags den Wocheneinkauf für die fünfköpfige Familie, zu der auch sein pflegebedürftiger geistig behinderter Sohn gehört. Auf der Rückfahrt vom Supermarkt wird er in einen Verkehrsunfall verwickelt und liegt danach im Krankenhaus. Weil der Einkauf nicht überwiegend seinem pflegebedürftigen Sohn diente, war Herr F in dieser Zeit nicht unfallversichert.

Versichert sind generell auch die sogenannten WEGEUNFÄLLE. Dies sind Unfälle auf dem Weg nach und von dem Ort der Tätigkeit, also Fahrten von der Wohnung der Pflegeperson zur Wohnung der pflegebedürftigen Person und wieder zurück.

Versicherungsfälle der Unfallversicherung sind auch BERUFSKRANKHEITEN. Dies sind Krankheiten, die sich ein Versicherter bei der versicherten Tätigkeit zuzieht und die in die Berufskrankheiten-Verordnung aufgenommen wurden. Schäden an der Wirbelsäule etwa, die durch jahrelange Pflegetätigkeit nach bestimmten Vorgaben verursacht wurden, können nach Maßgabe weiterer Voraussetzungen durchaus als Berufskrankheit im Sinne der Unfallversicherung in Betracht kommen.

Die gesetzliche Unfallversicherung erbringt nur Leistungen, wenn der Versicherte durch den Unfall einen KÖRPERSCHADEN erlitten hat. Sachschäden werden von der Unfallversicherung nicht getragen. Der Träger der Unfallversicherung erbringt alle notwendigen Leistungen der medizinischen und/oder beruflichen Rehabilitation, Verletztengeld oder Übergangsgeld bei unfallbedingten Einkommensverlusten, Renten an Verletzte bei dauerhafter Minderung der Erwerbsfähigkeit und an Hinterbliebene bei Tod des Versicherten. Auch Leistungen bei einer durch den Unfall verursachten Pflegebedürftigkeit werden erbracht.

ERSATZANSPRÜCHE der Pflegebedürftigen gegenüber den Pflegepersonen, der Pflegeperson gegenüber den Pflegebedürftigen und mehrerer bei einem Pflegebedürftigen tätigen Pflegepersonen untereinander werden bei einem Unfall ausgeschlossen. An die Stelle des zivilrechtlichen

Schadensersatzanspruchs treten die Versicherungsleistungen der Unfallversicherung.

Beispiel:
Frau W hilft ihrer Nachbarin aus dem Bett. Durch eine unbedachte Bewegung stößt die pflegebedürftige Nachbarin Frau W um; diese stürzt und zieht sich eine Beinverletzung zu, aufgrund derer sie zwei Wochen lang arbeitsunfähig ist. Frau W kann die Leistungen der Unfallversicherung in Anspruch nehmen. Sie kann aber keine Schadensersatzansprüche gegen ihre Nachbarin geltend machen und auch kein Schmerzensgeld verlangen, da der gesetzliche Haftungsausschluss greift.

Zuständige TRÄGER DER UNFALLVERSICHERUNG für Pflegepersonen sind die Unfallversicherungsträger im kommunalen Bereich. Dies sind Gemeindeunfallversicherungsverbände und Unfallkassen der Gemeinden, die auch in einer Reihe anderer Fälle die Unfallversicherungsträger sind. Die Kosten der Unfallversicherung werden daher aus dem allgemeinen Steueraufkommen finanziert, die Pflegekasse zahlt nicht etwa Beiträge an die Unfallversicherungsträger. Die Pflegekasse muss dem jeweils zuständigen Träger die versicherten Pflegepersonen melden.

4. Absicherung in der Arbeitslosenversicherung
Gibt eine Pflegeperson bei Übernahme der häuslichen Pflege ihre Erwerbstätigkeit auf, kann dies hinsichtlich der eigenen finanziellen Versorgung und einer späteren Wiederaufnahme des Berufs neben dem eigentlichen Einkommensverlust ungünstige Auswirkungen haben. Pflegepersonen haben daher die Möglichkeit, auch während der Pflege von Angehörigen FREIWILLIG als Mitglied in der ARBEITSLOSENVERSICHERUNG versichert zu bleiben. Dies erfordert einen ANTRAG bei der Bundesagentur für Arbeit innerhalb von drei Monaten nach Aufnahme der Pflegetätigkeit. Voraussetzung für einen Antrag ist, dass

- die Pflegeperson in den 24 Monaten vor Aufnahme der Pflegetätigkeit bereits 12 Monate lang Beiträge zur Arbeitsförderung gezahlt hat oder Arbeitslosengeld bezogen wurde,
- unmittelbar vor Aufnahme der Pflegetätigkeit in einem Versicherungspflichtverhältnis gestanden hat oder Arbeitslosengeld bezogen wurde und
- die Pflegeperson nicht anderweitig versicherungspflichtig zur Arbeitsförderung oder versicherungsfrei ist.

Die Beiträge zur freiwilligen Weiterversicherung sind von der Pflegeperson zu tragen.

IX. Vereinbarkeit von Pflege und Beruf

Bis heute wird die Angehörigen-Pflege häufig von Frauen, also den Töchtern, Schwiegertöchtern und Ehefrauen sowie Müttern übernommen. Heute hat sich die Gesellschaft soweit gewandelt, dass die Mehrzahl der Frauen erwerbstätig ist, und auch immer mehr Männer Pflegeleistungen übernehmen. Gleichzeitig ist aber in Zeiten unsicherer Renten allen bewusst, dass die eigene Erwerbstätigkeit ausschlaggebend für die eigene Altersversorgung ist. Nicht in allen Fällen, in denen eine Pflegeperson einen Pflegebedürftigen versorgen muss oder will, ist gleich die vollständige Aufgabe der eigenen Berufstätigkeit erforderlich. Außerdem brauchen die Pflegepersonen einfach Möglichkeiten der „Auszeit", um kurzfristig, zum Beispiel nach einem Unfall, eine Versorgung zu organisieren oder für längere Zeit die Betroffenen zu versorgen. Der Gesetzgeber hat dies erkannt und entsprechende Modelle zur Vereinbarkeit von Pflege und Beruf geschaffen.

1. Kurzzeitige Arbeitsverhinderung und Pflegeunterstützungsgeld
Pflegebedürftigkeit und deren Eintritt ist weder plan- noch vorhersehbar. Unfälle oder Schlaganfälle beispielsweise geschehen plötzlich. Gerade in AKUTSITUATIONEN ist es daher notwendig, dass sich Arbeitnehmer von der Arbeit freistellen lassen können, wenn die Pflege eines nahen Angehörigen von heute auf morgen organisiert werden muss. Beschäftigte haben daher nach § 2 Pflegezeitgesetz den Anspruch, in solchen Fällen bis zu ZEHN TAGE der Arbeit fernzubleiben. Dem Arbeitgeber ist dafür auf Verlangen eine ärztliche Bescheinigung über die voraussichtliche Pflegebedürftigkeit des Angehörigen sowie die Erforderlichkeit der Arbeitsbefreiung vorzulegen. Die ÄRZTLICHE BESCHEINIGUNG muss beinhalten,

- dass ein naher Angehöriger pflegebedürftig ist und
- dass die Notwendigkeit der pflegerischen Versorgung bzw. deren Organisation besteht.

Die Kosten für diese ärztliche Bescheinigung sind vom Arbeitnehmer selbst zu tragen. Nahe ANGEHÖRIGE sind Eltern, Schwiegereltern, Großeltern, Ehegatten und Lebenspartner, Geschwister, leibliche, Pflege- und Adoptivkinder auch des Partners sowie Schwieger- und Enkelkinder.

Die kurzzeitige Arbeitsverhinderung können alle Beschäftigten in Anspruch nehmen, egal wie groß der Betrieb ist und wie viele Menschen dort beschäftigt sind. Während der kurzzeitigen Arbeitsverhinderung erhalten die betroffenen Arbeitnehmer ein auf bis zu zehn Tage begrenztes PFLEGEUNTERSTÜTZUNGSGELD von der Pflegeversicherung des pflegebedürftigen Angehörigen. Es handelt sich dabei um eine Entgeltersatzleistung, die auf Antrag gewährt und wie beim Kinder-Krankengeld mit 90 % des ausgefallenen Nettoarbeitsentgelts berechnet wird. Kranken-, Pflege-, Renten- und Arbeitslosenversicherungsschutz bleiben bestehen, da das Pflegeunterstützungsgeld insofern beitragspflichtig ist. Gleichzeitig besteht aber auch ein Kündigungsschutz für die betroffenen Arbeitnehmer. Auf diese Weise soll es den Pflegepersonen ermöglicht werden, kurzfristig die Pflege der Angehörigen zu organisieren.

HINWEIS:
Bisher konnte die Akutpflegezeit von 10 Tagen INSGESAMT NUR EINMAL von der beschäftigten Pflegeperson in Anspruch genommen werden. Aufgrund des Gesetzes zur Unterstützung und Entlastung in der Pflege (PUEG) gibt es ab dem 1.1.2024 JEDES JAHR einen Anspruch auf die zehntägige Akutzeit.

2. Freistellung und Kündigungsschutz nach dem Pflegezeitgesetz

Die Pflege eines nahen Angehörigen im häuslichen Umfeld ist zeitaufwendig und intensiv. Pflegepersonen haben daher die Möglichkeit, sich ganz oder teilweise VOM BERUF FREISTELLEN zu lassen. Voraussetzung ist, dass die pflegebedürftige Person, die versorgt wird,

- mindestens Pflegegrad 2 hat und
- der Arbeitgeber in der Regel mehr als 15 ARBEITNEHMER beschäftigt (bei weniger als 15 Beschäftigten besteht der Anspruch nicht).

Die Freistellung ist für die Dauer von bis zu SECHS MONATEN möglich und sozialversichert, wird aber nicht vom Arbeitgeber bezahlt.

Soll ein naher Angehöriger außerhäuslich in der LETZTEN LEBENSPHASE betreut werden, ist eine Freistellung von bis zu drei Monaten möglich.

Die Pflegezeit muss gegenüber dem Arbeitgeber mindestens zehn Tage vor Inanspruchnahme durch einen schriftlichen Antrag ANGEKÜNDIGT werden. Der Antrag muss den Zeitraum der Pflegezeit benennen sowie deren zeitlichen Umfang. Außerdem ist eine BESCHEINIGUNG der Pflegekasse oder des Medizinischen Dienstes beizufügen, die die Pflegebedürftigkeit nachweist. Soll die Pflegezeit wider Erwarten vorzeitig beendet werden, so ist dies nur mit Zustimmung des Arbeitgebers möglich, da dieser auch eine gewisse Planungssicherheit haben muss. Eine Ausnahme besteht aber mit einer Übergangsfrist von vier Wochen dann, wenn die gepflegte Person verstirbt, in ein Pflegeheim zieht oder die häusliche Pflege aus sonstigen Gründen unmöglich oder unzumutbar wird.

Beispiel:
Herr S arbeitet bei einem großen Mobilfunkanbieter. Sein Vater hat Pflegegrad 5 und befindet sich in der letzten finalen Phase und wird zu Hause palliativ betreut. Herr S stellt einen Antrag auf Freistellung und legt eine Bescheinigung vom Palliativmediziner vor. Der Antrag wird gewährt, weil der Arbeitgeber mehr als 15 Beschäftigte hat und der Vater den Pflegegrad 5.

Der UMFANG DER PFLEGEZEIT ist mit dem Arbeitgeber abzustimmen. Soll nur eine teilweise Freistellung vorgenommen werden, so hat die Pflegeperson mit ihrem Arbeitgeber eine schriftliche Vereinbarung zu treffen. Darin wird beispielsweise geregelt, wie bei einer Verringerung der Arbeitszeit die Arbeitsleistungen verteilt werden sollen. Der Arbeitgeber kann jedoch eine teilweise Freistellung aus dringenden betrieblichen Gründen ablehnen.

Während der Pflegezeit bleiben die freigestellten Pflegepersonen in der Regel KRANKEN- UND PFLEGEVERSICHERT, wenn eine Familienversicherung besteht. Ist dies nicht der Fall, kann sich die Pflegeperson freiwillig in der Krankenversicherung weiterversichern und wird dafür regelmäßig den Mindestbetrag zahlen. Die eigene Pflegeversicherung ist damit automatisch gewährleistet. Auf Antrag erstattet die Pflegeversicherung des Pflegebedürftigen die Beiträge. Privat kranken- und pflegeversicherte Pflegepersonen bleiben grundsätzlich auch während der Pflegezeit versichert. Auf Antrag übernimmt die Pflegekasse des Pflegebedürftigen auch diese Beiträge BIS ZUR HÖHE DES MINDESTBEITRAGS.

Die ARBEITSLOSENVERSICHERUNG der freigestellten Pflegepersonen besteht als Pflichtversicherung während der Pflegezeit fort. Die notwendigen Beiträge werden von der Pflegekasse übernommen.

Während der Pflegezeit hat der pflegende Angehörige einen Anspruch auf Übernahme seiner Beiträge zur Kranken- und Pflege- sowie Arbeitslosenversicherung durch die Pflegeversicherung des Betroffenen. Gleichzeitig genießt er trotz Freistellung Kündigungsschutz.

Während der Pflegezeit genießen die freigestellten Pflegepersonen KÜNDIGUNGSSCHUTZ. Eine Kündigung ist nur in besonderen Ausnahmefällen möglich. Diese werden von der zuständigen obersten Landesbehörde für Arbeitsschutz oder die von ihr bestimmten Stellen entschieden. Der Kündigungsschutz beginnt mit der Antragsstellung auf Freistellung bzw.

höchstens zwölf Wochen vor Beginn der kurzzeitigen Arbeitsverhinderung und gilt bis zur Beendigung des Freistellungszeitraums.

Entscheiden sich Beschäftige für eine vollständige oder teilweise Freistellung, haben sie einen Anspruch auf Förderung durch ein zinsloses DARLEHEN zur besseren Absicherung des Lebensunterhalts. Das Darlehen wird monatlich ausgezahlt und deckt die Hälfte des durch die Freistellung oder Reduzierung der Arbeitszeit geminderten Nettogehalts ab. Es kann beim Bundesamt für Familie und zivilgesellschaftliche Aufgaben (BAFzA) beantragt werden. Der Betrag muss aber nicht voll ausgeschöpft werden, sondern kann auch bis zu mindestens 50 Euro monatlich reduziert werden, wenn nicht der volle Anspruch ausgeschöpft werden soll, der immerhin später auch in Raten zurückgezahlt werden muss. Es besteht die Möglichkeit, ein Antragsformular auf Darlehensgewährung unter www.bafza.de oder www.wege-zur-pflege.de zu erhalten; beide Institutionen beraten auch und verfügen über einen Darlehensrechner.

3. Freistellung nach dem Familienpflegezeitgesetz

Ist die Pflegeperson bei einem Arbeitgeber mit mehr als 25 BESCHÄFTIGTEN angestellt, besteht nach §§ 2, 3 Familienpflegezeitgesetz (FPfZG) ein Rechtsanspruch auf FAMILIENPFLEGEZEIT . Das bedeutet, dass sich diese Pflegeperson

- für einen Zeitraum von bis zu 24 MONATEN
- bei einer MINDESTARBEITSZEIT VON 15 WOCHENSTUNDEN

teilweise vom Beruf freistellen lassen kann, um die häusliche Pflege eines nahen Angehörigen zu leisten. Eine vollständige Freistellung ist hier nicht geboten, sondern lediglich eine Reduzierung der Arbeitszeit, die jedoch 15 Wochenstunden nicht unterschreiten darf. Wird eine Freistellung nach dem Familienpflegezeitgesetz geplant, so ist diese mindestens ACHT WOCHEN vorher dem Arbeitgeber anzukündigen.

Auch während der Freistellung nach dem Familienpflegezeitgesetz genießen die Anspruchsberechtigten einen KÜNDIGUNGSSCHUTZ von höchstens zwölf Wochen vor Beginn bis zum Ende der Familienpflegezeit. Eine Aufhebung dieser Konstellation ist wie bei der Pflegezeit nur in Ausnahmefällen möglich.

Beispiel:

Frau R arbeitet bei einem großen Kreditinstitut und hat ihre Arbeitszeit für die Pflege ihrer Mutter schweren Herzens auf 15 Wochenstunden reduziert. Nach 13 Monaten kehrt ihre Schwester unvorhergesehen aus dem Ausland zurück, weil sie sich von ihrem Mann getrennt hat, und möchte die Pflege der Mutter übernehmen. Frau R nimmt daher Kontakt mit der Personalabteilung auf und erbittet eine vorzeitige Rückkehr aus der Familienpflegezeit.

Beiträge zur RENTENVERSICHERUNG werden während der Familienpflegezeit vom Arbeitgeber auf Basis des reduzierten Arbeitsentgelts weitergezahlt. Daneben werden von der Pflegeversicherung des Pflegebedürftigen die Beiträge für die Pflegeleistungen geleistet. Da diese Beiträge mit dem Pflegegrad des Betroffenen steigen, kann mitunter ein Beitragsniveau wie bei Vollbeschäftigung erreicht werden. Wer als Pflegeperson zuvor eher im geringeren Lohnsegment beschäftigt war, kann unter Umständen sogar im Einzelfall rentenrechtlich eine Besserstellung erzielen als vorher.

Auch für Freigestellte nach dem Familienpflegezeitgesetz besteht während der Pflegezeit ein betragsfreier UNFALLVERSICHERUNGSSCHUTZ.

Ebenso können diese Personen wie nach dem Pflegezeitgesetz ein ZINSLOSES DARLEHEN in Anspruch nehmen, bis zur Höhe der Hälfte der Differenz zwischen dem Nettogehalt vor und während der Freistellung.

Sowohl die Möglichkeit der vollständigen Freistellung nach Pflegezeitgesetz als auch die teilweise Freistellung nach dem Familienpflegezeitgesetz können MITEINANDER KOMBINIERT werden. Die Gesamtdauer aller Freistellungsmöglichkeiten darf jedoch HÖCHSTENS 24 MONATE betragen und die Auszeiten müssen nahtlos aneinander anschließen. Diese Flexibilität werden voraussichtlich jedoch nur große Arbeitgeber leisten können, weil kleineren Firmen Kompensationsmöglichkeiten durch anderweitige Beschäftigte fehlen werden.

① Akutfall

- 10 Tage
- Lohnersatzleistung bis 90% Nettolohn

② Pflegezeit

- bis zu 6 Monate
- 10 Tage vor Beginn beantragen
- Freistellung vom Job
- Arbeitgeber > 15 Beschäftigte

③ Familienpflegezeit

- bis zu 24 Monate
- mind. 8 Wochen vor Beginn beantragen
- mind. 15 Wochenstunden Arbeitszeit
- Arbeitgeber > 15 Beschäftigte

Für Beamtinnen und Beamte, die Angehörige im häuslichen Umfeld pflegen, gelten besondere beamtenrechtliche Regelungen, die ebenfalls eine Vereinbarkeit von Pflege und Beruf zum Ziel haben.

Wollen MEHRERE PFLEGEPERSONEN die Pflege eines nahen Angehörigen übernehmen (beispielsweise zwei Kinder, die sich die Pflege der Mutter teilen), so können die Freistellungen auch parallel erfolgen oder nacheinander in Anspruch genommen werden. Hierzu berät beispielsweise www.wege-zur-pflege.de.

Mit dem Pflegeversicherungsgesetz wurden darüber hinaus auch die Möglichkeiten der Rückkehr in den Beruf nach Beendigung der Tätigkeit als Pflegeperson verbessert, jedenfalls wenn hierfür eine Maßnahme zur beruflichen FORTBILDUNG notwendig wird, die durch die Bundesagentur für Arbeit gefördert wird, wobei die örtliche Arbeitsagentur dann unter anderem notwendige Kosten der Weiterbildung übernehmen kann.

Pflege und Beruf

Rechtsansprüche nach dem Pflegezeitgesetz und dem Familienpflegezeitgesetz:

- ☐ Im akuten Pflegefall besteht unabhängig von Betriebsgröße und Ankündigungsfrist ein Anspruch auf
  - eine Auszeit von zehn Arbeitstagen,
  - Pflegeunterstützungsgeld
  - und die Pflegeperson unterliegt dem Kündigungsschutz.
- ☐ Die Pflegeperson kann bis zu sechs Monate ganz oder teilweise aus dem Job aussteigen, um häusliche Pflege und/oder Betreuung zu leisten, wenn
  - der Arbeitgeber mehr als 15 Arbeitnehmer beschäftigt und
  - die Pflegeperson dies mindestens zehn Tage vorher ankündigt.
  - Es besteht Kündigungsschutz sowie
  - die Möglichkeit eines zinslosen Darlehens zur Lohnausfallkompensation.
- ☐ Die Pflegeperson kann bis zu 24 Monate teilweise freigestellt werden, um häusliche Pflege und/oder Betreuung zu leisten, wenn
  - der Arbeitgeber in der Regel mehr als 25 Arbeitnehmer beschäftigt und
  - die Pflegeperson dies mindestens acht Wochen vorher ankündigt.
  - Es besteht Kündigungsschutz sowie
  - die Möglichkeit eines zinslosen Darlehens.
- ☐ Die Freistellungen können miteinander kombiniert werden.

X. Pflegekurse

Häusliche Pflege von Pflegebedürftigen will gelernt sein. Es bedarf der Informationen, Anleitungen und Beratung. Die Pflegekassen haben daher nach § 45 SGB XI für Angehörige und andere an einer ehrenamtlichen Pflegetätigkeit interessierte Personen UNENTGELTLICHE SCHULUNGSKURSE durchzuführen, um soziales Engagement im Bereich der Pflege zu fördern und zu stärken. Hierbei sollen Fertigkeiten für eine eigenständige Durchführung der Pflege vermittelt werden. Ziel ist es, die Pflege und Betreuung zu erleichtern und zu verbessern sowie auch körperliche und seelische Belastungen der Pflegepersonen zu vermindern und ihrer Entstehung vorzubeugen. Pflegepersonen sollen vor allem einfache Grundkenntnisse vermittelt werden, um die Pflege eigenständig durchführen zu können, darüber hinaus sollen sie über verschiedene Probleme im Zusammenhang mit der Pflege informiert werden und lernen, wie man diese bewältigt. Hierzu gehören etwa die Beachtung wichtiger Vorbeugemaßnahmen, um Folgeerkrankungen wie zum Beispiel Dekubitus zu vermeiden, die Vermittlung von Hebetechniken, um die Belastungen der Pflegeperson zu verringern, oder Informationen über das Krankheitsbild der pflegebedürftigen Person, um die besondere Situation beispielsweise. dementer älterer Menschen besser verstehen zu können. Darüber hinaus bieten die Schulungen den Pflegepersonen die Möglichkeit, mit anderen pflegenden Angehörigen in KONTAKT zu kommen und sich auszutauschen. Dieser Kontakt mit Gleichgesinnten entlastet häufig gerade bei eigenen emotionalen Belastungen.

Die Pflegekassen können die Pflegekurse entweder selbst durchführen – auch in Zusammenarbeit mit anderen Kassen – oder andere Stellen hiermit beauftragen, wie beispielsweise Einrichtungen der freien Wohlfahrtspflege, anerkannte Pflegedienste, Fortbildungs- und Schulungseinrichtungen. Über die Durchführung der Kurse und ihre Inhalte schließen die Pflegekassen mit den Trägern der Einrichtungen, die solche Kurse durchführen, RAHMENVEREINBARUNGEN ab. Auf Wunsch der Pflegeperson oder des Pflegebedürftigen können die Schulungen auch individuell in dessen häuslicher Umgebung stattfinden.

TIPP:
Wenn Sie Interesse an der Teilnahme an einem Pflegekurs haben, fragen Sie bei Ihrer Pflegekasse nach, welche Kurse von ihr angeboten werden oder wer sonst in Ihrer Nähe solche Kurse anbietet. Kosten entstehen Ihnen für die Teilnahme nicht.

Zusammenfassung:
Pflegebedürftige, die zu Hause oder in einer Wohngemeinschaft versorgt werden wollen, haben die Wahl, ob sie durch einen Pflegedienst oder nichtberuflich Tätige wie Angehörige oder Fremde versorgt werden möchten.
Werden sie durch einen Pflegedienst oder eine zugelassene Pflegefachkraft versorgt, haben die Betroffenen ab Pflegegrad 2 Anspruch auf PFLEGESACHLEISTUNGEN, die sich hinsichtlich der Höhe am Pflegegrad bemessen. Zusätzlich können sie bis zu 40 % der Pflegesachleistungen zu Entlastungs- und Unterstützungsleistungen im Alltag umwidmen.
Daneben haben alle Pflegebedürftigen ab Pflegegrad 1 Anspruch auf den Entlastungsbetrag in Höhe von 125 Euro.
Wer mit Pflegegrad 2 bis 5 von Angehörigen oder anderen informellen Pflegepersonen versorgt wird, hat Anspruch auf PFLEGEGELD, welches sich am Pflegegrad ausrichtet. Das Pflegegeld dient der Organisation der eigenen Versorgung. Daneben besteht für alle Pflegebedürftigen ab Pflegegrad 1 ein Anspruch auf den Entlastungsbetrag in Höhe von 125 Euro. Pflegegeld und Pflegesachleistungen können miteinander kombiniert werden; ebenso Pflegegeld und bereits mit Entlastungsleistungen umgewidmete Pflegesachleistungen.
Ist die nicht professionell pflegende Pflegeperson verhindert, besteht ab Pflegegrad 2 ein Anspruch auf ERSATZPFLEGE (Verhinderungspflege) bis zu insgesamt sechs Wochen im Jahr und einem Betrag von 1.612 Euro (zuzüglich eventuell nicht verbrauchter anteiliger Kurzzeitpflegeleistungen).
Alle Pflegebedürftigen haben einen Anspruch auf PFLEGEHILFSMITTEL, technische Hilfe und WOHNUMFELDVERBESSERNDE MASSNAHMEN bis zum gesetzlich festgelegten Höchstbetrag.
Für pflegende Angehörige, die als Pflegeperson engagiert sind, gibt es ABSICHERUNGEN in der gesetzlichen Rentenversicherung, Unfallversicherung sowie Arbeitslosenversicherung.
Weiterhin gibt es für pflegende Angehörige Ansprüche auf kurz- sowie langfristige FREISTELLUNGEN und Reduzierungen von der eigenen Berufstätigkeit.
Pflegende Angehörige haben einen Anspruch auf kostenlose PFLEGEKURSE.

4

Leistungen bei teilstationärer Pflege

In diesem Kapitel wird dargestellt, wie die häusliche Pflege durch teilstationäre Angebote ergänzt und sichergestellt werden kann und welche Kombinationen an Angeboten möglich sind.

4. Leistungen bei teilstationärer Pflege

I. Tages- und Nachtpflege

TEILSTATIONÄRE PFLEGE bedeutet, dass sich die Pflegebedürftigen nur einen TEIL DES TAGES in der jeweiligen Einrichtung aufhalten und den anderen Teil des Tages im eigenen Haushalt verbringen oder im Haushalt einer Pflegeperson, in den sie aufgenommen worden sind.

Nach § 41 SGB XI haben Pflegebedürftige der Pflegegrade 2 bis 5 Anspruch auf TEILSTATIONÄRE PFLEGE in Einrichtungen der Tages- oder Nachtpflege, wenn häusliche Pflege nicht in ausreichendem Umfang sichergestellt werden kann oder wenn dies zur Ergänzung oder Stärkung der häuslichen Pflege erforderlich ist.

Bei der TAGESPFLEGE übernachtet der Pflegebedürftige zu Hause, verbringt sodann einen Teil des Tages in der Tagespflege-Einrichtung und kehrt dann nach Hause zurück. Dies wird regelmäßig in Anspruch genommen, wenn die Angehörigen zum Beispiel tagsüber berufstätig sind. Bei der NACHTPFLEGE ist es umgekehrt: Der Pflegebedürftige kommt am späten Nachmittag oder abends in die Nachtpflege-Einrichtung, verbringt dort die Nacht und verlässt die Einrichtung sodann wieder, um den Tag zu Hause zu verbringen. Im Gegensatz zur häuslichen Pflege kommt hier also nicht die Pflegekraft zur pflegebedürftigen Person, sondern diese begibt sich zur Einrichtung, um dort die Pflegeleistungen entgegennehmen zu können. Sinn der teilstationären Pflege ist es, die pflegenden Familienangehörigen oder sonstigen Pflegepersonen für ein paar Stunden am Tag zu entlasten.

1. Welche Leistungen erhält man in einer teilstationären Einrichtung?
Auch für die teilstationäre Pflege müssen zwischen den Spitzenverbänden der Pflegekassen und den Vereinigungen von Trägern der Pflegeeinrichtungen auf Landesebene RAHMENVERTRÄGE abgeschlossen werden, die nähere Einzelheiten über die zu erbringenden Leistungen festlegen. Hierfür werden auf Bundesebene gemeinsame Empfehlungen erarbeitet, an denen sich die Vertragspartner auf Landesebene orientieren können. Die in der teilstationären Pflegeeinrichtung erbrachten Leistungen entsprechen im Wesentlichen denjenigen, die bei der häuslichen Pflege im Rahmen der Pflegesachleistung erbracht werden können. Auf die Darstellung dort kann daher verwiesen werden. Der Pflegebedürftige hat auch in der teilstationären Pflege Anspruch auf Pflegeleistungen, soziale Betreuung und notwendige Leistungen der medizinischen Behandlungspflege. Hinzu kommt allerdings, dass die teilstationäre Pflege auch die notwendige Beförderung des Pflegebedürftigen von der Wohnung zur Einrichtung und zurück umfasst.

Beispiel:
Frau T wird zu Hause von einem Pflegedienst und ihrem Mann versorgt. Dreimal in der Woche geht sie in eine Tagespflege. Dort erhält sie alle notwendigen pflegerischen Maßnahmen, ihre Medikamente, wird in Gruppenangeboten betreut, isst dort und ruht sich danach aus. Das sind die gleichen Leistungen, die auch der Pflegedienst zu Hause erbringt.

Die Pflegebedürftigen haben die FREIE WAHL unter den Einrichtungen, die mit den Pflegekassen sogenannte Versorgungsverträge abgeschlossen haben. Die Einrichtungen müssen Pflegebedürftige aufnehmen, soweit sie über FREIE PLÄTZE verfügen. Der Pflegebedürftige muss die Einrichtung über seinen Leistungsanspruch gegenüber der Pflegekasse informieren, die Einrichtung übernimmt dann die Abrechnung der Vergütung mit der Pflegekasse. Ein SCHRIFTLICHER VERTRAG zwischen den Pflegebedürftigen und den Einrichtungen mit detaillierter Leistungsvereinbarung ist unbedingt zu empfehlen, um später Probleme hinsichtlich der zu erwartenden Leistungen zu vermeiden. Hierin sind dann die Einzelheiten der Leistungserbringung, insbesondere die einzelnen Leistungsarten und die hierfür vereinbarten Entgelte festzulegen.

2. Wie häufig kann man die Tages- oder Nachtpflege besuchen?
Die ÖFFNUNGSZEITEN der Einrichtungen werden im Versorgungsvertrag festgelegt. Sie müssen die Pflege und Versorgung an mindestens 5 Tagen in der Woche gewährleisten, und zwar in der Tagespflege jeweils mindestens 6 Stunden pro Tag und in der Nachtpflege jeweils mindestens 12 Stunden pro Nacht. Auch hier ergibt sich erst aus den zwischen dem Träger der Einrichtung einerseits und den Pflegekassen sowie anderen Kostenträgern andererseits abzuschließenden weiteren Vereinbarungen, in welchem Umfang für die Leistungen der Pflegeversicherung tatsächlich Hilfe in Anspruch genommen werden kann. In den meisten Fällen dürfte nur für ein paar Tage im Monat teilstationäre Pflege möglich sein. Auch dies kann jedoch die häusliche Pflege entlasten, wenn beispielsweise die Tagespflege an zwei oder drei Tagen in der Woche in Anspruch genommen wird, um einem pflegenden Familienangehörigen eine stundenweise Berufstätigkeit zu ermöglichen. Innerhalb des vorgegebenen Rahmens kann auch individuell mit der Einrichtung die Zeit vereinbart werden, für die diese in Anspruch genommen wird. Relevant dürften bei der Entscheidung die KOSTEN sein. Das seitens der Pflegekasse zur Verfügung stehende Budget wird regelmäßig nicht ausreichen, einen täglichen Besuch der teilstationären Einrichtung zu finanzieren. Alle überschießenden Kosten muss der Pflegebedürftige selbst tragen.

3. Wie wird die teilstationäre Pflege finanziert?

Die Pflegeversicherung übernimmt nur die Kosten für die PFLEGEBEDINGTEN AUFWENDUNGEN UND DER SOZIALEN BETREUUNG und diese auch nur bis zu einer bestimmten Höhe, gestaffelt nach dem Pflegegrad des Pflegebedürftigen. Darüber hinaus werden auch die Kosten für die in der Einrichtung notwendigen Aufwendungen für Leistungen der medizinischen Behandlungspflege übernommen.

Der Anspruch auf teilstationäre Pflege umfasst je Kalendermonat

- für Pflegebedürftige des Pflegegrades 2 einen Gesamtwert bis zu 689 Euro
- für Pflegebedürftige des Pflegegrades 3 einen Gesamtwert bis zu 1.298 Euro
- für Pflegebedürftige des Pflegegrades 4 einen Gesamtwert bis zu 1.612 Euro
- für Pflegebedürftige des Pflegegrades 5 einen Gesamtwert bis zu 1.995 Euro

TIPP:
Pflegebedürftige können die Tages-/Nachtpflege mit dem Zuschuss der Pflegekasse je nach Pflegegrad sowie dem Entlastungsbetrag in Höhe von 125 Euro finanzieren.

Die Kosten der in der Einrichtung gewährten UNTERKUNFT UND VERPFLEGUNG müssen von den Pflegebedürftigen selbst übernommen werden, wenn nicht ergänzend die Sozialhilfe eingreift. Die Einrichtung hat zwar einen Anspruch auf ein angemessenes Entgelt für diese Leistungen, dies wird aber nicht von den Pflegekassen übernommen, sondern ist von den Pflegebedürftigen selbst zu tragen. Dies ist besonders im Hinblick auf die Unterkunftskosten für die Betroffenen belastend, weil sie ja ohnehin auch die Kosten der eigenen Wohnung bereits zu tragen haben. Es könnte dazu führen, dass die Angebote der teilstationären Pflege nicht im eigentlich wünschenswerten Maße wahrgenommen werden, sondern entweder häusliche Hilfe oder gleich vollstationäre Pflege in Anspruch genommen wird, weil in diesen Fällen eine Doppelbelastung mit Kosten der Unterkunft und Verpflegung nicht entsteht. Nur in sehr geringem Umfang kann hier der ENTLASTUNGSBETRAG entgegenwirken: Danach haben Pflegebedürftige in häuslicher Pflege Anspruch auf einen Entlastungsbetrag in Höhe von bis zu 125 Euro monatlich, der zweckgebunden für qualitätsgesicherte Leistungen zur Entlastung pflegender Angehöriger sowie zur Förderung der Selbständigkeit und Selbstbestimmtheit der Pflegebedürftigen einzusetzen ist. Dazu gehören auch teilstationäre Angebote, was bewirkt, dass dadurch auch Aufwendungen – im Zusammenhang mit Leistungen der teilstationären Versorgung – erstattet werden können. Die Erstattung erfolgt gegen Vorlage von Belegen der entstandenen Eigenbelastungen. Werden die möglichen Leistungen eines Kalenderjahrs nicht ausgeschöpft, kann der nicht verbrauchte Betrag in das folgende KalenderHALBjahr übertragen werden.

Kosten der UNTERKUNFT sind bei der teilstationären Pflege insbesondere Kosten der Wartung und Unterhaltung der Gebäude, der Einrichtungs- und Ausstattungsgegenstände sowie der technischen Anlagen und Außenanlagen, die entsprechend auf die Pflegetage der Einrichtung umgelegt werden müssen. Hinzu kommen die Kosten der Versorgung mit Wasser, Strom etc. sowie die Kosten für Abwasser und Abfall. Weiterhin auch die Kosten der Reinigung der Räumlichkeiten und die Versorgung mit Wäsche, soweit diese von der Einrichtung zur Verfügung gestellt wird. Kosten der VERPFLEGUNG sind alle im Zusammenhang mit der Zubereitung und Bereitstellung von Speisen und Getränken stehenden Aufwendungen.

Die Höhe des Entgelts für die Unterkunft und Verpflegung in der Einrichtung wird – wie der Pflegesatz für die pflegerischen Leistungen auch – zwischen dem Träger der Einrichtung und den Kostenträgern vereinbart, sozusagen als VERTRAG ZU LASTEN DRITTER. Schuldner des Entgelts sind aber nicht die Vertragspartner, sondern die Pflegebedürftigen. Diese haben ihrerseits keinen Einfluss auf die Höhe des Entgelts, sie können die vereinbarten Entgelte nur zur Kenntnis nehmen und – wenn die Wunscheinrichtung zu teuer ist – eine andere Einrichtung wählen, deren Entgeltvereinbarung ihnen angemessener erscheint. Andererseits bedeutet dies aber auch, dass das Entgelt in der Einrichtung für alle Pflegebedürftigen gleichmäßig hoch ist und nicht etwa das Verhandlungsgeschick des Einzelnen entscheidend ist für das jeweils ausgehandelte Entgelt. Wie viele Tage/Nächte man dann in der teilstationären Einrichtung verbringen kann, hängt von den eigenen Einkünften ab.

Schließlich können zwischen der Einrichtung und dem Pflegebedürftigen auch ZUSATZLEISTUNGEN vereinbart werden. Dies sind besondere Komfortleistungen der Unterkunft und Verpflegung oder zusätzliche pflegerisch-betreuende Leistungen, die über die Leistungen der Pflegekassen hinausgehen. Die Kosten hierfür sind ebenfalls von dem Pflegebedürftigen selbst zu tragen. Die Art der Zusatzleistungen und die Höhe der Vergütung kann in diesem Fall von den Pflegebedürftigen selbst mit der Einrichtung ausgehandelt werden. Dies dürfte nur für vermögende Betroffene von Interesse sein.

TIPP:
Informieren Sie sich vor Ihrer Entscheidung, eine Einrichtung der Tages- oder Nachtpflege in Anspruch zu nehmen, genau über die Kosten, die hierdurch auf Sie zukommen. Wie viele Pflegetage in der Einrichtung können Sie für die Leistungen der Pflegekasse in Anspruch nehmen, welche Kosten für Unterkunft und Verpflegung werden von der Einrichtung Ihrer Wahl berechnet, welche Zusatzleistungen werden ggf. angeboten? Lassen Sie sich die Leistungen und die hierfür zu entrichtenden Entgelte durch einen schriftlichen Vertrag bestätigen.

II. Kombination mit anderen Leistungen

Pflegebedürftige der Pflegegrade 2 bis 5 können TEILSTATIONÄRE ANGEBOTE ZUSÄTZLICH zu ambulanten Pflegeleistungen, Pflegegeld oder entsprechenden Kombinationsleistungen in Anspruch nehmen, ohne dass eine Anrechnung auf diese Ansprüche erfolgt. Man kann die teilstationäre Versorgung ungekürzt neben den ambulanten Leistungen in Anspruch nehmen. Dadurch sollen sowohl die ambulante Pflege als auch die pflegenden Angehörigen gestärkt werden. Voraussetzung ist dabei, dass dadurch

- die häusliche Pflege sichergestellt werden kann und/oder
- durch diese Ergänzung gestärkt wird.

Gerade für Angehörige, die betreuungsintensive Pflegebedürftige versorgen, kann dies eine Entlastung darstellen.

III. Teilstationäre Einrichtungen für behinderte Menschen

Viele behinderte Menschen verbringen einen Teil des Tages in teilstationären Einrichtungen der BEHINDERTENHILFE , wie zum Beispiel Sonderkindergärten, Sonderschulen, Werkstätten für behinderte Menschen (WfbM), Förder- und Betreuungsgruppen für Schwerstbehinderte, Tageseinrichtungen. In allen diesen Einrichtungen erbringen die Mitarbeiter vielfach auch Hilfen bei den im Rahmen der Pflegeversicherung leistungsbegründenden Verrichtungen des täglichen Lebens aus den Bereichen der Körperpflege, Betreuung, Ernährung, Mobilität und hauswirtschaftlichen Versorgung. In der Regel werden diese Einrichtungen über die Eingliederungshilfe für behinderte Menschen nach dem 9. Buch des Sozialgesetzbuchs (SGB IX) finanziert. Teilstationäre Einrichtungen für Menschen mit Behinderung sind aber nicht wesensgleich mit entsprechenden Einrichtungen für pflegebedürftige Menschen

Bei MENSCHEN MIT BEHINDERUNG, die Leistungen der Eingliederungshilfe beziehen, haben die Sozialhilfeträger die Leistungen UMFASSEND, einschließlich Leistungen der Pflegeversicherung zu erbringen. Die Leistungen der Eingliederungshilfe bleiben danach auch dann, wenn Leistungen der Pflegeversicherung gewährt werden, unberührt und sind im Gegensatz der sonstigen Regelung nicht erst nachrangig. Das hat zur Folge, dass die Leistungen der Pflegeversicherung im häuslichen Bereich in vollem Umfang zur Verfügung stehen. Ebenso wenn zusätzlich Leistungen der teilstationären Versorgung in Anspruch genommen werden. Zum Ausgleich der pflegebedingten Aufwendungen in vollstationären Einrichtungen der Hilfe für behinderte Menschen beteiligen sich die Pflegekassen aber an den Aufwendungen dieser Einrichtungen. Soweit behinderte Menschen in vollstationären Einrichtungen der Behindertenhilfe leben, kommt ein ZUSCHUSS ZUM PFLEGESATZ nach § 43a SGB XI in Betracht.

Teilstationäre Pflege:

- Personen mit PFLEGEGRAD 2 BIS 5 haben
- einen Anspruch auf Leistungen der Pflegeversicherung für die teilstationäre Pflege, gestaffelt nach dem jeweiligen Pflegegrad,
- können die teilstationäre Pflege mit anderen Leistungen kombinieren,
- einen Anspruch auf den zusätzlichen Entlastungsbetrag in Höhe von 125 Euro.

Personen mit PFLEGEGRAD 1 haben keinen Anspruch auf Leistungen der Tages- oder Nachtpflege.

Einrichtungen für Menschen mit Behinderung, in denen eine Versorgung tagsüber (mit)stattfindet, sind keine teilstationären Einrichtungen im Sinne des SGB XI.

5

Leistungen bei stationärer Pflege

Nicht jeder Mensch hat Angehörige, die ihn versorgen können, und nicht jede Art der Erkrankung bzw. Pflegebedürftigkeit lässt eine häusliche Pflege zu. In diesem Kapitel werden daher die Möglichkeiten einer kurzfristigen Unterbringung in Form der vorrübergehenden KURZZEITPFLEGE sowie der dauerhaften VOLLSTATIONÄREN DAUERPFLEGE erläutert.

5. Leistungen bei stationärer Pflege

I. Kurzzeitpflege

Die Kurzzeitpflege ist eine kurzfristige, vorübergehende vollstationäre Versorgung in einem Heim oder einer Kurzzeitpflegeeinrichtung. Sie kann in Anspruch genommen werden, wenn die häusliche Pflege zeitweise nicht, noch nicht oder noch nicht im erforderlichen Umfang erbracht werden kann und/oder teilstationäre Pflege nicht ausreicht. Pflegebedürftige der Pflegegrade 2 bis 5 haben dann Anspruch auf Pflege in einer vollstationären Einrichtung. Dies gilt allerdings nur in zwei Fällen:

- Für eine ÜBERGANGSZEIT im Anschluss an eine stationäre Behandlung des Pflegebedürftigen (in einem Krankenhaus, einem Sanatorium oder einer Rehabilitationseinrichtung). Damit soll einerseits verhindert werden, dass pflegebedürftige Personen nur deshalb noch längere Zeit in einer stationären Behandlung bleiben, weil ihre Pflege zu Hause nicht sichergestellt ist und andererseits Zeit gewonnen werden, um die Voraussetzungen einer häuslichen Pflege zu schaffen, zum Beispiel durch Umbaumaßnahmen im Wohnbereich, Besorgung einer anderen Wohnung, Dispositionen der künftigen Pflegeperson hinsichtlich der Übernahme der Pflege.
- Außerdem kann Kurzzeitpflege auch in sonstigen KRISENSITUATIONEN geleistet werden, in denen vorübergehend häusliche oder teilstationäre Pflege nicht möglich oder nicht ausreichend ist. Im Gegensatz zur Verhinderungspflege nach § 39 SGB XI erfordert die Kurzzeitpflege also eine konkrete Krisensituation wie beispielsweise eine psychische oder körperliche Überlastung der Pflegeperson, Konflikte zwischen der pflegebedürftigen Person und der Pflegeperson, eine vorübergehende Verschlechterung des gesundheitlichen Zustands des Pflegebedürftigen oder Ähnliches.

Ein Antrag auf Kurzzeitpflege ist bei der Pflegekasse erhältlich und in der Regel, gerade in Notsituationen, auch fernmündlich möglich.

1. Wie und wie lange wird die Kurzzeitpflege finanziert?
Die Kurzzeitpflege in einer vollstationären Einrichtung wird längstens für die Dauer von ACHT WOCHEN pro Kalenderjahr erbracht, wobei es nicht erforderlich ist, dass die Leistung zusammenhängend „am Stück" erfolgt. Dabei übernimmt die Pflegekasse die pflegebedingten Aufwendungen, die Kosten der sozialen Betreuung sowie die Aufwendungen

für Leistungen der medizinischen Behandlungspflege insgesamt bis zur Höhe eines Gesamtbetrags von 1.774 EURO im Kalenderjahr. Der vorgenannte Betrag ist grundsätzlich für alle Pflegegrade GLEICH hoch, er ist nicht nach Pflegegraden unterschiedlich bemessen. Allerdings sind die Pflegesätze selbst, die zwischen den Einrichtungen der stationären Pflege und den Pflegekassen vereinbart werden, entsprechend dem jeweiligen Versorgungsaufwand in FÜNF PFLEGEKLASSEN einzuteilen. Die Betroffenen müssen infolgedessen prüfen, wie viel Zeit sie sich mit den zur Verfügung stehenden Mitteln „einkaufen" können, sprich wie viele Tage/Wochen die Kurzzeitpflege andauern kann. Wird der Kurzzeitpflegebetrag nicht verbraucht, kann der Rest für einen späteren Zeitraum im Kalenderjahr zur Verfügung stehen.

In aller Regel dürfte der Betrag von 1.774 Euro im Pflegealltag nicht ausreichen, um für die Dauer von acht Wochen die vollen Kosten einer vollstationären Versorgung abzudecken. Dies bedeutet, dass entweder die Kurzzeitpflege nur für einen kürzeren Zeitraum beansprucht werden kann oder bei längerem Bedarf die weiteren Kosten von den Betroffenen selbst getragen werden müssen. Sollten sie hierzu nicht in der Lage sein – mangels ausreichenden Einkommens oder Vermögens – so können ergänzend Leistungen der SOZIALHILFE in Anspruch genommen werden. Die Leistungen der Sozialhilfe sind insoweit weder in der Höhe noch in der Dauer begrenzt, übernommen werden allerdings nur die „angemessenen" Kosten.

Beispiel:
Herr W benötigt Kurzzeitpflege, weil das Zimmer bei seinem Sohn noch nicht fertig ist, als er aus dem Krankenhaus entlassen werden soll. Bei Pflegegrad 3 kostet diese am Tag im Heim seiner Wahl einen Tagessatz von insgesamt 95 Euro. Mit dem Zuschuss der Pflegeversicherung könnte er 18 Tage (1.774 : 95 = 18,6) finanzieren. Die darüber hinaus gehenden Kosten bei längerem Aufenthalt hätte er selbst zu tragen. Bei fehlendem Einkommen wäre ein entsprechender Bezug von Sozialhilfe zu prüfen.

Da auch der Gesetzgeber das Problem der Finanzierbarkeit erkannt hat, wurde eine KOMBINATION mit nicht verbrauchten Leistungen der VERHINDERUNGSPFLEGE ermöglicht. Danach ist eine Aufstockung des Betrags von 1.774 Euro für die Kurzzeitpflege um bis zu weitere 1.612 Euro aus nicht in Anspruch genommenen Mitteln der Verhinderungspflege möglich. Dies hat zur Folge, dass Pflegebedürftige bis zu 3.386 EURO pro Kalenderjahr für die Kurzzeitpflege aufwenden können. Der Erhöhungsbetrag wird dann entsprechend auf die Leistungen für die Verhinderungspflege angerechnet bzw. dort in Abzug gebracht.

HINWEIS:
Wie bereits im 3. Kapitel bei der Verhinderungspflege erläutert, wird es ab dem 1.7.2025 einen GEMEINSAMEN JAHRESBETRAG von Verhinderungs- und Kurzzeitpflegemitteln in Form eines ENTLASTUNGSBUDGETS geben, das die Betroffenen flexibel einsetzen können. Damit stehen dann Mittel in Höhe von bis zu 3.539 Euro für bis zu acht Wochen zur Verfügung – und dies jedes Jahr.

Bezieht der Pflegebedürftige im Rahmen der häuslichen Versorgung PFLEGEGELD , so wird dieses während einer Kurzzeitpflege zur Hälfte weitergezahlt, allerdings nur für bis zu acht Wochen je Kalenderjahr. Am ersten und letzten Tag der Kurzzeitpflege wird das volle Pflegegeld für diese Tage gezahlt.

2. Wo kann man Kurzzeitpflege erhalten?
Die Kurzzeitpflege wird entweder in eigens dafür zugelassenen KURZZEITPFLEGEEINRICHTUNGEN erbracht oder in vollstationären Dauerpflegeeinrichtungen durch Inanspruchnahme sogenannter „EINGESTREUTER“ KURZZEITPFLEGEPLÄTZE. Vielfach wird in einigen Regionen bemängelt, dass zu wenige eigens dafür zugelassene Kurzzeitpflegeeinrichtungen zur Verfügung stehen. Man muss allerdings sehen, dass der Bedarf zwar groß ist, die Planbarkeit die Einrichtungen aber vor besondere Anforderungen stellt. Einfacher ist es deshalb für viele Einrichtungsleitungen, nicht belegte Pflegeplätze in Dauerpflegeeinrichtungen kurzzeitig mit Kurzzeitpflegegästen zu belegen („einzustreuen“). Eine Übersicht über Kurzzeitpflegeeinrichtungen erhält man bei seiner Pflegekasse.

In begründeten Einzelfällen besteht, beispielsweise für pflegebedürftige Personen, für die eine Altenpflegeeinrichtung nicht die richtige Versorgungsform darstellt, ein Anspruch darauf, auch in geeigneten Einrichtungen für behinderte Menschen versorgt zu werden, wenn die Versorgung in einer zugelassenen Kurzzeitpflegeeinrichtung nicht möglich ist. In Frage kommen hier zum Beispiel pflegebedürftige Kinder, Jugendliche und junge Erwachsene.

Weiterhin kann die Kurzzeitpflege in Einrichtungen der medizinischen Vorsorge und Rehabilitation erfolgen, die keine Zulassung für die pflegerische Versorgung nach dem SGB XI haben, wenn eine Maßnahme der medizinischen Vorsorge oder Rehabilitation für eine Pflegeperson notwendig und eine Unterbringung und Pflege des Pflegebedürftigen erforderlich und dort möglich ist. Damit soll Pflegepersonen die Möglichkeit erleichtert werden, selbst an einer Vorsorge- oder Rehabilitationsmaßnahme teilzunehmen, was sonst eventuell unterbleiben würde.

Kurzzeitpflege:

- Personen mit PFLEGEGRAD 2 BIS 5 haben
  - einen Anspruch auf Pflegeversicherungsleistungen bis zu 1.774 Euro für bis zu 8 Wochen Kurzzeitpflege im Jahr,
  - einen Anspruch auf Weiterzahlung des hälftigen Pflegegelds bei vorherigem Bezug,
  - einen Anspruch auf zusätzlich bis zu 1.612 Euro, wenn Leistungen der Verhinderungspflege in dem Kalenderjahr nicht bzw. nicht vollständig ausgeschöpft wurden.
- Personen mit PFLEGEGRAD 1 haben grundsätzlich keinen Anspruch auf Leistungen der Kurzzeitpflege. In einer Akutsituation zum Beispiel nach einem Krankenhausaufenthalt kann aber nach § 39c SGB V ein Leistungsanspruch gegenüber der Krankenkasse auf bis zu 1.774 Euro für bis zu 8 Wochen im Jahr bestehen.

II. Vollstationäre Dauerpflege

Erfordert es die persönliche Situation der Betroffenen, so haben Pflegebedürftige der Pflegegrade 2 bis 5 einen Anspruch auf Pflege in VOLLSTATIONÄREN EINRICHTUNGEN, wenn häusliche Pflege oder teilstationäre Pflege nicht möglich ist oder wegen der Besonderheiten des einzelnen Falles nicht in Betracht kommt. Vollstationäre Pflege bedeutet, dass die Betroffenen in einer speziellen Einrichtung rund um die Uhr versorgt werden. Vollstationäre Pflege wird nur NACHRANGIG gewährt, wenn andere Formen der Hilfe nicht in Betracht kommen. Vor allem wenn Angehörige, Nachbarn, Freunde oder sonstige nahestehende Personen nicht zur Verfügung stehen oder die Hilfe nicht übernehmen können und auch durch ambulante Pflegedienste nicht ausreichend geholfen werden kann. Die vollstationäre Versorgung kann in einem Altenheim, Pflegeheim oder Altenwohnheim erfolgen. Manchmal nennen sich entsprechende Einrichtungen auch „Residenz", „Stift" oder „Wohnpark". Der Name ist dabei wenig aussagekräftig, es kommt auf die vertragliche Ausgestaltung an.

1. Welche Kosten entstehen in einem Pflegeheim?

Pflegebedürftige, die in eine vollstationäre Einrichtung ziehen, begründen dort ihren Lebensmittelpunkt. Sie wohnen dort, werden pflegerisch versorgt und verpflegt. Es fallen also nicht nur Kosten für die personalintensive Pflege rund um die Uhr an, sondern zusätzlich müssen die Kosten für Unterkunft, Verpflegung und Investitionskosten finanziert werden. Auch an den Kosten für die Ausbildung neuer Pflegekräfte werden alle Bewohner über ein Umlageverfahren, das im Pflegeberufegesetz geregelt ist, beteiligt, auch wenn die eigene Einrichtung gar nicht ausbildet.

In einer vollstationären Einrichtung fallen Kosten an für:

- Pflege
- Unterkunft
- Verpflegung
- Investitionskosten
- Ausbildungsumlage

2. Kostenbeteiligung der Pflegekasse

Die Pflegekasse übernimmt die Kosten für die Pflege in einer Einrichtung einschließlich Betreuung sowie Leistungen der medizinischen Behandlungspflege. Dies allerdings nur im Rahmen von PAUSCHALEN LEISTUNGSBETRÄGEN, die im Gesetz in § 43 SGB XI festgelegt sind. Diese pauschalen Leistungsbeträge, gestaffelt nach Pflegegrad, decken aber nur einen Teil der tatsächlichen Pflegekosten. Die Leistungen der Pflegeversicherung sind von vornherein nicht dazu gedacht, die vollständigen Kosten des Aufenthalts in einem vollstationären Pflegeheim zu übernehmen, sondern die Pflegebedürftigen sollen bei teil- und vollstationärer Pflege nur von den Aufwendungen ENTLASTET werden, die für ihre Versorgung nach Art und Schwere der Pflegebedürftigkeit erforderlich sind. Die Aufwendungen für Unterkunft und Verpflegung tragen die Pflegebedürftigen selbst.

Die Pflegekasse leistet eine finanzielle Unterstützung für die Kosten der Pflege, Betreuung und Behandlungspflege. Diese Unterstützung erfolgt pauschal nach Pflegegrad und reicht nicht aus, die Kosten insgesamt abzudecken. Es soll lediglich eine Entlastung erfolgen.

Bei der vollstationären Pflege ist daher sogar in doppeltem Sinne nur eine TEILABSICHERUNG vorgesehen: Kosten der Unterkunft und Verpflegung, die im Pflegeheim entstehen, werden überhaupt nicht übernommen und von den verbleibenden pflegerischen Leistungen auch wiederum nur ein Teil. Zudem können Investitionskosten, die nicht vollständig durch öffentliche Förderung gedeckt sind, den Pflegeheimbewohnern gesondert in Rechnung gestellt werden. Hinzu kommen Ausbildungsumlagen für die Ausbildung neuer Pflegekräfte. Eine volle Absicherung für die Kosten einer vollstationären Pflege ist durch die Pflegeversicherung also nicht vorgesehen. In vielen Fällen wird bereits für die bei den Pflegebedürftigen verbleibenden Kosten das eigene Einkommen in Form von Renten oder Ähnlichem nicht ausreichen. In diesen Fällen ebenso wie für den nicht gedeckten Teil der pflegerischen Aufwendungen können aber bei Bedürftigkeit Leistungen der SOZIALHILFE in Anspruch genommen werden.

3. Die Pflegekosten

Der PFLEGESATZ ist das Entgelt, das die Heimbewohner bzw. ihre Kostenträger für die voll- oder teilstationären Pflegeleistungen, einschließlich medizinischer Behandlungspflege und sozialer Betreuung, zahlen. Diese Pflegesätze müssen entsprechend den fünf Pflegegraden aufgeteilt werden, die sich nach dem jeweiligen Versorgungsaufwand richten, den die Pflegebedürftigen nach Art und Schwere der Pflegebedürftigkeit benötigen. Dies vor dem Hintergrund, dass Menschen mit einem hohen Pflegebedarf in der Regel auch personalintensiver versorgt werden müssen, als Menschen mit einem niedrigeren Pflegebedarf. Bei der Zuordnung der einzelnen Pflegebedürftigen zu den PFLEGEKLASSEN sind die Pflegegrade zugrunde zu legen, in die sie von ihrer Pflegekasse eingeordnet wurden. PFLEGESÄTZE, also die Kosten, die für die Pflege eines Bewohners mit einem bestimmten Pflegegrad anfallen und zu bezahlen sind, werden von den Einrichtungen nicht willkürlich festgesetzt, sondern müssen mit den sogenannten Pflegesatzparteien in PFLEGESATZVERHANDLUNGEN vereinbart werden. Die Pflegesatzparteien sind die Kostenträger, also die Pflegekassen und gegebenenfalls die Sozialhilfeträger auf der einen und die Leistungserbringer, also die Heimträger, auf der anderen Seite. Sie verhandeln, ob die Pflegesätze, die eine Einrichtung pro Pflegeplatz berechnen will, angemessen sind. Mit diesen vereinbarten Pflegesätzen sind nach der ausdrücklichen Regelung in § 84 Abs. 4 SGB XI dann alle ALLGEMEINEN PFLEGELEISTUNGEN abgegolten.

Je höher ein Pflegegrad ist, desto teurer ist die Pflege, weil mehr Leistungen für den Pflegebedürftigen erbracht werden müssen. Der Pflegesatz für den Einzelnen steigt aber dadurch nicht, sondern aus allen pflegerischen Kosten wird für alle Bewohner ein fiktiver Mittelwert gebildet, damit alle Bewohner den gleichen Pflegesatz bezahlen. Dazu nimmt man die tatsächlichen Kosten eines Pflegeplatzes und zieht davon die Leistungen ab, die die Pflegekasse pauschal gestaffelt nach Pflegegrad als Zuschuss zahlt. Das Ergebnis davon ist dann für alle Bewohner gleich und wird EINRICHTUNGSEINHEITLICHER EIGENANTEIL genannt. Alle Pflegebedürftigen zahlen daher seit einigen Jahren unabhängig von ihrem individuellen Pflegegrad den gleichen Eigenanteil zu ihrem Pflegesatz. Wird also jemand nach Überprüfung durch den Medizinischen Dienst einem höheren Pflegegrad zugeordnet, steigt sein Anteil nicht weiter, wohl aber der Zuschuss der Versicherung. Die (internen) Kosten für einen Pflegeplatz steigen zwar weiterhin mit jedem Pflegegrad, abzüglich der Leistungen der Pflegeversicherung ergibt sich aber immer der gleiche Eigenanteil für die Bewohner. Rein rechnerisch müssen folglich Pflegebedürftige mit niedrigen Pflegegraden daher im Verhältnis mehr für die Pflegeleistungen zahlen als stark Pflegebedürftige mit einem hohen Pflegegrad.

Auch, wenn alle Heimbewohner den gleichen einrichtungseinheitlichen Eigenanteil für die Pflegekosten zahlen, sind die tatsächlichen Kosten für die einzelnen Pflegeplätze unterschiedlich hoch. Je höher der Pflegegrad eines Bewohners, desto mehr Pflege benötigt er und damit fallen auch höhere Kosten an. Steigt der Pflegebedarf eines Pflegebedürftigen, wird das Heim ihn auffordern, einen Antrag auf Überprüfung des Pflegegrades zu stellen. Grundsätzlich kann der Bewohner selbst entscheiden, ob er diesen Antrag stellen will. Pflegen die Pflegekräfte aber bereits wie nach einem höheren Pflegegrad, so hat das Heim auch einen Anspruch darauf, entsprechend bezahlt zu werden. Ab dem zweiten Monat nach der Aufforderung, der Heimbewohner solle einen Antrag auf höhere Eingraduierung stellen, darf das Heim daher einen höheren Pflegesatz berechnen, wenn der Betroffene sich weigert eine entsprechende Überprüfung zu beantragen. Dies hat zur Folge, dass der Bewohner die nicht gedeckten Kosten, die dadurch entstehen, dass die Pflegekasse nach wie vor den niedrigeren Zuschuss zahlt, selbst tragen muss. Sollte wider Erwarten später herauskommen, dass der Bewohner nicht höherzustufen ist und das Heim zu Unrecht nach einem höheren Pflegegrad gepflegt hat, muss das Heim allerdings die Überzahlung verzinst zurückzahlen.

Zu den PFLEGEKOSTEN, die unter anderem von den Pflegekassen mit verhandelt, aber nur anteilig getragen werden, gehören die reinen Pflegekosten sowie die Kosten der eingepreisten Behandlungspflege.

Zu den Pflegekosten im Heim gehört – neben den reinen Pflegesätzen – auch die Behandlungspflege. Bei der medizinischen Behandlungspflege handelt es sich um vom Arzt verordnete medizinische Tätigkeiten wie beispielsweise Verbandswechsel, die von den Pflegekräften nach ärztlicher Anweisung zusätzlich zu den reinen Pflegetätigkeiten erbracht werden. Gerade bei der stationären Pflege hat die Behandlungspflege oft einen hohen Stellenwert. Viele Pflegebedürftige kommen vor allem deshalb in ein Heim, weil eine notwendige Behandlungspflege von Angehörigen und/oder ambulanten Diensten zu Hause nicht geleistet werden kann und ein weiterer Aufenthalt im Krankenhaus von den Krankenkassen deshalb nicht mehr finanziert wird, weil kein akuter ärztlicher Behandlungsbedarf mehr vorlag. Die Heime leisten diese Behandlungspflege und müssen also diese zusätzlichen Kosten in ihre Pflegesätze einpreisen.

4. Leistungen der Pflegeversicherung

Gemäß § 43 SGB XI übernehmen die Pflegekassen für Pflegebedürftige in vollstationären Einrichtungen die pflegebedingten Aufwendungen einschließlich der Aufwendungen für Betreuung und Leistungen der medizinischen Behandlungspflege im Rahmen pauschaler Leistungsbeträge.

Diese PAUSCHALEN sind nach Pflegegraden gestaffelt und betragen monatlich

- für Pflegebedürftige des Pflegegrades 2 — 770 Euro
- für Pflegebedürftige des Pflegegrades 3 — 1.262 Euro
- für Pflegebedürftige des Pflegegrades 4 — 1.775 Euro
- für Pflegebedürftige des Pflegegrades 5 — 2.005 Euro.

Pflegebedürftige des Pflegegrades 1 erhalten lediglich einen Zuschuss der Pflegeversicherung in Höhe von 125 Euro monatlich, da hier keine Notwendigkeit für eine vollstationäre Versorgung gesehen wird. Insgesamt darf dabei der von der Pflegekasse zu übernehmende Betrag jedoch 75 % des Gesamtbetrages aus Pflegesatz, Entgelt für Unterkunft und Verpflegung und gesondert berechneten Investitionskosten nicht übersteigen. Diese Regel findet aber bei den mittlerweile sehr hohen Preisen so gut wie keine Anwendung mehr.

Beispiel:
Frau A lebt mit Pflegegrad 4 in einem Heim. Der monatliche Pflegesatz beläuft sich auf 2.675 Euro. Dazu kommen Kosten für Unterkunft und Verpflegung in Höhe von 470 Euro und Investitionskosten von 815 Euro. Die Pflegekasse zahlt pauschal 1.775 Euro. Es verbleibt ein Eigenanteil allein für die Pflege von 900 Euro.

Seit 2022 erhalten Pflegebedürftige zusätzlich noch einen Zuschuss der Pflegeversicherung, der sich nach der Verweildauer in der Einrichtung richtet:

- In den ersten 12 Monaten des Heimaufenthalts zahlen die Pflegekassen zusätzlich 5 % des Eigenanteils an der Pflege,
- bei einer Verweildauer von mehr als 12 Monaten 25 %,
- bei einer Verweildauer von mehr als 24 Monaten 45 % und
- bei einer Verweildauer von mehr als 36 Monaten 70 %.

Beispiel:
Frau A lebt seit über drei Jahren in der Einrichtung. Sie erhält von der Pflegekasse daher auf ihren Eigenanteil von 900 Euro zusätzlich einen Zuschuss in Höhe von 630 Euro (= 70 %).

HINWEIS:
Zur Begrenzung der Eigenanteile der Pflegebedürftigen steigen ab dem 1.1.2024 die zusätzlichen Zuschüsse der Pflegeversicherung an dem Pflege-Eigenanteil nach Verweildauer an, und zwar

- in den ersten 12 Monaten auf zusätzlich 15 % des Eigenanteils
- bei einer Verweildauer von mehr als 12 Monaten auf 30 %
- bei einer Verweildauer von mehr als 24 Monaten auf 50 % und
- bei einer Verweildauer von mehr als 36 Monaten auf 75 %.

Die zumindest teilweise Kostenübernahme für die pflegebedingten Aufwendungen einschließlich der Betreuung war schon immer Aufgabe der Pflegeversicherung.

Auch in einer vollstationären Einrichtung haben die Bewohner Anspruch auf MASSNAHMEN ZUR ZUSÄTZLICHEN BETREUUNG UND AKTIVIERUNG nach § 43b SGB XI. Die Kosten dafür werden vollständig von der Pflegeversicherung getragen. Durch die zusätzlichen Betreuungsmaßnahmen soll der Einzelne im Alltag aktiviert werden. Dadurch, dass jeder einen Anspruch darauf hat, ist zusätzliches Personal einzustellen, das die Aktivitäten anleitet und durchführt. Aktivierende Alltagsaktivitäten sind zum Beispiel

- Biografiearbeit,
- Arbeiten mit Erinnerungsalben,
- Spiele,
- Malen und Basteln,
- Spaziergänge,
- Besuch von kulturellen Angeboten,
- Lesen, Vorlesen, Märchenstunde,
- Musik und Tanz.

Die Angebote können als Einzel- oder Gruppenstunden angeboten werden.

ZUSAMMENGEFASST GILT ALSO: Die Pflegeversicherung übernimmt bei der Versorgung in einer vollstationären Einrichtung nur die im Gesetz festgelegten pauschalen Zuschüsse je nach Pflegegrad. Darüber hinaus werden die Kosten der zusätzlichen Betreuung voll von der Pflegekasse getragen. Die darüber hinaus gehenden Kosten trägt der Betroffene selbst aus eigenen Mittel, oder muss (zusätzlich) Hilfe zur Pflege beim zuständigen Sozialhilfeträger beantragen.

5. Kann man zusätzlich privat vorsorgen?
Seit 2013 fördert der Staat PRIVATE PFLEGEZUSATZVERSICHERUNGEN in Form von Pflegetage- oder Pflegemonatsgeldversicherungen. Diese sind nicht nur im Fall einer vollstationären Versorgung einzusetzen, sondern bei allen Versorgungsformen, sind aber gerade bei der teuren vollstationären Versorgung sinnvoll. Der Vorteil ist, dass keine Gesundheitsprüfung stattfindet und Leistungsausschlüsse sowie Risikozuschläge nicht erlaubt sind. Für die Versicherungen besteht ein Kontrahierungszwang mit der Folge, dass sie jede Person, die Anspruch auf staatliche Zulage hat, aufnehmen müssen.

Eine Förderung durch den Staat mit bis zu 60 Euro im Monat kann erfolgen, wenn

- der Eigenanteil des Versicherten mindestens 10 Euro monatlich beträgt,
- die Pflegezusatzversicherung Leistungen für alle Pflegegrade vorsieht.

Die Pflegezusatzversicherungen können auf drei Arten abgeschlossen werden:

- als Pflege-Rentenversicherung, die als Lebensversicherung angeboten wird. Wird der Versicherte pflegebedürftig, zahlt die Versicherung eine monatliche Rente aus,
- als Pflegekostenversicherung, die nach Vorleistung der sozialen oder privaten Pflegeversicherung die verbleibenden Kosten erstattet, wobei der „Rest" im Versicherungsvertrag vereinbart werden muss, oder
- als Pflegetagegeldversicherung, die einen vereinbarten festen Geldbetrag für jeden Pflegetag zahlt, unabhängig von den tatsächlichen Kosten der Pflege.

6. Eigenkosten der Pflegebedürftigen
Wie beschrieben, setzen sich die Entgelte, die für eine Versorgung in einer vollstationären Einrichtung zu zahlen sind, aus fünf ENTGELTBESTANDTEILEN zusammen:

- Kosten für die Unterkunft,
- Kosten für die Verpflegung,
- Pflegekosten,
- Kosten für Auszubildende sowie
- gesondert berechenbare Investitionskosten.

TIPP:
In jedem Fall sollten sich die Betroffenen und ihre Angehörigen bei der Suche nach einem geeigneten Pflegeheim auch genau erklären lassen, wie hoch das monatliche Entgelt für Unterkunft und Verpflegung ist, wie dieses kalkuliert wird und welche Leistungen hierfür vom Pflegeheim erbracht werden.

Die Kosten für UNTERKUNFT UND VERPFLEGUNG sind selbst zu tragen. In der Mehrzahl der Einrichtungen werden Einzelzimmer oder ein Platz in einem Doppelzimmer zur Verfügung gestellt, in Einzelfällen auch ein kleines Appartement. Die Zahl der Plätze in Doppelzimmern ist rückläufig, weil die Mehrheit der Bundesländer mittlerweile die Platzzahlen in Doppelzimmern durch entsprechende gesetzliche Regelungen beschränkt haben (in Nordrhein-Westfalen zum Beispiel müssen 80 % der Zimmer ausdrücklich Einzelzimmer sein, in Baden-Württemberg sogar 100 %). Die Verpflegung mit Essen und Trinken wird ebenfalls vom Heim gestellt. Die hierfür entstehenden Kosten werden von der Pflegeversicherung nicht übernommen. Vielmehr müssen hierfür die Bewohner selbst aufkommen beziehungsweise für diejenigen, die diese Kosten aus ihrem Einkommen oder Vermögen nicht selbst bestreiten können, bei Bedürftigkeit die zuständigen Träger der Sozialhilfe.

Neben den Kosten für Unterkunft und Verpflegung haben die Bewohner auch den Teil der Pflegekosten als sogenannten PFLEGE-EIGENANTEIL zu tragen, der nicht durch die pauschalierten Beträge der Pflegeversicherung abgedeckt ist.

INVESTITIONSKOSTEN sind vor allem Aufwendungen für die Herstellung, Anschaffung, Wiederbeschaffung, Instandhaltung und Instandsetzung der notwendigen Gebäude, Einrichtungsgegenstände und sonstigen Anlagegüter. Auch Aufwendungen für Miete, Pacht, Nutzung (zum Beispiel Leasingraten) von Grundstücken oder Gebäuden gehören hierzu.

Über den Pflegesatz und das Entgelt für Unterkunft und Verpflegung hinaus gibt es weitere Kostenbestandteile, die möglicherweise auf einen Heimbewohner zukommen. Die Pflegeeinrichtungen können, wenn betriebsnotwendige INVESTITIONSKOSTEN durch öffentliche Förderung der Bundesländer nicht vollständig gedeckt sind, diesen Teil der Aufwendungen den Pflegebedürftigen gesondert berechnen.

Die Länder sollten nach § 9 SGB XI zur FINANZIELLEN FÖRDERUNG der Investitionskosten der Pflegeeinrichtungen eigentlich diejenigen Einsparungen einsetzen, die den Trägern der Sozialhilfe durch die Einführung der Pflegeversicherung entstanden. In den Landespflegegesetzen und Ausführungsgesetzen zur Pflegeversicherung haben die Länder in unterschiedlichem Umfang eine Förderung der Investitionskosten von Pflegeeinrichtungen vorgesehen. Durch die Förderung soll die Infrastruktur mit Heimen aufrechterhalten und gefördert werden

In vielen Bundesländern erhalten Betreiber von Pflegeeinrichtungen allerdings kaum noch Förderungen. Darüber hinaus werden in den seltensten Fällen die Kosten durch diese LANDESFÖRDERUNG vollständig gedeckt, so dass der verbleibende Teil auf die pflegebedürftigen Heimbewohner umgelegt werden kann. Diese Umlage muss allerdings im Einzelnen von den zuständigen Landesbehörden genehmigt werden. Diese prüfen Art und Höhe der entstandenen Kosten und des umlagefähigen, durch öffentliche Förderung des Landes oder der Kommunen nicht gedeckten Teils. Im Gegensatz zum Pflegesatz und zum Entgelt für Unterkunft und Verpflegung wird dieser Teil des Heimentgelts nicht durch Vereinbarung der Pflegesatzparteien festgelegt. Das Erfordernis der behördlichen Genehmigung stellt daher ein gewisses Korrektiv für die ansonsten völlig einseitig von den Pflegeeinrichtungen vorzunehmende Umlage der nicht gedeckten Investitionskosten dar. Erhält eine Einrichtung dagegen gar keine Förderung, müssen die (vollständig) umlegbaren Investitionskosten nur bei den zuständigen Behörden angemeldet werden – eine echte Prüfung findet hier nicht statt.

Das insgesamt für den Aufenthalt im Pflegeheim zu zahlende Entgelt setzt sich also aus mindestens vier Bestandteilen zusammen: dem PFLEGESATZ, der bis zum vorgesehenen Höchstbetrag von den Pflegekassen übernommen wird, so dass ein einrichtungseinheitlicher Eigenanteil verbleibt, dem ENTGELT FÜR UNTERKUNFT UND VERPFLEGUNG, das von den Pflegebedürftigen selbst zu tragen ist, sowie der Umlage nicht gedeckter INVESTITIONSKOSTEN, die ebenfalls von den Pflegebedürftigen übernommen werden müssen. Soweit ein Betroffener die auf ihn entfallenden Kostenbestandteile aus dem eigenen Einkommen oder Vermögen nicht selbst aufbringen kann, tritt hierfür ergänzend der Sozialhilfeträger ein.

Zusätzlich haben die Bewohner nach § 82a SGB XI zu gleichen Teilen die Kosten für die AUSBILDUNGSVERGÜTUNG von Pflegeschülern zu tragen. Um den Beruf der Pflegekraft attraktiver zu machen und den ständig wachsenden Bedarf an Fachkräften zu befriedigen, gibt es ein Umlageverfahren, das dazu führt, dass alle Bewohner stationärer Einrichtungen an den Ausbildungskosten von Pflegeschülern beteiligt werden, unabhängig davon, ob die Einrichtungen tatsächlich selbst ausbilden. Auf diese Weise soll nicht nur die REFINANZIERUNG DER AUSBILDUNG ermöglicht und somit attraktiver gemacht werden, sondern auch die damit verbundene Last von allen, die von den ausgebildeten Pflegekräften profitieren, gleichermaßen getragen werden.

Die AUSBILDUNGSUMLAGE, die von jedem Bewohner einer Einrichtung zu zahlen ist, wird von den zuständigen Landesbehörden anhand einer gesetzlich festgelegten Formel errechnet. Die Heime erhalten dann einmal im Jahr einen Bescheid darüber, was sie den Bewohnern monatlich berechnen müssen. Diese Umlage bleibt aber nicht bei den Heimen, sondern ist von diesen in einen Fonds abzuführen.

Es kann aber auch noch ein weiterer Teil hinzukommen, nämlich die sogenannten ZUSATZLEISTUNGEN. Die Pflegeheime können nämlich mit den Pflegebedürftigen gesonderte Zuschläge vereinbaren für Leistungen, die über die im Versorgungsvertrag zwischen den Pflegekassen und den Heimträgern vereinbarten notwendigen Leistungen hinausgehen. Dies können besondere Komfortleistungen bei Unterkunft und Verpflegung sein, wie beispielsweise ein besonders geräumiges Einzelzimmer gegen Aufpreis, eine besondere gehobene Zimmerausstattung oder ein Appartement, zusätzliche, reichhaltigere oder bessere Kost mit mehr Auswahlmöglichkeiten. Das Heim kann auch zusätzliche pflegerisch-betreuende

Leistungen anbieten, wie beispielsweise Begleitung beim Spaziergang oder Arztbesuch sowie Fuß- und Nagelpflege.

Die Gewährung von solchen Zusatzleistungen ist nur zulässig, wenn dadurch die notwendigen anderen (und wichtigeren) Leistungen des Pflegeheims nicht beeinträchtigt werden. Die Zusatzleistungen müssen weiterhin nach Art, Umfang, Dauer und Zeitabfolge vorab schriftlich zwischen dem Pflegeheim und dem Pflegebedürftigen vereinbart worden sein. Die VEREINBARUNG muss auch die Höhe der von den Pflegebedürftigen zu zahlenden Zuschläge und die Zahlungsbedingungen regeln.

Die Zusatzleistungen stehen aber letztlich nur denjenigen Pflegebedürftigen zur Verfügung, die die hierfür vorgesehenen Zuschläge entweder aus dem eigenen EINKOMMEN oder VERMÖGEN finanzieren können oder für die die Angehörigen die entsprechenden Kosten übernehmen. Da es sich jedenfalls um Leistungen des Pflegeheims handelt, die das Maß des Notwendigen übersteigen, also keine Regelleistungen sind, besteht grundsätzlich kein Anspruch von bedürftigen Pflegebedürftigen gegen die Sozialhilfeträger auf Übernahme auch solcher Kosten. Es handelt sich hierbei also um eine echte Besserstellung für vermögende Pflegebedürftige, die neben dem Entgelt für Unterkunft und Verpflegung sowie der Umlage für die nicht gedeckten Investitionskosten auch noch den Zuschuss für Zusatzleistungen aus eigener Tasche bezahlen können.

Kostenfaktoren:
Bei der Suche nach einem geeigneten Pflegeheim sollten Sie sich auf jeden Fall möglichst genau über die einzelnen Kostenfaktoren informieren und sich ausrechnen, welchen Anteil hiervon Ihre Pflegekasse übernehmen würde. Vergleichen Sie das Angebot verschiedener Einrichtungen möglichst genau. Ihre Pflegekasse ist verpflichtet, Ihnen eine Liste mit Pflegeeinrichtungen in Ihrem lokalen Umfeld auszuhändigen. Außerdem sollten Sie einen gewissen „Puffer" berücksichtigen, da vollstationäre Einrichtungen mittlerweile nahezu jährlich ihre Preise anpassen, mit der Folge, dass die Kosten steigen.

Regelmäßig sind zu zahlen:
  Kosten für die Unterkunft
\+ Kosten für die Verpflegung
\+ Kosten für die Pflege
  abzgl. pauschale Zahlung der Pflegekasse entsprechend Pflegegrad
\+ Investitionskosten
\+ Ausbildungsumlage
= Gesamtkosten

7. Was ist zu beachten, wenn jemand ins Krankenhaus muss?
Gerade in stationären Einrichtungen kommt es immer wieder dazu, dass Bewohner ins Krankenhaus müssen. In dieser Zeit nehmen sie keine Leistungen in Anspruch, die Kosten laufen aber weiter. Gleichzeitig werden die Betroffenen im Krankenhaus versorgt. Diese Kosten trägt in der Regel die Krankenversicherung. Es kann aber auch sein, dass Bewohner mit in den Urlaub genommen werden oder Verwandte besuchen. Auch in diesen Fällen nehmen sie kurzfristig keine Leistungen entgegen. Auch wenn die Betroffenen nicht im Heim sind, muss dieses aber „am Laufen gehalten" werden, schließlich gibt es noch andere Bewohner und die Betroffenen kommen ja wieder. Das bedeutet, es fallen weiterhin Personal- und Sachkosten an. Auf der anderen Seite erhält der Betroffene keine Pflege, keiner muss sich um ihn kümmern, er isst nichts und nutzt auch sein Zimmer nicht. Diesen ersparten Aufwendungen muss irgendwie Rechnung getragen werden. Die Bewohner zahlen einen erheblichen Anteil der Heimkosten selbst. Es wäre daher unbillig, wenn sie dies auch bei einer Abwesenheit weiterhin in voller Höhe tun müssten. In § 87a SGB XI ist daher geregelt, dass im Fall von vorübergehender Abwesenheit vom Pflegeheim der Pflegeplatz bis zu 42 Tage freizuhalten ist (bei Krankenhausaufenthalten auch länger) und ABSCHLÄGE auf die Kosten vorzunehmen sind. Auf das Entgelt für die Unterkunft, Verpflegung sowie die Pflegekosten ist ab dem DRITTEN VOLLEN TAG der Abwesenheit ein Abschlag von MINDESTENS 25 % vorzunehmen. Die genaue Höhe wird in den jeweiligen Landesrahmenverträgen verhandelt. Die Investitionskosten und die Ausbildungsvergütung sind jedoch regelmäßig vollständig weiter zu zahlen.

Beispiel:
Frau M lebt in einer vollstationären Einrichtung. Am 5. April wird sie ins Krankenhaus eingeliefert und bleibt dort bis zum 21. April. Da sie am 5. noch im Heim war, ist dieser Tag voll zu bezahlen. Ebenso der 6., 7. und 8. Erst ab dem 9. April, dem vierten vollen Tag der Abwesenheit, sind Abschläge auf die Entgeltpositionen Unterkunft, Verpflegung und Pflegeleistungen vorzunehmen bis einschließlich 20. April. Für den Rückkehrtag am 21. April fällt wieder der volle Entgeltsatz an.

III. Pflege in vollstationären Einrichtungen der Behindertenhilfe

Die Versorgung von Menschen mit Behinderung wird anders finanziert als bei pflegebedürftigen Menschen. Nach der Regelung in § 43a SGB XI sind die Einrichtungen der Behindertenhilfe KEINE PFLEGEEINRICHTUNGEN und können daher mit den Pflegekassen auch keinen Versorgungsvertrag abschließen. Die Pflegeversicherung tritt daher hinter diese Leistungen zurück. Gerade Menschen mit vielfältigen Behinderungen sind aber häufig stark auf Pflege angewiesen.

Daher beteiligen sich die Pflegekassen mit einem ZUSCHUSS an den Kosten der vollstationären Einrichtungen der Behindertenhilfe. Für Pflegebedürftige in solchen Einrichtungen übernimmt die Pflegekasse zur Abgeltung der in § 43 Absatz 2 SGB XI genannten Aufwendungen 10 % des nach § 75 SGB XII zwischen den Sozialhilfeträgern und den Einrichtungen vereinbarten Heimentgelts. Die Aufwendungen dürfen aber im Einzelfall je Kalendermonat 266 EURO nicht überschreiten. Für diese Leistung ist es ausreichend, dass Pflegebedürftigkeit mindestens nach Pflegegrad 2 vorliegt.

Eine weitere Differenzierung nach Pflegegraden erfolgt weder hinsichtlich der Leistungsvoraussetzungen noch hinsichtlich der Leistungshöhe. Der Zuschuss beträgt nie mehr als die genannten 266 Euro.

Beispiel 1:
Herr F ist geistig behindert und lebt in einer Wohngruppe. Tagsüber besucht er eine Werkstatt. Nach der vertraglichen Vereinbarung zwischen dem Träger der Wohngruppe und dem überörtlichen Träger der Sozialhilfe zahlt dieser für den Platz in der Wohngruppe monatlich 1.500 Euro. Die zuständige Pflegekasse stellt fest, dass Herr F pflegebedürftig ist. Sie beteiligt sich daher mit (10 % von 1.500 Euro =) 150 Euro monatlich an den Kosten des Wohngruppen-Platzes.

Beispiel 2:
In einer Station für schwerstbehinderte Menschen in der gleichen Einrichtung lebt Herr K. Für seinen Platz zahlt der Sozialhilfeträger monatlich 3.200 Euro. Die zuständige Pflegekasse übernimmt daher einen Anteil von monatlich 266 Euro. Zwar sind 10 % von 3.200 Euro insgesamt 320 Euro, der Anteil der Pflegekasse ist aber auf 266 Euro pro Monat begrenzt.

Die Pflegekassen erbringen somit für behinderte Menschen in stationären Einrichtungen erheblich geringere Leistungen als für pflegebedürftige Menschen in Pflegeeinrichtungen, obwohl der pflegerische Aufwand in vielen Fällen vergleichbar sein dürfte.

Vollstationäre Pflege:
Alle Personen mit PFLEGEGRAD 2 BIS 5 haben

- Anspruch auf Leistungen der Pflegeversicherung je nach Pflegegrad für vollstationäre Pflege,
- einen zusätzlichen Zuschuss zum Eigenanteil der Pflegekosten, gestaffelt nach Verweildauer, sowie
- Anspruch auf kostenlose zusätzliche Betreuung im Pflegeheim.
- Alle darüber hinaus gehenden Kosten tragen die Pflegebedürftigen selbst (bzw. können dafür eventuell Sozialhilfe beantragen).

Alle Personen mit PFLEGEGRAD 1 haben Anspruch auf einen Zuschuss der Pflegeversicherung in Höhe von 125 Euro pro Monat.
Menschen, die in EINRICHTUNGEN DER BEHINDERTENHILFE leben, haben einen Anspruch auf maximal 266 Euro im Monat.
Ist ein Bewohner aufgrund eines Krankenhausaufenthalts nicht in der Einrichtung, muss der Pflegeplatz freigehalten und ein Abschlag auf die Kosten für Pflege, Unterkunft und Verpflegung vorgenommen werden.

6

Grundsätze der Pflegeversicherung

Die allgemeinen Vorschriften des SGB XI enthalten auch einige Regeln, bei denen es sich überwiegend um reine Programmsätze handelt, die keine konkreten Ansprüche eines Pflegebedürftigen oder eines Angehörigen entfalten. Aus dem Kreis dieser allgemein gehaltenen Vorschriften haben nur die §§ 7a bis 7c SGB XI unmittelbare Wirkung, weil sich aus ihnen konkrete Rechtsansprüche auf Beratung sowie in besonders komplizierten Einzelfällen auf Fallmanagement ableiten lassen. In diesem Kapitel sollen kurz der Aufbau und die Grundregeln des 11. Buch Sozialgesetzbuch (SGB XI) dargestellt werden.

6. Grundsätze der Pflegeversicherung

I. Selbstbestimmung und Würde

Die Leistungen der Pflegeversicherung sollen den Pflegebedürftigen helfen, trotz ihres Hilfebedarfs ein möglichst selbständiges und selbstbestimmtes Leben zu führen, das der Würde des Menschen entspricht. Selbstbestimmung bedeutet nach allgemeiner Sprachregelung die möglichst weitgehende eigenverantwortliche ENTSCHEIDUNGSKOMPETENZ in persönlichen Angelegenheiten. Dies setzt neben der grundsätzlichen Fähigkeit zu abwägenden Entscheidungen vor allem das Vorhandensein verschiedener Entscheidungsalternativen voraus, unter denen die Betroffenen die – selbstbestimmte – Wahl treffen können.

Ein Bedarf an Hilfe bei körperbezogenen Pflegemaßnahmen, der Haushaltsführung oder bei pflegerischer Betreuung bedeutet nicht automatisch, zu selbständigen Entscheidungen nicht mehr in der Lage zu sein, wenn auch zum Beispiel viele altersverwirrte oder gar demente Pflegebedürftige tatsächlich nur noch schwer wirklich selbstbestimmte Entscheidungen treffen können. Die ABHÄNGIGKEIT von fremder Hilfe bedeutet auch nicht, zugleich mit der Hilfeerbringung auch jede Entscheidungskompetenz zu delegieren. Solange die Betroffenen noch ihre WÜNSCHE zum Ausdruck bringen können, sind diese auch weitmöglich zu berücksichtigen. Wer Hilfe beim Essen braucht, kann gleichwohl noch darüber entscheiden, was er essen möchte; wer Hilfe beim Toilettengang braucht, muss gleichwohl entscheiden können, wann er zur Toilette geht. Daher kann auch kein Pflegebedürftiger zum Tragen von Windelhosen oder gar zur Versorgung mit einem Blasenkatheder verpflichtet werden, solange er nicht inkontinent ist und die Pflegeperson verständigen kann.

Beispiel:
Frau M war zeitlebens sehr gepflegt. Beim Duschen in der Einrichtung wird üblicherweise das vom Heim gestellte Duschgel benutzt. Frau M besteht aber auf ihr eigenes, das sie auch von ihrem eigenen Geld einkaufen lässt, weil es besser duftet und geschmeidiger ist. Dieser Wunsch ist umzusetzen, auch wenn die Pflegekraft meint, es sei „ungerecht“ gegenüber den anderen Bewohnern.

Wirkliche Selbstbestimmung gibt es aber dennoch leider nur in wenigen Fällen: Bei der häuslichen Pflege ist die Wahl zwischen Pflegesachleistung, Pflegegeld oder der Kombinationsleistung weitgehend frei. Bei der Pflegesachleistung, der teilstationären-, Kurzzeit- und vollstationären Pflege haben die Pflegebedürftigen darüber hinaus die FREIE WAHL zwischen Einrichtungen und Diensten verschiedener Träger, soweit diese jeweils einen Versorgungsvertrag mit ihrer Pflegekasse abgeschlossen haben und die Betroffenen mindesten in den Pflegegrad 2 eingestuft wurden. Das inhaltliche Angebot eines jeweiligen Dienstes, seine Vergütung, die Überwachung seiner Leistungen und sonstige wichtige Einzelheiten werden geregelt aufgrund vertraglicher Vereinbarungen zwischen diesem Dienst und der Pflegekasse. Hieran sind die Betroffenen nicht beteiligt. Sie dürfen aber frei darüber entscheiden, ob sie das hierbei erzielte Ergebnis in Anspruch nehmen oder lieber auf das Leistungsangebot eines anderen Trägers ausweichen wollen. Zwischen verschiedenen – fremdbestimmt zustande gekommenen – Angeboten dürfen sie – selbstbestimmt – auswählen.

II. Vorrang der häuslichen Pflege

Die Pflegeversicherung soll mit ihren Leistungen VORRANGIG die häusliche Pflege und die Pflegebereitschaft der Angehörigen und Nachbarn unterstützen, damit die Pflegebedürftigen möglichst lange in ihrer häuslichen Umgebung bleiben können. Dies entspricht nicht nur der überwiegenden Praxis, sondern auch dem Wunsch der meisten Betroffenen. Eine Verpflichtung der Angehörigen und Nachbarn begründet diese Vorschrift jedoch nicht, sie stellt allenfalls einen moralischen Appell dar. Auch teilstationäre Hilfen und solche der Kurzzeitpflege gehen der vollstationären Pflege vor. Konsequenterweise schreibt daher auch § 43 Abs. 1 SGB XI vor, dass vollstationäre Hilfe nur in Betracht kommt, wenn häusliche oder teilstationäre Pflege nicht möglich ist oder wegen der Besonderheiten des Einzelfalles nicht in Betracht kommt. Die vollstationäre Pflege soll also die AUSNAHME sein, die häusliche Pflege die Regel. Im Einzelfall hat daher der Pflegebedürftige auch einen Anspruch gegen die Pflegekasse, vor der Verweisung auf vollstationäre Hilfen zunächst alle anderen Möglichkeiten auszuloten. Dieses Recht auf Information im weitesten Sinne manifestiert sich auch in den Regelungen des § 7 SGB XI zur Aufklärung und Auskunft durch die Pflegekassen in allen mit der Pflegebedürftigkeit zusammenhängenden Fragen sowie zur PFLEGEBERATUNG nach § 7a SGB XI. Die Pflegekassen haben hier nicht nur über ihre eigenen Leistungen sowie die Leistungen und Hilfen anderer Träger zu informieren und Leistungs- und Preisvergleichslisten zu erstellen, sondern bei Bedarf sogar einen individuellen Versorgungsplan, der zu überwachen ist. Darüber hinaus müssen die Pflegekassen insbesondere auch dafür sorgen, dass in ihrem Einzugsgebiet ein ausreichend differenziertes Angebot an ambulanten, teilstationären und vollstationären Einrichtungen vorgehalten wird.

III. Prävention und Rehabilitation vor Pflege

REHABILITATION beinhaltet dabei hier zum Beispiel im Rahmen einer Kurmaßnahme Leistungen, die notwendig sind, um Pflegebedürftigkeit erst gar nicht eintreten zu lassen, also zu vermeiden oder sie zumindest zu mindern.

Die Erbringung von Rehabilitationsleistungen der unterschiedlichen Art ist nicht Aufgabe der Pflegekassen, sondern der jeweiligen REHABILITATIONSTRÄGER, insbesondere der Krankenkassen, Rentenversicherungsträger, Unfallversicherungsträger und Sozialhilfeträger. Wer behindert oder von einer Behinderung bedroht ist, soll im Rahmen seines Rechts auf Selbstbestimmung und gleichberechtigte Teilhabe am Leben in der Gesellschaft von den Rehabilitationsträgern so gestellt werden, dass er möglichst uneingeschränkt am allgemeinen gesellschaftlichen Leben teilnehmen kann.

Es soll aber möglichst verhindert werden, dass die an sich zuständigen Rehabilitationsträger einzelne Leistungen deshalb verweigern, weil Pflegeleistungen nach den Regeln der Pflegeversicherung in Anspruch genommen werden können und die Einstufung in einen Pflegegrad der Pflegeversicherung („Pflegefall") etwa dazu führt, dass dies gleichsam die Endstation im Sozialleistungssystem darstellt.

Die Pflegekassen sind daher verpflichtet, bei den zuständigen Leistungsträgern darauf HINZUWIRKEN, dass frühzeitig alle geeigneten Maßnahmen der Prävention, der Krankenbehandlung und der Rehabilitation eingeleitet werden, um den Eintritt von Pflegebedürftigkeit zu VERMEIDEN. Ansprechpartner sind danach vor allem die Krankenkassen. Die Leistungsträger sind ausdrücklich verpflichtet, ihre Leistungen zur Rehabilitation auch nach Eintritt der Pflegebedürftigkeit in vollem Umfang einzusetzen und darauf hinzuwirken, die Pflegebedürftigkeit zu überwinden, zu mindern sowie eine Verschlimmerung zu verhindern. Eine Rehabilitationsmaßnahme kann daher von der Krankenkasse oder einem anderen Rehabilitationsträger nicht deshalb abgelehnt werden, weil Pflegebedürftigkeit vorliegt.

Die Verpflichtung der Pflegekasse geht sogar so weit, dass sie im Einzelfall selbst prüfen muss, welche Leistungen zur medizinischen Rehabilitation und ergänzenden Leistungen GEEIGNET und ZUMUTBAR sind Pflegebedürftigkeit zu überwinden, zu mindern oder ihre Verschlimmerung zu verhüten. Der Medizinische Dienst hat hierzu im Rahmen seiner Feststellungen zur Pflegebedürftigkeit auch Maßnahmen zur Prävention und medizinischen Rehabilitation zu EMPFEHLEN, wenn sich solche als notwendig herausstellen sollten. Entsprechende Empfehlungen gelten mit Zustimmung der Betroffenen unmittelbar als ANTRÄGE. Auch die Pflegeeinrichtungen sind verpflichtet, der zuständigen Pflegekasse im Einvernehmen mit den Pflegebedürftigen mitzuteilen, wenn die Einleitung von Rehabilitationsmaßnahmen erforderlich ist. Stellt die Pflegekasse fest, dass im Einzelfall Leistungen zur Rehabilitation angezeigt sind, hat sie dies ihrerseits dem zuständigen Träger der Rehabilitation unverzüglich mitzuteilen. Sowohl Pflegeleistungen als auch Rehabilitationsmaßnahmen können nebeneinander in Anspruch genommen werden.

Neben der Rehabilitation steht die PRÄVENTION im Fokus.

PRÄVENTION sind zielgerichtete Maßnahmen, um Krankheiten zu vermeiden und ihr Auftreten zu verzögern.

Die Krankenkassen werden dadurch unmittelbar verpflichtet, Leistungen zur Verhinderung und Verminderung von Krankheitsrisiken sowie zur Gesundheitsförderung zu erbringen. Die Pflegeversicherung hat den Auftrag, Präventionsleistungen in stationären und teilstationären Einrichtungen zu erbringen. Das können beispielsweise Angebote sein, die die Mobilität der Bewohner fördern oder soziale Kontakte innerhalb und außerhalb der Einrichtung.

IV. Eigenverantwortung

Alle Versicherten sollen durch GESUNDHEITSBEWUSSTE LEBENSFÜHRUNG, durch frühzeitige Beteiligung an Vorsorgemaßnahmen und durch aktive Mitwirkung an Krankenbehandlung und medizinischer Rehabilitation dazu beitragen, Pflegebedürftigkeit zu vermeiden. Unterstützt werden soll dies nach § 7 SGB XI durch Aufklärung und Auskunft durch die Pflegekassen.

V. Teilabsicherung

Die Pflegeversicherung hat nicht die Aufgabe, den gesamten Bedarf der Pflegebedürftigen umfassend abzusichern, sondern nur einen TEIL des pflegebedingten Bedarfs. Bei häuslicher und teilstationärer Pflege ergänzen die Leistungen der Pflegeversicherung die familiäre, nachbarschaftliche oder sonstige ehrenamtliche Pflege und Betreuung. Die Hauptverantwortung der pflegerischen Versorgung liegt bei den Betroffenen selbst und deren Familie oder sonstigen den Pflegebedürftigen nahestehenden Personen. Die Pflegeversicherung wirkt hier nur unterstützend.

Auch bei der teil- und vollstationären Pflege werden die Pflegebedürftigen von pflegebedingten Aufwendungen ENTLASTET , die Aufwendungen für Unterkunft und Verpflegung tragen die Pflegebedürftigen selbst, wie sie dies auch tun müssten, wenn sie nicht pflegebedürftig wären.

Die nicht von der Pflegeversicherung erfassten Bereiche des Pflegerisikos fallen somit, wenn ein Betroffener nicht in der Lage ist, die Kosten der Versorgung selbst zu tragen und daher bedürftig ist, in den Verantwortungsbereich der Sozialhilfe. Viele Betroffene müssen daher neben den Leistungen der Pflegeversicherung ergänzend auch solche der Sozialhilfe beantragen.

Zusammenfassung:
Grundsätzlich ist jeder verpflichtet, durch einen gesunden Lebensstil selbst dafür Sorge zu tragen, dass Pflegebedürftigkeit möglichst vermieden wird. Die Kranken- und Pflegekassen bieten dazu Beratungen an. Die Kranken- und Pflegekassen haben dazu im Gegenzug entsprechend Präventions- und Rehabilitationsmaßnahmen anzubieten und durchzuführen, um den Eintritt oder die Verstärkung von Pflegebedürftigkeit zu verhindern.
Das Risiko der Pflegebedürftigkeit wird nur teilweise durch Zuschüsse der Pflegeversicherung abgemildert. Die darüber hinaus gehenden Kosten hat der Pflegebedürftige selbst zu tragen.
Die häusliche Pflege hat Vorrang vor der stationären Versorgung. Aus diesem Grund gibt es verschiedene Versorgungs-, Finanzierungs- und damit Wahl- sowie Kombinationsmöglichkeiten für die Versicherten, um zu Hause bleiben zu können.

Auch bei eingetretener Pflegebedürftigkeit und damit verbundener Abhängigkeit von der Versorgung durch Dritte ist die Selbstbestimmtheit des Einzelnen zu erhalten, wenn es um Entscheidungen hinsichtlich seiner Versorgung geht.

7

Wer hat Ansprüche aus der Pflegeversicherung?

Um überhaupt Leistungen der Pflegeversicherung erhalten zu können, muss man zum Kreis der Versicherten gehören. In diesem Kapitel wird daher erläutert, wie man Zugang zu der Absicherung erhält, sowie, wer davon befreit ist.

7. Wer hat Ansprüche aus der Pflegeversicherung?

I. Grundsatz

Leistungen aus der sozialen Pflegeversicherung kann nur beziehen, wer zum VERSICHERTEN PERSONENKREIS gehört. Die soziale Pflegeversicherung ist als eigenständiger Zweig der Sozialversicherung neben die traditionellen Zweige Krankenversicherung, Rentenversicherung, Unfallversicherung und Arbeitslosenversicherung getreten. Sie ist aber stark an die gesetzliche Krankenversicherung angelehnt.

1. Wer gehört zum versicherten Personenkreis?
In den Schutz der sozialen Pflegeversicherung sind kraft Gesetzes alle einbezogen, die in der gesetzlichen Krankenversicherung versichert sind. Die PFLEGEVERSICHERUNG FOLGT DER KRANKENVERSICHERUNG. Die Pflegekassen als Träger der sozialen Pflegeversicherung wurden dadurch gebildet, dass bei jeder Krankenkasse eine Pflegekasse errichtet wurde. Die Pflegekasse ist auch grundsätzlich für diejenigen Versicherten zuständig, die bei der Krankenkasse, bei der sie errichtet ist, gegen Krankheit versichert sind.

Das Gesetz unterscheidet zwischen der VERSICHERUNGSPFLICHT , der FAMILIENVERSICHERUNG und der WEITERVERSICHERUNG . Die Unterscheidung hat vor allem Bedeutung für die Frage der Beitragstragung, der für die Versicherung zuständigen Pflegekasse, für Beginn und Ende der Mitgliedschaft, nicht jedoch für das Leistungsrecht. Für die Leistungen der Pflegeversicherung ist es unerheblich, ob eine Versicherungspflicht, eine Familienversicherung oder eine Weiterversicherung vorliegt.

Eine FREIWILLIGE VERSICHERUNG wie in der gesetzlichen Krankenversicherung kennt die soziale Pflegeversicherung grundsätzlich nicht. Es ist aber vorgeschrieben, dass alle freiwillig Versicherten der gesetzlichen Krankenversicherung zugleich versicherungspflichtig in der sozialen Pflegeversicherung sind.

2. Was geschieht, wenn jemand sich von der gesetzlichen Krankenversicherung hat befreien lassen?
Wer von der gesetzlich vorgesehenen Möglichkeit der Befreiung von einer Versicherungspflicht in der gesetzlichen Krankenversicherung Gebrauch gemacht hat, ist auch in der sozialen Pflegeversicherung nicht abgesichert. Er/sie ist dann vielmehr verpflichtet, eine private Pflegever-

sicherung abzuschließen. Das bedeutet, dass die Entscheidung hinsichtlich der Krankenversicherung zugleich AUSWIRKUNGEN auf die Pflegeversicherung hat. Ein Auseinanderfallen der Kranken- und der Pflegeversicherung soll so möglichst vermieden werden.

Die Möglichkeit, privat Krankenversicherte in die soziale Pflegeversicherung aufzunehmen, sieht das Gesetz nicht vor. Selbst der generelle Ausschluss von Personen, die weder privat noch gesetzlich krankenversichert sind, von der sozialen ebenso wie von der privaten Pflegepflichtversicherung verstößt nicht gegen das Gesetz. Verschiedenen, nicht krankenversicherten Personengruppen wird aber ein zum Teil befristetes BEITRITTSRECHT eingeräumt.

II. Versicherungspflicht

VERSICHERUNGSPFLICHTIG sind zunächst alle versicherungspflichtigen Mitglieder der gesetzlichen Krankenversicherung. Die PFLEGEVERSICHERUNG FOLGT also der KRANKENVERSICHERUNG.

1. Wer ist krankenversicherungspflichtig?

- ARBEITER, ANGESTELLTE und zu ihrer BERUFSAUSBILDUNG Beschäftigte, die gegen Arbeitsentgelt beschäftigt sind. Für die Zeit des Bezugs von Kurzarbeiter- oder Winterausfallgeld nach dem Sozialgesetzbuch – Arbeitsförderung bleibt die Versicherungspflicht unberührt.

  Arbeiter und Angestellte sind Arbeitnehmer, also diejenigen, die aufgrund eines Arbeitsvertrages gegen Arbeitsentgelt beschäftigt sind. Entscheidend sind die tatsächlichen Verhältnisse. Ein schriftlicher Arbeitsvertrag ist nicht notwendig, die Leistung abhängiger Arbeit – also nach Weisung des Arbeitgebers – gegen Entgelt reicht aus. Zur Berufsausbildung gegen Arbeitsentgelt beschäftigt sind zunächst vor allem diejenigen Auszubildenden, die einen Berufsausbildungsvertrag nach dem Berufsbildungsgesetz abgeschlossen haben und eine Ausbildungsvergütung erhalten.

- ARBEITSENTGELT sind alle laufenden oder einmaligen Einnahmen aus einer Beschäftigung, gleichgültig, ob ein Rechtsanspruch auf die Einnahmen besteht, unter welcher Bezeichnung oder in welcher Form sie geleistet werden und ob sie unmittelbar aus der Beschäftigung oder im Zusammenhang mit ihr gezahlt werden. Auch die Gewährung von freier Kost und Logis – beispielsweise an mitarbeitende Familienangehörige – kann daher ein Arbeitsverhältnis begründen, wenn nur eine Gegenseitigkeit mit der Arbeitsleistung anzunehmen ist.

- Geringfügig Beschäftigte sind von der Versicherungspflicht ausgeschlossen.
- Bezieher von VORRUHESTANDSGELD gelten als gegen Arbeitsentgelt beschäftigte Arbeiter und Angestellte, wenn sie unmittelbar vor Bezug des Vorruhestandsgeldes versicherungspflichtig waren und das Vorruhestandsgeld mindestens in Höhe von 65 % des Bruttoarbeitsentgelts gezahlt wird. Dies gilt nicht, wenn sie ihren Wohnsitz oder gewöhnlichen Aufenthalt in einem Staat haben, mit dem keine über- oder zwischenstaatlichen Vereinbarungen über Sachleistungen bei Krankheit bestehen.
- Nicht Arbeitnehmer im Sinne dieser Vorschrift sind BEAMTE, SOLDATEN UND RICHTER. Diese stehen jeweils in einem besonderen öffentlich-rechtlichen Dienstverhältnis. Arbeitnehmer sind nur die aufgrund eines privatrechtlichen Arbeitsvertrages beschäftigten Personen. Beamte, Soldaten und Richter haben Ansprüche aus der Fürsorgepflicht ihres Dienstherrn auf Unterstützung auch im Krankheits- und Pflegefall – die sogenannten Beihilfeleistungen – nach den jeweiligen Beihilfevorschriften des Bundes und der Länder. Diese sehen in der Regel einen anteiligen Kostenzuschuss vor. Für die darüber hinausgehenden Kosten müssen private Kranken- und Pflegeversicherungen abgeschlossen werden. Eine Ausnahme gilt für Soldaten auf Zeit. Beamte, Soldaten und Richter können ggf. freiwillige Mitglieder der gesetzlichen Krankenversicherung sein und als solche wiederum pflichtversichert in der sozialen Pflegeversicherung.
- Personen in der Zeit, für die sie ARBEITSLOSENGELD I beziehen. Wer immer Arbeitslosengeld durch das Arbeitsamt bezieht, ist für die Dauer des Leistungsbezugs auch für den Fall der Pflegebedürftigkeit versichert. Dies gilt ausdrücklich auch dann, wenn die Entscheidung, die zum Bezug der Leistung geführt hat, rückwirkend aufgehoben oder die Leistung zurückgefordert oder zurückgezahlt worden ist. Auch wenn für die Leistung eine Sperrzeit angeordnet ist, gilt die Versicherungspflicht ab Beginn des zweiten Monats bis zur zwölften Woche der SPERRZEIT.
- Personen in der Zeit, für die sie – ohne in der gesetzlichen Krankenversicherung familienversichert zu sein – ARBEITSLOSENGELD II beziehen, auch wenn die Entscheidung, die zum Bezug der Leistungen geführt hat, rückwirkend aufgehoben oder die Leistung zurückgefordert oder gezahlt worden ist, es sei denn die Leistungen werden nur darlehensweise bezogen.

- LANDWIRTE, ihre mitarbeitenden Familienangehörigen und Altenteiler, die über die Krankenversicherung der Landwirte (KVLG) versicherungspflichtig sind.

  Dies sind vor allem landwirtschaftliche Unternehmer mit einem landwirtschaftlichen Betrieb bestimmter Mindestgröße und hierin mitarbeitende Familienangehörige ab 15 Jahren. Als solche kommen Personen in Betracht, die mit dem landwirtschaftlichen Unternehmer bis zum dritten Grad verwandt oder bis zum zweiten Grad verschwägert oder dessen Pflegekinder sind.

- Selbständige KÜNSTLER und PUBLIZISTEN nach näherer Bestimmung des Künstlersozialversicherungsgesetzes (KSVG).

  Künstler ist, wer Musik, darstellende oder bildende Kunst schafft, ausübt oder lehrt; Publizist ist, wer als Schriftsteller, Journalist oder in anderer Weise publizistisch tätig ist oder Publizistik lehrt.

- Personen, die in Einrichtungen der JUGENDHILFE, in Berufsbildungswerken oder in ähnlichen EINRICHTUNGEN FÜR BEHINDERTE MENSCHEN für eine Erwerbstätigkeit befähigt werden sollen.

  Einrichtungen der Jugendhilfe sind vor allem solche Einrichtungen, in denen Hilfen nach dem Kinder- und Jugendhilfegesetz erbracht werden wie zum Beispiel in therapeutischen Wohngruppen oder Jugenddörfern.

- Voraussetzung ist in jedem Fall, dass in derartigen Einrichtungen für eine Erwerbstätigkeit befähigt werden soll, also berufliche Aus- oder Fortbildung, Umschulung und vor allem auch niedrigschwellige Angebote zur beruflichen Qualifikation angeboten werden.
- Teilnehmer an Leistungen zur TEILHABE AM ARBEITSLEBEN sowie an BERUFSFINDUNG oder ARBEITSERPROBUNG, es sei denn, die Leistungen werden nach den Vorschriften des Bundesversorgungsgesetzes (BVG) erbracht. Teilnehmer an Maßnahmen der beruflichen Rehabilitation sind in jedem Fall abgesichert, gleichgültig, ob die Maßnahme von einem Unfallversicherungsträger, einem Rentenversicherungsträger, der Bundesagentur für Arbeit oder einem sonstigen Rehabilitationsträger gezahlt wird.
- BEHINDERTE MENSCHEN, die in anerkannten WERKSTÄTTEN für behinderte Menschen oder in nach dem Blindenwarenvertriebsgesetz anerkannten Blindenwerkstätten oder für diese Einrichtungen in Heimarbeit tätig sind.

Eine Werkstatt für behinderte Menschen bietet denjenigen, die wegen Art oder Schwere der Behinderung nicht, noch nicht oder noch nicht wieder auf dem allgemeinen Arbeitsmarkt tätig sein können, einen Arbeitsplatz oder Gelegenheit zur Ausübung einer geeigneten Tätigkeit

- BEHINDERTE MENSCHEN, die in Anstalten, Heimen oder gleichartigen EINRICHTUNGEN in gewisser Regelmäßigkeit eine Leistung erbringen, die einem Fünftel der Leistung eines voll erwerbsfähigen Beschäftigten in gleichartiger Beschäftigung entspricht; hierzu zählen auch Dienstleistungen für den Träger der Einrichtung.
- STUDENTEN, die an staatlichen oder staatlich anerkannten Hochschulen eingeschrieben sind, soweit sie der Krankenversicherungspflicht unterliegen.
  Studenten sind bis zum Abschluss des 14. Fachsemesters oder bis zur Vollendung des 30. Lebensjahres versicherungspflichtig. Darüber hinaus wird eine Versicherungspflicht nur begründet, wenn die Art der Ausbildung oder familiäre sowie persönliche Gründe, insbesondere der Erwerb der Zugangsvoraussetzungen in einer Ausbildungsstätte des Zweiten Bildungsweges, die Überschreitung der Altersgrenze oder eine längere Fachstudienzeit rechtfertigen. Noch nicht zum Studium zählen studienvorbereitende Sprachkurse oder Eignungsverfahren, allerdings Erweiterungs- und Aufbaustudiengänge, nicht jedoch wiederum Promotionsstudiengänge. Nicht versicherungspflichtig ist, wer hauptberuflich selbständig erwerbstätig ist oder wer während der Dauer des Studiums gegen Arbeitsentgelt beschäftigt ist. Darüber hinaus können sich Studierende nach von der Versicherungspflicht befreien lassen. Diese Befreiung würde dann zugleich für die soziale Pflegeversicherung gelten, da eine Krankenversicherungspflicht in diesem Fall nicht mehr besteht.
  Studenten können aber auch bis zur Vollendung des 25. Lebensjahres über die Eltern den Schutz der Familienversicherung in Anspruch nehmen. Erst nach Auslaufen der Familienversicherung – grundsätzlich mit Vollendung des 25. Lebensjahrs – greift dann die Versicherungspflicht als Student.
- Personen, die zu ihrer BERUFSAUSBILDUNG OHNE ARBEITSENTGELT beschäftigt sind oder die eine FACHSCHULE oder BERUFSFACHSCHULE besuchen oder eine in Studien- oder Prüfungsordnungen vorgeschriebene berufspraktische Tätigkeit verrichten (PRAKTIKANTEN); Auszubildende des Zweiten Bildungsweges, die sich in einem nach dem Bundesausbildungsförderungsgesetz (BAföG) förderungsfähigen Teil eines Ausbildungsabschnittes befinden, sind Praktikanten gleichgestellt.

Die Besucher einer Fachschule oder Berufsfachschule sind grundsätzlich nicht versicherungspflichtig in der gesetzlichen Krankenversicherung. Zum Zweiten Bildungsweg gehören beispielsweise Abendschulen, Abendrealschulen und Abendgymnasien. Entscheidend ist allein die Förderungsfähigkeit nach dem BAföG, nicht eine tatsächliche Förderung des Auszubildenden. Auch hier gilt, dass die Versicherungspflicht der Familienversicherung nicht vorgeht.

- Personen, die die Voraussetzungen für den Anspruch auf eine RENTE aus der gesetzlichen Rentenversicherung erfüllen und diese Rente beantragt haben, soweit sie der Krankenversicherungspflicht unterliegen. Wer sich dagegen als Rentner von der Krankenversicherungspflicht hat befreien lassen, unterliegt nicht der Versicherungspflicht in der sozialen Pflegeversicherung.

2. Wer muss eine private Pflegeversicherung abschließen?

Wer seinen WOHNSITZ oder gewöhnlichen Aufenthalt im Inland hat und weder gegen Krankheit in der gesetzlichen Krankenversicherung noch bei einem privaten Krankenversicherungsunternehmen versichert ist, muss eine private Pflegeversicherung (mehr dazu in Kapitel 10) abschließen.

Im Einzelnen sind dies folgende Personen:

- Wer nach dem BUNDESVERSORGUNGSGESETZ (BVG) einen Anspruch auf Heilbehandlung oder Krankenbehandlung hat.

  Ansprüche nach dem BVG haben Kriegsopfer und ihre Angehörigen; Gesetze, die hierauf verweisen sind zum Beispiel das Soldatenversorgungsgesetz für Wehrdienstunfälle, das Zivildienstgesetz für Zivildienstunfälle, das Strafrechtliche Rehabilitierungsgesetz für Opfer rechtsstaatswidriger Strafverfolgungsmaßnahmen im Beitrittsgebiet, das Verwaltungsrechtliche Rehabilitierungsgesetz für Opfer rechtsstaatswidrigen Verwaltungshandelns im Beitrittsgebiet, das Bundesseuchengesetz für Schäden durch gesetzlich vorgeschriebene oder angeordnete Schutz-Impfungen und das Opferentschädigungsgesetz für Opfer von Gewalttaten.

- Wer KRIEGSSCHADENRENTE oder vergleichbare Leistungen nach dem Lastenausgleichsgesetz oder dem Reparationsschädengesetz oder laufende Leistungen nach dem Flüchtlingshilfegesetz bezieht.
- Wer ergänzende Hilfe zum Lebensunterhalt im Rahmen der KRIEGSOPFERFÜRSORGE nach dem BVG oder nach Gesetzen bezieht, die eine entsprechende Anwendung des BVG vorsehen.

- Wer laufende Leistungen zum Unterhalt und Leistungen der KRANKENHILFE im Rahmen der Kinder- und Jugendhilfe erhält. Bei bestimmten Hilfen wird ergänzend für das Kind oder den Jugendlichen der notwendige Unterhalt und/oder Krankenhilfe sichergestellt.
- Wer krankenversorgungsberechtigt nach dem BUNDESENTSCHÄDIGUNGSGESETZ ist.
- Wer in das Dienstverhältnis eines SOLDATEN AUF ZEIT berufen worden ist. Dies ist eine Ausnahme von der Regel, dass Soldaten nicht in der sozialen Pflegeversicherung versicherungspflichtig sind.

Schließlich sind in der sozialen Pflegeversicherung auch alle diejenigen versicherungspflichtig, die in der gesetzlichen Krankenversicherung FREIWILLIG VERSICHERT sind. Sie wird vor allem Personen eingeräumt, die aus einer Versicherungspflicht oder einer Familienversicherung ausgeschieden sind. Der BEITRITT zur gesetzlichen Krankenversicherung muss innerhalb bestimmter Fristen angezeigt werden. Hierunter können auch Sozialhilfebezieher fallen, wenn sie zuvor Mitglied der gesetzlichen Krankenversicherung waren. Für diejenigen, die aus einer Versicherungspflicht ausscheiden und weiterhin Mitglied der gesetzlichen Krankenversicherung bleiben können, muss der Träger der Hilfe zum Lebensunterhalt die notwendigen Beiträge zur Krankenkasse übernehmen, für andere freiwillig Versicherte kann der Sozialhilfeträger die Beiträge übernehmen. Auch Beamte, Soldaten und Richter können bei Vorliegen der Voraussetzungen freiwillige Mitglieder der gesetzlichen Krankenversicherung sein. Dies ist jedoch nur ausnahmsweise möglich, wenn vorher Versicherungspflicht bestand.

3. Wer kann sich von der Versicherungspflicht befreien?

Den FREIWILLIG VERSICHERTEN der gesetzlichen Krankenversicherung kann eine Befreiung von der Versicherungspflicht in der sozialen Pflegeversicherung eingeräumt werden, wenn sie für sich und ihre Angehörigen oder (eingetragenen) Lebenspartner, die bei Versicherungspflicht im Rahmen der Familienhilfe versichert wären, eine gleichwertige private Absicherung nachweisen. Diese PRIVATE PFLEGEVERSICHERUNG muss nach Art und Umfang mindestens Leistungen vorsehen, die denjenigen der sozialen Pflegeversicherung gleichwertig sind und solange aufrechterhalten bleiben, wie die befreiten Personen krankenversichert sind. Wer als Beamter, Soldat oder Richter BEIHILFEBERECHTIGT ist, muss eine entsprechend anteilige Versicherung – über die beschränkten Leistungen der Beihilfe hinaus – nachweisen.

Eine einmal gewährte Befreiung kann nicht widerrufen werden. Sie kann zudem nur innerhalb von drei Monaten nach Beginn der Versicherungspflicht bei der Pflegekasse beantragt werden.

4. Wer ist familienversichert?
Von besonderer praktischer Bedeutung ist die Familienversicherung. Neben den Versicherten selbst sind nämlich auch der

- EHEGATTE,
- der eingetragene LEBENSPARTNER und
- die KINDER von Mitgliedern sowie
- die Kinder von familienversicherten Kindern – beitragsfrei –

mitversichert, wenn sie ihren Wohnsitz oder gewöhnlichen Aufenthalt im Inland haben und nicht eines der Ausschlussmerkmale greift. Kinder sind zudem grundsätzlich nur bis zu bestimmten Altersgrenzen mit abgesichert.

Nicht mitversichert sind Angehörige, die ihrerseits VERSICHERUNGSPFLICHTIG sind oder als freiwillig Versicherte in der gesetzlichen Krankenversicherung sind. Die Versicherungspflicht als Student/in oder Auszubildende ohne Arbeitsentgelt und Praktikant/in schließen dagegen eine Familienversicherung nicht aus.

Nicht mitversichert sind Angehörige, die von der Versicherungspflicht befreit sind oder in einer PRIVATEN PFLEGEVERSICHERUNG pflichtversichert sind. Die Inanspruchnahme der Versicherungsbefreiung soll nicht dazu führen können, dass die – beitragsfreie – Familienversicherung in Anspruch genommen wird.

Gleichfalls ausgeschlossen ist, wer hauptberuflich SELBSTÄNDIG ERWERBSTÄTIG ist. Hier muss eine eigenständige Absicherung in der privaten Pflegeversicherung angestrebt werden oder eine Absicherung unterbleiben.

Beispiel:
Herr P macht sich als Makler selbstständig. Seine Frau arbeitet Vollzeit angestellt als Versicherungsangestellte. Da sie mehr verdient, sind die Kinder bei ihr mitversichert. Herr P muss sich als selbstständig Erwerbstätiger privat kranken- und pflegeversichern.

Schließlich ist ebenfalls von der Familienversicherung ausgeschlossen, wer ein GESAMTEINKOMMEN hat, das regelmäßig im Monat ein Siebtel der monatlichen Bezugsgröße nach §18 SGB IV überschreitet. Dies ist für 2023 ein Einkommen von monatlich 485 Euro. Nicht berücksichtigt wird hierbei allerdings in der Krankenversicherung der Landwirte das Einkommen eines Ehegatten oder Lebenspartners oder Kindes aus dem gemeinsamen Betrieb eines landwirtschaftlichen Unternehmens.

KINDER sind mitversichert:

- immer bis zur Vollendung des 18. Lebensjahres,
- bis zur Vollendung des 23. Lebensjahres, wenn sie nicht erwerbstätig sind (hierbei ist gleichgültig, ob es sich um eine selbständige oder abhängige Beschäftigung handelt),
- bis zur Vollendung des 25. Lebensjahres, wenn sie sich in Schul- oder Berufsausbildung befinden oder ein freiwilliges soziales Jahr oder ein freiwilliges ökologisches Jahr im Sinne des Jugendfreiwilligendienstgesetzes oder Bundesfreiwilligendienst leisten; wird die Schul- oder Berufsausbildung durch Erfüllung einer gesetzlichen Dienstpflicht des Kindes (freiwilliger Wehrdienst, Freiwilligendienst oder Tätigkeit als Entwicklungshelfer) unterbrochen oder verzögert, besteht die Versicherung auch für einen der Dauer dieses Dienstes entsprechenden Zeitraum von höchstens zwölf Monaten über das 25. Lebensjahr hinaus

und schließlich

- ohne Altersgrenze, wenn sie wegen körperlicher, geistiger oder seelischer Behinderung außerstande sind, sich selbst zu unterhalten; Voraussetzung ist, dass die Behinderung zu einem Zeitpunkt vorlag, in dem das Kind bereits familienversichert war. Mitversichert ist ein behindertes Kind also nicht, wenn die Behinderung erst nach Ablauf der Familienversicherung wegen Krankheit oder Unfalls eintritt.

Beispiel:
Michael N, dessen alleinerziehende Mutter als Verkäuferin arbeitet, wurde am 5.10.1993 geboren. Nach dem Abitur 2012 leistet er vom 1.10.2012 bis 30.9.2013 freiwillig Wehrdienst und nimmt im Oktober 2013 ein Studium auf. Er ist wegen der Ausbildung zunächst bis zur Vollendung des 25. Lebensjahrs am 5.10.2018 familienversichert. Wegen der Ableistung des Wehrdienstes von 12 Monaten verlängert sich die Zeit der Familienversicherung um diesen Zeitraum und endet erst am 5.10.2019. Ab dem 6.10.2019 greift die Versicherungspflicht als Student. Diese wiederum endete nach Ablauf von 14 Semestern spätestens im Oktober 2020.

Als Kinder im Sinne dieser Vorschrift gelten auch STIEFKINDER, PFLEGEKINDER und ENKEL, die vom Mitglied überwiegend unterhalten werden, sowie Kinder, die mit dem Ziel der Annahme als Kind in die Obhut des Annehmenden aufgenommen wurden. Stiefkinder sind dabei auch die Kinder eines Lebenspartners des Mitglieds. Für die Dauer eines Wehrdienstes bleibt die Familienversicherung als Kind bestehen.

Nicht mitversichert sind Kinder allerdings, wenn ein Elternteil von der Versicherungspflicht befreit ist oder in der privaten Pflegeversicherung versicherungspflichtig ist, dieses Elternteil ein höheres Gesamteinkommen als das Mitglied der sozialen Pflegeversicherung hat und sein Gesamteinkommen regelmäßig im Monat $^1/_{12}$ der Beitragsbemessungsgrenze übersteigt. Die Beitragsbemessungsgrenze liegt 2023 bei monatlich 4.987,50 Euro.

5. Wer kann sich in der sozialen Pflegeversicherung weiterversichern?
Wer aus der Versicherungspflicht ausscheidet, kann sich in der sozialen Pflegeversicherung FREIWILLIG WEITERVERSICHERN, soweit nicht eine Versicherungspflicht in der privaten Pflegeversicherung eintritt. Voraussetzung ist, dass in den letzten fünf Jahren vor dem AUSSCHEIDEN aus der Versicherung mindestens 24 Monate oder unmittelbar vor dem Ausscheiden mindestens zwölf Monate Versicherungspflicht bestanden hat. Das Gleiche gilt, wenn eine Familienversicherung – zum Beispiel wegen Erreichens der Altersgrenze bei Kindern – endet. Der Antrag muss innerhalb von drei Monaten nach Beendigung der Mitgliedschaft oder der Familienversicherung bei der zuständigen Pflegekasse gestellt werden.

Auch wer seinen Wohnsitz oder gewöhnlichen Aufenthalt ins AUSLAND verlegt, kann sich innerhalb eines Monats auf Antrag weiterversichern. Leistungen können während dieser Zeit nicht uneingeschränkt bezogen werden, weil die Leistungsansprüche während eines Auslandsaufenthalts in unterschiedlichem Umfang entweder ganz oder zumindest teilweise ruhen. Die freiwillige Weiterversicherung kann dann zumindest bei einem Auslandsaufenthalt außerhalb der EU nur den Sinn haben, für den Fall späterer Pflegebedürftigkeit die Erfüllung der Vorversicherungszeit zu erhalten.

6. Wer darf der Pflegeversicherung beitreten, obwohl er nicht krankenversichert ist?
Für Personen, die nicht pflegeversichert sind und als ZUWANDERER oder AUSLANDSRÜCKKEHRER bei Wohnsitznahme im Inland keinen Tatbestand der Versicherungspflicht nach dem SGB XI erfüllen und das 65. Lebensjahr noch nicht vollendet haben, und für nicht versicherungspflichtige

Personen mit Wohnsitz im Inland, bei denen die vorgenannten Ausschlussgründe entfallen sind, besteht ein Beitrittsrecht zur sozialen oder privaten Pflegeversicherung. Der Beitritt ist gegenüber der gewählten Pflegekasse oder dem gewählten privaten Versicherungsunternehmen schriftlich innerhalb von drei Monaten nach Wohnsitznahme im Inland oder nach Wegfall der genannten Ausschlussgründe mit Wirkung vom 1. des Monats zu erklären, der auf die Beitrittserklärung folgt.

Zusammenfassung:
Grundsätzlich folgt die Pflegeversicherung der Krankenversicherung und es besteht Versicherungspflicht.
Man kann selbst versicherungspflichtig sein, familienversichert oder weiterversichert.
Für bestimmte Bevölkerungsgruppen gibt es Sonderregelungen bei Kranken- und Pflegeversicherung.

8

Weitere Leistungsvoraussetzungen, Ruhen und Erlöschen der Leistungsansprüche

In diesem Kapitel wird erläutert, wie pflegebedürftige Versicherte zu ihren Leistungen der Pflegeversicherung kommen und unter welchen Voraussetzungen diese Leistungsansprüche auch ruhen können beziehungsweise sogar ausgeschlossen sind.

8. Weitere Leistungsvoraussetzungen, Ruhen und Erlöschen der Leistungsansprüche

I. Antragstellung als Leistungsvoraussetzung

Versicherte erhalten die Leistungen der Pflegeversicherung nur auf ANTRAG . Das Vorliegen der Leistungsvoraussetzungen an sich und eine Kenntnis der Pflegekasse von einer Pflegebedürftigkeit des Versicherten reichen nicht aus, es bedarf vielmehr eines eigenen Tätigwerdens des Betroffenen.

Der Antrag ist nicht an irgendwelche Formerfordernisse gebunden, insbesondere ist nicht vorgeschrieben, dass er schriftlich erfolgen muss. Als Antrag muss daher jede MITTEILUNG an die Pflegekasse gewertet werden, aus der sich ergibt, dass der Versicherte meint, nunmehr pflegebedürftig zu sein und er daher Leistungen der Pflegeversicherung beziehen möchte. Auch die Festlegung auf eine bestimmte Leistung, etwa die Pflegesachleistung oder das Pflegegeld bei häuslicher Pflege, ist nicht erforderlich.

Die Leistungen der Pflegeversicherung werden AB ANTRAGSTELLUNG gewährt, frühestens jedoch von dem ZEITPUNKT an, in dem die Anspruchsvoraussetzungen (insbesondere Pflegebedürftigkeit) vorliegen.

Beispiel:
Frau B beantragt am 18.6.2022 Pflegesachleistung. Der Medizinische Dienst stellt fest, dass Pflegebedürftigkeit erst vorliegt seit dem 29.7.2022, nachdem sich der Gesundheitszustand von Frau B weiter verschlechtert hat. Sie erhält ab dem 29.7.2022 Pflegeleistungen.

Wird der Antrag später als einen Monat nach Eintritt der Pflegebedürftigkeit gestellt, werden die Leistungen vom Beginn des Monats der Antragstellung an gewährt. Für Anträge auf Gewährung eines höheren Pflegegeldes wegen einer Zunahme des Pflegebedarfs gilt entsprechendes.

Beispiel:
Der Sohn von Herrn P wird von diesem im Februar 2022 gebeten, für ihn Pflegegeld zu beantragen. Der Sohn versäumt aufgrund beruflicher Auslandsaufenthalte den Auftrag und stellt den Antrag erst am 29.6.2022 für seinen Vater. Der Medizinische Dienst stellt fest, dass Herr P seit April 2022 pflegebedürftig ist. Leistungen werden ab dem 1.6.2022 – dem Ersten des Monats der Antragstellung – erbracht, weil der Antrag mehr als einen Monat nach Eintritt der Pflegebedürftigkeit gestellt wurde

1. Wer ist antragsberechtigt?
ANTRAGSBERECHTIGT ist der Pflegebedürftige selbst. Die Leistungen für PFLEGENDE ANGEHÖRIGE können naturgemäß auch von diesen selbst beantragt werden. Der Antrag braucht nicht persönlich gestellt zu werden, vielmehr kann auch eine andere Person hierzu bevollmächtigt werden. Der behandelnde Arzt, das Krankenhaus, die Rehabilitations- und Vorsorgeeinrichtungen sowie die Sozialleistungsträger sind verpflichtet, bei ZUSTIMMUNG des Betroffenen unverzüglich die zuständige Pflegekasse zu benachrichtigen, wenn sich der Eintritt von Pflegebedürftigkeit abzeichnet oder wenn Pflegebedürftigkeit festgestellt wird. Eine solche Mitteilung wird von den Pflegekassen auch als Antrag gewertet, wenn nicht später von dem Versicherten ausdrücklich etwas anderes erklärt wird.

2. Was geschieht bei Geschäftsunfähigkeit?
VORAUSSETZUNG für die wirksame Antragstellung ist nicht Geschäftsfähigkeit im Sinne des BGB. Anträge auf Sozialleistungen kann stellen und verfolgen sowie Sozialleistungen entgegennehmen, wer das 15. Lebensjahr vollendet hat (also bereits 16 Jahre alt ist). Es kommt also nicht darauf an, ob die antragstellende Person auch (voll)geschäftsfähig ist oder nicht. Für die Handlungsfähigkeit genügt vielmehr der sogenannte „NATÜRLICHE WILLE", Leistungen der Pflegeversicherung in Anspruch nehmen zu wollen. Auch wenn Angehörige die pflegebedürftige Person bei der Antragstellung unterstützen, indem sie zum Beispiel ein Schreiben aufsetzen, das der Antragsteller nur noch zu unterschreiben braucht, liegt ein wirksamer Antrag vor. Auch für weitere Handlungen im Rahmen des Verwaltungsverfahrens gilt diese Handlungsfähigkeit weiter.

Handlungsfähige Personen ab 16 Jahren können daher auch etwa in eine Untersuchung durch den Medizinischen Dienst einwilligen, behandelnde Ärzte von der Schweigepflicht entbinden, der Weiterleitung von persönlichen Daten zustimmen etc.

Beispiel:
Herr Z geht regelmäßig zur Gesundheitskontrolle. Sein Hausarzt stellt fest, dass er immer vergesslicher wird und sich augenscheinlich nicht mehr umfassend selbst versorgen kann. Er möchte daher direkt eine Begutachtung durch den Medizinischen Dienst beantragen, stellt gemeinsam mit Herrn Z einen Antrag und holt eine entsprechende Einwilligung zur Weitergabe seiner Befunde bei Herrn Z ein.

Probleme ergeben sich allenfalls bei altersdementen, geistig behinderten oder psychisch kranken Menschen, die zu einer Antragstellung auch mit Unterstützung anderer tatsächlich nicht in der Lage sind, weil sie sich überhaupt nicht selbständig äußern können. Ist für einen Betroffenen bereits ein gesetzlicher BETREUER durch das Vormundschaftsgericht bestellt, kann dieser in der Regel den notwendigen Antrag auf Gewährung von Leistungen der Pflegeversicherung stellen. Der Betreuer kann zwar nur im Rahmen der ihm ausdrücklich zugewiesenen Aufgaben als gesetzlicher Vertreter des Betreuten handeln. Da die Pflegeversicherung aber sowohl Aspekte der Vermögenssorge als auch der Personensorge umfasst, dürfte die Antragstellung in aller Regel vom AUFGABENKREIS des Betreuers umfasst sein.

Ist kein Betreuer bestellt, stellt sich die Frage, ob für diese Personen allein zur Antragstellung gegenüber der Pflegekasse ein solcher bestellt werden soll. Dies dürfte in der Regel überflüssig sein. Vielfach wird von den Pflegekassen eine MITTEILUNG VON ANGEHÖRIGEN – insbesondere wenn sie bereits die Pflege der pflegebedürftigen Person übernommen haben – als Antrag dieser Person gewertet. Mittlerweile verfügen heutzutage auch viele Angehörige über eine Bevollmächtigung mittels umfassender Vorsorgevollmacht. Auch eine Mitteilung des behandelnden Arztes, des Krankenhauses, der Rehabilitations- und Vorsorgeeinrichtungen wird von den Pflegekassen als Antrag gewertet, wenn sie mit Einwilligung des Betroffenen geschieht und ihr nicht später widersprochen wird.

Beispiel:
Im vorigen Beispiel hätte der Arzt auch gemeinsam mit der Tochter von Herrn Z den Antrag stellen können, wenn Herr Z einwilligt oder die Tochter ohnehin eine Vollmacht besitzt.

Die Bestellung eines Betreuers durch das zuständige Vormundschaftsgericht für die Antragstellung dürfte daher allenfalls in wenigen Ausnahmefällen notwendig sein, wenn die Pflegekasse entsprechende Mitteilungen nicht für ausreichend erachten sollte. Eine solche BETREUERBESTELLUNG ist allerdings umständlich und zeitaufwendig. Die Voraussetzungen hierfür müssen nämlich im Einzelnen festgestellt werden. Hierzu bedarf es in der Regel eines Sachverständigengutachtens und der Betroffene muss vom Vormundschaftsrichter angehört werden. Erst nach Bestellung eines Betreuers – dies kann auch ein Angehöriger sein – könnte dieser dann den Antrag bei der Pflegekasse stellen. Da der Zeitpunkt des Antrags auch entscheidend ist für den Leistungsbeginn, können den Betroffenen hierdurch konkrete Nachteile entstehen.

Denkbar ist allerdings, dass die Antragstellung allein nicht ausreicht, um die RECHTE der Betroffenen gegenüber der Pflegekasse durchzusetzen. Die Eingruppierung in den einzelnen Pflegegrad bei der anschließenden Begutachtung zur Feststellung der Pflegebedürftigkeit kann falsch sein, die

Pflegebedürftigkeit der betroffenen Person kann zu niedrig eingeschätzt und die Leistungen deshalb ungenügend erbracht werden. In diesem Fall kann es notwendig werden, für die Einlegung eines Widerspruchs oder die Erhebung einer Klage eine besondere Vollmacht auszustellen.

II. Vorversicherungszeit

Leistungen der Pflegeversicherung können nur in Anspruch genommen werden, wenn der Versicherte vor der Antragstellung einige Zeit bereits MITGLIED der Pflegeversicherung war. Nur wer zuvor über einen bestimmten Zeitraum seine Beiträge in die Pflegeversicherung gezahlt hat, soll später bei Pflegebedürftigkeit auch Leistungen hieraus beziehen können. Diese Zeit der Versicherung vor Eintritt der Pflegebedürftigkeit und der Antragstellung wird VORVERSICHERUNGSZEIT genannt.

Leistungen der Pflegeversicherung kann nur beziehen, wer in den letzten zehn Jahren vor der Antragstellung mindestens FÜNF JAHRE als Mitglied in der Pflegeversicherung versichert oder familienversichert war. Auch Zeiten der Familienversicherung werden nämlich bei der Berechnung der Vorversicherungszeit berücksichtigt. Für versicherte KINDER, die ihrerseits familienversichert sind, gilt die Vorversicherungszeit als erfüllt, wenn ein Elternteil sie erfüllt.

III. Ruhen der Leistungen

Das Gesetz verweigert in einigen Fällen den Anspruch auf Pflegeleistungen und schreibt dafür das sogenannte Ruhen der Leistungen in bestimmten Situationen vor.

Das Ruhen bedeutet, dass zwar grundsätzlich die Voraussetzungen für einen Leistungsbezug vorliegen, häufig vor dem Ruhen auch Leistungen erbracht wurden, diese für die Dauer des Ruhens aber EINGESTELLT werden. Ein bestehender Leistungsanspruch kann dann (momentan) nicht durchgesetzt werden.

Die Rechtsfolge des Ruhens tritt automatisch ein, ohne dass es einer Entscheidung der Pflegekasse bedarf. Endet der Grund für das Ruhen der Leistung, lebt diese automatisch wieder auf, soweit die Leistungsvoraussetzungen fortdauern. Es bedarf also nicht eines erneuten Antrags an die Pflegekasse, nur einer einfachen Mitteilung. Die Leistungen werden dann auch nicht erst ab der Mitteilung, sondern mit dem Zeitpunkt des Wegfalls des Grundes, der zum Ruhen geführt hat, (wieder) erbracht. Ein Ruhen kann durch verschiedene Gründe ausgelöst werden.

1. Welche Folgen hat ein Auslandsaufenthalt?

Der ANSPRUCH AUF LEISTUNGEN aus der Pflegeversicherung RUHT, solange sich der Versicherte IM AUSLAND aufhält. Entscheidend ist hierbei nicht die Frage des Wohnsitzes oder des gewöhnlichen Aufenthalts, die Leistungen ruhen vielmehr mit dem ÜBERTRETEN DER DEUTSCHEN GRENZEN . Es wird auch nicht differenziert zwischen ausländischen und deutschen Versicherten.

Beispiel:
Frau C wird von ihrem Sohn gepflegt und erhält Pflegegeld. Ihre Tochter lebt in Südafrika. Frau C will den Winter dort verbringen und drei Monate bleiben. Ihre Leistungen auf Pflegegeld ruhen für diese Zeit, weil sie mehr als sechs Wochen im Ausland ist und ihre Pflegeperson sie nicht begleitet und weiter versorgt.

Dazu gibt es aber AUSNAHMEN. Danach ruht der Anspruch auf Pflegegeld oder anteiligem Pflegegeld nicht bei pflegebedürftigen Versicherten, die sich in einem Mitgliedsstaat der EU, einem Vertragsstaat des Abkommens über den Europäischen Wirtschaftsraum oder der Schweiz aufhalten. Diese Regelung geht auf eine Entscheidung des Europäischen Gerichtshofs zurück, der entschieden hatte, dass es sich beim Pflegegeld um eine Geldleistung handele, die nach Gemeinschaftsrecht auch in das Ausland exportiert, also auch im Ausland bezogen werden könne. Deutsche oder bei den Pflegekassen versicherte EU-Ausländer, die sich ständig oder für längere Zeit im EU-Ausland aufhalten, erhalten seitdem Pflegegeld auch an ihrem Wohnort, der außerhalb von Deutschland liegen kann.

Beispiel:
Herr D hat Pflegegrad 2 und zieht nach Mallorca. Er wird dort von seiner Frau versorgt und erhält (weiterhin) Pflegegeld.

Im Bereich der SACHLEISTUNGEN gilt darüber hinaus das Prinzip der Inländergleichbehandlung. Das bedeutet, dass alle Bewohner in einem Mitgliedstaat die gleichen Sachleistungen erhalten, unabhängig davon, ob sie im Aufenthaltsland versichert sind oder aus einem anderen EU-Mitgliedstaat ihren Versicherungsschutz beziehen. Die Kosten, die dem aushelfenden Versicherungsträger im Aufenthaltsstaat durch diese sogenannte Sachleistungsaushilfe entstehen, sind vom zuständigen deutschen Versicherungsträger zu erstatten. Soweit im Aufenthaltsland Leistungen zur Pflege nicht Bestandteil der dortigen Inlandsversorgung sind, eine Aushilfe also nicht erfolgt, bestehen somit auch keine Ansprüche gegen die deutsche Pflegekasse.

Eine weitere AUSNAHME vom Ruhen der Leistungen bei Auslandsaufenthalt sieht das Gesetz bei einem lediglich VORÜBERGEHENDEN AUSLANDSAUFENTHALT von bis zu sechs Wochen im Kalenderjahr vor. Das Pflegegeld oder anteilige Pflegegeld im Rahmen der Kombinationsleistung wird weiter gewährt. Für die Pflegesachleistung gilt dies allerdings nur, soweit die Pflegekraft, die ansonsten die Pflegesachleistung erbringt, den Pflegebedürftigen während des Auslandsaufenthalts begleitet. Nicht notwendig ist, dass die sechs Wochen zusammenhängend im Ausland verbracht werden, möglich sind auch mehrere kürzere Auslandsaufenthalte, die in der Summe nicht länger als sechs Wochen betragen. Die NOTWENDIGKEIT DER BEGLEITUNG durch die Pflegekraft, die auch zu Hause die häusliche Pflege sicherstellt, stellt für die Pflegebedürftigen eine unnötige zusätzliche Belastung dar. Urlaub bedeutet in der Regel auch, Abstand zu gewinnen vom Alltag. Die Urlaubsfreude kann erheblich eingeschränkt sein, wenn die Verpflichtung besteht, die gewohnte Pflegekraft mitzunehmen. Schon weil in vielen Fällen die ambulanten Pflegedienste, die solche Pflegekräfte zur Verfügung stellen, diese in der Regel nicht für längere Zeit entbehren können, wird diese Vorschrift in der Praxis häufig dazu führen, dass pflegebedürftige Menschen einen Urlaubsaufenthalt im Ausland nicht wahrnehmen können. Zudem kann von den Beträgen der Pflegesachleistung nur ein Teil des tatsächlichen Hilfebedarfs gedeckt werden, weil eine Pflegekraft nur für einen Teil des Tages tatsächlich finanziert werden kann, bei der Mitnahme in den Urlaub müsste jedoch die gesamte Arbeitskraft der Pflegekraft und deren Aufenthalt mitbezahlt werden.

2. Welche Folgen hat der Bezug von Entschädigungsleistungen

Der Anspruch auf Leistungen ruht auch dann, soweit Versicherte Entschädigungsleistungen wegen Pflegebedürftigkeit erhalten nach § 35 BUNDESVERSORGUNGSGESETZ (BVG) oder aus der gesetzlichen UNFALLVERSICHERUNG.

Nach dem Bundesversorgungsgesetz erhalten Leistungen vor allem Kriegsbeschädigte und deren Hinterbliebene.

Bei Pflegebedürftigkeit gewährt § 35 BVG eine Pflegezulage, die in mehrere Stufen gestaffelt ist. Sie kann zudem bei Inanspruchnahme der Pflege durch angestellte Pflegekräfte erhöht werden. Die Leistungen nach dem BVG gehen denjenigen der Pflegeversicherung vor. Soweit also ein Pflegebedürftiger sowohl die Voraussetzungen für den Bezug der Pflegezulage nach § 35 BVG erfüllt als auch die Voraussetzungen für Leistungen der Pflegeversicherung, sind zunächst diejenigen nach dem BVG in Anspruch zu nehmen. Die Leistungen der Pflegeversicherung ruhen dann insoweit.

Die gleichen Grundsätze gelten auch für Leistungen nach Gesetzen, die eine ENTSPRECHENDE ANWENDUNG des Bundesversorgungsgesetzes vorsehen.

Entsprechende Anwendung des BVG ist gegeben, wenn zum Beispiel das Soldatenversorgungsgesetz für Wehrdienstunfälle, das Strafrechtliche Rehabilitierungsgesetz für Opfer rechtsstaatswidriger Strafverfolgungsmaßnahmen im Beitrittsgebiet, das Verwaltungsrechtliche Rehabilitierungsgesetz für Opfer rechtsstaatswidrigen Verwaltungshandelns im Beitrittsgebiet, das Bundesseuchengesetz für Schäden durch gesetzlich vorgeschriebene oder angeordnete Schutz-Impfungen, das Häftlingshilfegesetz für Opfer von Verfolgungsmaßnahmen in der SBZ und das Opferentschädigungsgesetz für Opfer von Gewalttaten zur Anwendung kommen.

In der GESETZLICHEN UNFALLVERSICHERUNG sind vor allem Arbeitnehmer und Unternehmer, aber auch eine ganze Reihe anderer Personen wie Schüler, Studenten, Rehabilitanden, Pflegepersonen gegen ARBEITSUNFÄLLE und WEGEUNFÄLLE versichert. Wer während einer der versicherten Tätigkeiten oder auf dem Weg zur Arbeitsstelle oder zurück einen Unfall erleidet und infolge der Verletzungen pflegebedürftig wird, kann vom Träger der gesetzlichen Unfallversicherung (Berufsgenossenschaften, Unfallversicherungsträger der öffentlichen Hand) Pflegeleistungen erhalten in Form eines Pflegegeldes. Auf Antrag des Versicherten kann auch statt des Pflegegeldes eine Pflegekraft gestellt (Hauspflege) oder die erforderliche Hilfe mit Unterkunft und Verpflegung in einer geeigneten Einrichtung (Heimpflege) erbracht werden. Auch diese Leistungen gehen denjenigen der Pflegeversicherung vor, sind also vorrangig in Anspruch zu nehmen und führen deshalb zu einem Ruhen der Pflegeversicherungsleistungen. Das Gleiche gilt auch für Leistungen aus öffentlichen Kassen auf Grund gesetzlich geregelter Unfallversorgung oder Unfallfürsorge, beispielsweise für Dienstunfälle der Beamten nach dem Beamtenversorgungsgesetz. Auch ein Bezug von vergleichbaren ENTSCHÄDIGUNGSLEISTUNGEN AUS DEM AUSLAND oder von einer zwischenstaatlichen oder überstaatlichen Einrichtung führt zu einem Ruhen der Pflegeversicherungsleistungen.

Ein Bezug anderer Leistungen begründet jedoch kein Ruhen der Leistungen. Dies gilt insbesondere für die Leistungen einer PRIVATEN UNFALLVERSICHERUNG oder von Schadensersatzleistungen infolge eines Unfalles. Nach § 843 Abs. 1 BGB muss ein Schädiger, der einem anderen wegen einer Körperverletzung zum SCHADENSERSATZ verpflichtet ist, auch Ersatz für eine eingetretene „Vermehrung seiner Bedürfnisse“ leisten.

Dies beinhaltet auch die Übernahme von Kosten, die wegen einer Pflegebedürftigkeit infolge des Unfalles entstehen. Derartige Ersatzleistungen führen nicht zu einem Ruhen der Pflegeversicherungsleistungen. Auch ein etwa gezahltes SCHMERZENSGELD ist nicht einzusetzen.

3. Was passiert bei häuslicher Krankenpflege

Der Anspruch auf Leistungen der Pflegeversicherung ruht nach § 34 SGB XI, soweit im Rahmen eines Anspruchs auf häusliche Krankenpflege gegen die KRANKENKASSE auch Anspruch auf Leistungen besteht, deren Inhalt den Leistungen der Pflegeversicherung, also körperbezogene Pflegemaßnahmen und pflegerische Betreuungsmaßnahmen sowie Hilfen bei der Haushaltsführung entspricht. Nach dem Krankenversicherungsgesetz erhalten Versicherte in ihrem Haushalt oder ihrer Familie neben der ärztlichen Behandlung häusliche Krankenpflege durch geeignete Pflegekräfte, wenn Krankenhausbehandlung geboten, aber nicht ausführbar ist, oder wenn eine Krankenhausbehandlung durch die häusliche Krankenpflege vermieden oder verkürzt wird. Die häusliche Krankenpflege umfasst die im Einzelfall erforderliche Grund- und Behandlungspflege sowie die hauswirtschaftliche Versorgung. Hinsichtlich der körperbezogenen Pflegemaßnahmen und der hauswirtschaftlichen Versorgung überschneiden sich daher die Leistungen der Pflegeversicherung und der häuslichen Krankenpflege. Diese ist zudem im Gegensatz zu den Pflegesachleistungen der Höhe nach nicht beschränkt, sondern wird grundsätzlich im erforderlichen Umfang übernommen. Allerdings besteht Anspruch auf häusliche Krankenpflege grundsätzlich nur bis zu VIER WOCHEN je Krankheitsfall. Nur im Ausnahmefall kann sie auch für einen längeren Zeitraum bewilligt werden, wenn der Medizinische Dienst dies befürwortet.

Beispiel:
Die pflegebedürftige Frau O muss in Folge einer Operation nahezu rund um die Uhr überwacht werden. Ein Krankenhausaufenthalt ist zwar nicht mehr nötig, es bedarf aber umfassender Krankenpflege. Diese erfolgt zu Hause in ihrer gewohnten Pflegeumgebung durch einen Pflegedienst, der mit der Krankenkasse von Frau O abrechnet.

Die häusliche Krankenpflege kann durch Pflegekräfte erbracht werden, die bei der Krankenkasse angestellt sind („Sachleistungsprinzip“). Überwiegend wird von den Krankenkassen jedoch auch hierfür auf die Kräfte AMBULANTER PFLEGEDIENSTE zurückgegriffen, mit denen die Krankenkassen entsprechende Verträge abgeschlossen haben. Auch die häusliche Krankenpflege wird als Sachleistung erbracht. Ausnahmsweise, wenn die Krankenkasse keine Kraft für die häusliche Krankenpflege stellen kann oder ein besonderer Grund dafür besteht, im Einzelfall hiervon abzusehen, sind den Versicherten auch die Kosten für eine selbstbeschaffte Kraft in angemessener Höhe zu erstatten. Angemessen dürften insoweit jedenfalls die Kosten sein, die auch bei der Inanspruchnahme eines ambulanten Dienstes entstünden. Häusliche Krankenpflege wird allerdings nicht erbracht, wenn eine im Haushalt lebende Person den Kranken im erforderlichen Umfang pflegen und versorgen kann.

Die Leistungen zur sozialen Sicherung der PFLEGEPERSON ruhen nicht für die Dauer einer häuslichen Krankenpflege. Rentenversicherungsbeiträge für die Pflegeperson werden also auch während dieser Zeit weitergezahlt und die Pflegeperson ist auch weiterhin unfallversichert, wenn sie neben der häuslichen Krankenpflege noch Pflegeleistungen erbringt.

4. Was passiert bei einem Aufenthalt in einer Einrichtung?
Ansprüche auf Leistungen der Pflegeversicherung ruhen weiterhin für die Dauer des stationären Aufenthalts in einem KRANKENHAUS oder einer Einrichtung, die der REHABILITATION, der beruflichen oder sozialen Eingliederung, der schulischen Ausbildung oder der Erziehung kranker oder behinderter Menschen dient. Dies sind zum Beispiel Rehabilitationszentren, Kureinrichtungen, Berufsbildungswerke und Sonderschulen, soweit hiermit eine vollstationäre Unterbringung verbunden ist. Diese Einrichtungen sind keine Pflegeeinrichtungen. Kostenträger für die Inanspruchnahme der Leistungen dieser Einrichtungen sind in der Regel entweder die KRANKENKASSEN (bei Krankenhäusern und medizinischer Rehabilitation) oder die TRÄGER DER SOZIALHILFE im Rahmen der Eingliederungshilfe für behinderte Menschen.

Das PFLEGEGELD oder ein anteiliges Pflegegeld im Rahmen der Kombinationsleistung wird in den ersten vier Wochen einer vollstationären Krankenhausbehandlung, einer häuslichen Krankenpflege mit Anspruch auf Pflegeleistungen oder einer stationären medizinischen Rehabilitationsmaßnahme weitergezahlt. Hierdurch soll der Pflegebedürftige in die Lage versetzt werden, auch während eines vorübergehenden Krankenhausaufenthalts das Pflegegeld weiterhin seiner Pflegeperson zuzuwenden, um deren Pflegebereitschaft auch für diese Zeit weiterhin zu erhalten, damit sie nach Beendigung des Aufenthalts in der Einrichtung die notwendige häusliche Hilfe weiter leisten kann.

IV. Erlöschen der Leistungsansprüche

Der Anspruch auf Leistungen der Pflegeversicherung erlischt mit dem ENDE DER MITGLIEDSCHAFT in der Pflegekasse. Die Mitgliedschaft wiederum endet mit dem Tod des Mitglieds oder mit Ablauf des Tages, an dem die Voraussetzungen für eine Pflichtversicherung nicht mehr vorliegen, wenn nicht das Recht zur Weiterversicherung ausgeübt wird. Auch bei Weiterversicherung endet die Mitgliedschaft mit dem Tod und darüber hinaus mit Ablauf des übernächsten Kalendermonats, in dem das Mitglied den AUSTRITT erklärt.

Zusammenfassung:
Ansprüche gegenüber der Pflegeversicherung entstehen erst mit Antragstellung. Voraussetzung dafür ist, dass die pflegebedürftige Person tatsächlich versichert ist und eine gewisse Vorversicherungszeit nachweisen kann.
Ansprüche auf Leistungen der Pflegeversicherung wie Pflegegeld und Pflegesachleistungen sowie Kombinationen daraus können ruhen, wenn

- andere vorrangige Leistungen beansprucht werden können,
- sich die pflegebedürftige Person länger im Ausland aufhält bzw. außerhalb der EU oder
- sie in einer Einrichtung wie einem Krankenhaus oder einer Rehabilitationseinrichtung versorgt wird.

9

Rechtsschutz gegen Entscheidungen der Pflegekasse

Nach einem Antrag eines Versicherten auf Leistungen der Pflegeversicherung muss diese über den Antrag entscheiden und einen Bescheid erlassen. Ein solcher Verwaltungsakt wird für die Beteiligten in der Sache bindend, wenn nicht erfolgreich dagegen ein RECHTSBEHELF eingelegt wird. In diesem Kapitel wird daher erläutert, wie man gegen eine Entscheidung der Pflegekasse vorgehen kann, wenn man diese für nicht richtig hält.

9. Rechtsschutz gegen Entscheidungen der Pflegekasse

I. Das Widerspruchsverfahren

Die Pflegekasse trifft nach einem Antrag des Versicherten eine Entscheidung, ob und gegebenenfalls in welcher Höhe Leistungen der sozialen Pflegeversicherung gewährt werden. Ist der Antragsteller mit der Entscheidung nicht einverstanden, kann er einen Rechtsbehelf dagegen einlegen. Rechtsbehelfe sind Widerspruch und Klage. Diese sind im Sozialgerichtsgesetz (SGG) geregelt. Die Rechtsbehelfe müssen sich in jedem Fall gegen die ENTSCHEIDUNG der Pflegekasse richten und nicht etwa gegen einzelne Vorbereitungshandlungen. So ist auch eine gesonderte Anfechtung des Gutachtens des Medizinischen Dienstes nicht möglich. Sollen dessen Feststellungen angegriffen werden, muss vielmehr gegen die abschließende Entscheidung der Pflegekasse, die auf diesen Feststellungen beruht, der Rechtsbehelf eingelegt werden. Im Rahmen der Entscheidung hierüber wird dann auch überprüft, ob möglicherweise eine erneute Stellungnahme oder Untersuchung durch den Medizinischen Dienst notwendig wird.

1. Wie legt man einen Widerspruch ein?
Ist der Versicherte mit einer Entscheidung der Pflegekasse nicht einverstanden, so kann er hiergegen zunächst WIDERSPRUCH einlegen. Der Widerspruch muss

- binnen eines Monats nach Bekanntgabe des Verwaltungsakts
- schriftlich oder zur Niederschrift bei der Pflegekasse erhoben werden.

Zur Niederschrift bei der Pflegekasse bedeutet, dass diese bei Vorsprache des Versicherten den Widerspruch schriftlich aufnehmen muss; dies soll Versicherten die Wahrnehmung ihrer Rechte erleichtern, die im Abfassen von Schriftstücken ungeübt sind.

Es reicht also in keinem Fall aus, etwa den Sachbearbeiter anzurufen und mündlich Widerspruch einzulegen. Die SCHRIFTFORM muss unbedingt beachtet werden.

Eine BEGRÜNDUNG des Widerspruchs ist grundsätzlich nicht erforderlich. Die Pflegekasse muss auch über einen Widerspruch entscheiden, der von dem Versicherten ohne Darlegung von Gründen eingereicht wurde. Eine Begründung ist aber in jedem Fall zu empfehlen. Die Gründe, weshalb mit der Entscheidung der Pflegekasse kein Einverständnis besteht, sollten nachvollziehbar angegeben werden. Dies verbessert die Erfolgsaussichten eines Widerspruchs. Ohne individuelle Begründung erstreckt sich die Überprüfung nämlich ansonsten erfahrungsgemäß allein auf eine formale Prüfung der Anspruchsvoraussetzungen. Mit der dann in den meisten Fällen folgenden Zurückweisung des Widerspruchs können sich die Pflegekassen insoweit letztlich darauf berufen, dass neue Gesichtspunkte weder vorgebracht worden noch erkennbar seien, so dass auch für eine erneute Begutachtung durch den Medizinischen Dienst keine Veranlassung bestehe.

Um den Widerspruch begründen zu können, kann es notwendig sein, EINSICHT in die Akten der Pflegekasse zu nehmen, insbesondere aber das Gutachten des Medizinischen Dienstes, das nach der Begutachtung zu übersenden ist, durchzusehen. Dies kann aufgrund der Fülle der Feststellungen gerade für Laien einige Zeit in Anspruch nehmen. Es kann daher durchaus sinnvoll sein, zunächst einen vorläufig noch unbegründeten Widerspruch innerhalb der vorgegebenen Frist einzulegen, sodann Einsicht zu nehmen bzw. das MDK-Gutachten zu überprüfen und erst dann eine schriftliche Begründung nachzureichen. Dies ist ohne weiteres möglich, solange die Pflegekasse noch nicht über den Widerspruch entschieden hat.

2. Wer kann den Widerspruch einlegen?

Der Versicherte kann sich im Widerspruchsverfahren auch durch einen BEVOLLMÄCHTIGTEN vertreten lassen. Dies kann ein Rechtsanwalt sein, aber auch jede andere Person, die zu einer Vertretung bereit und befugt ist. Viele Verbände und sonstige Organisationen von Betroffenen (auch Gewerkschaften) bieten für ihre Mitglieder die Unterstützung im sozialgerichtlichen Verfahren an. Hierzu zählt auch bereits die Vertretung im Widerspruchsverfahren.

Muster für einen Widerspruch

Claudia Muster
Parkstraße 11
Beispielsdorf

An die
Barmer Ersatzkasse
– Pflegekasse–
Schlossallee 22
99999 Beispielsstadt

Beispielsdorf, 12.2.2022

Gegen Ihren Bescheid vom 1.2.2022, bei mir eingegangen am 8.2.2022, Az. III Bx 21/22, lege ich

WIDERSPRUCH

ein.

BEGRÜNDUNG:

Ich habe am 2.1.2022 bei Ihnen einen Antrag auf Pflegesachleistung des Pflegegrades 3 gestellt. Nach Untersuchung durch den Medizinischen Dienst im Januar 2022 haben Sie mir mit dem oben genannten Bescheid zwar Pflegeleistungen bewilligt, jedoch nur nach Pflegegrad 2.

Diese Einstufung lediglich in die Pflegegrad 2 ist nicht zutreffend. Nach den einschlägigen Vorschriften wird in den Pflegegrad 3 eingestuft, wer bei der Bewertung der im Gesetz genannten Module mindestens 27 Gesamtpunkte erreicht. Dies ist bei mir der Fall, wie ich bereits ausführlich im Gespräch mit dem Medizinischen Dienst begründet habe. Einige Leistungen kann ich nicht ohne Unterstützung erbringen und fühle mich in meiner Selbständigkeit erheblich eingeschränkt. Dies sind z. B. die Bereiche ......

Eine eigene hauswirtschaftliche Versorgung ist mir aufgrund meiner eingeschränkten Bewegung der Hände so gut wie gar nicht möglich. Dies wurde bei der Begutachtung nicht ausreichend gewürdigt.

Da das Gutachten sehr umfangreich ist, benötige ich noch etwas Zeit, dieses vollständig mit meiner Tochter, die meine Bevollmächtigte ist, durchzusehen. Nach vollständiger Einsicht in das Gutachten werde ich hierzu näher Stellung nehmen.

(Unterschrift)

3. Wer entscheidet über den Widerspruch?
Über den Widerspruch muss die Pflegekasse entscheiden. In der Regel erfolgt dazu zunächst eine ZWEITBEGUTACHTUNG durch anderen Gutachter. Hinsichtlich der daraufhin gewonnen Erkenntnisse oder bei eindeutigen Fällen nach Aktenlage gibt es zwei Möglichkeiten: Entweder dem Widerspruch wird ABGEHOLFEN, das heißt, dass der ursprüngliche Verwaltungsakt abgeändert und entsprechend dem Begehren des Versicherten neu gefasst wird. Oder dem Widerspruch wird nicht abgeholfen, das bedeutet, die Pflegekasse hält an ihrer ursprünglichen Entscheidung fest. In diesem Fall muss ein sogenannter WIDERSPRUCHSBESCHEID durch den hierfür allein zuständigen Widerspruchsauschuss der Pflegekasse erlassen werden, der schriftlich ergehen muss, eine Begründung für die Zurückweisung des Widerspruchs enthält und eine Belehrung über eine möglicherweise zulässige Klage vor dem Sozialgericht.

Ein Widerspruch kann sinnvoll sein, wenn

- das Gutachten falsche Angaben enthält,
- der Gutachter den individuellen Hilfebedarf nicht oder nur unzureichend berücksichtigt hat oder
- der Bescheid fehlerhaft ist, weil er nicht den Feststellungen des Gutachtens entspricht.

Der Widerspruch hat die Änderung der fehlerhaften Entscheidung zum Ziel.

Es gibt auch eine andere Vorgehensweise: Man stellt einen NEUANTRAG, um das Verfahren neu aufzurollen. Leistungen für die Vergangenheit können – anders als im Widerspruchsverfahren – jedoch nicht mehr begehrt werden.

II. Das Klageverfahren

Wird dem Widerspruch von der Pflegekasse nicht abgeholfen, kann hiergegen Klage vor dem zuständigen SOZIALGERICHT erhoben werden. Zuständig ist dabei das Sozialgericht, in dessen Bezirk der Kläger seinen Wohnsitz hat. Kläger ist in jedem Fall der Versicherte, der sich gegen eine Entscheidung der Pflegekasse wendet.

1. Wie erhebt man eine Klage vor dem Sozialgericht?
Auch die Klage muss innerhalb einer Frist von EINEM MONAT eingelegt werden. Die Frist beginnt mit Zustellung des Widerspruchsbescheids, mit dem die Pflegekasse über den Widerspruch des Versicherten entschieden hat. Wichtig ist, dass die Klageschrift innerhalb der Frist beim Gericht eingegangen sein muss. Die Klagefrist ist allerdings auch gewahrt, wenn die Klageschrift innerhalb der Frist bei einem anderen Sozialgericht oder auch einer beliebigen anderen inländischen Behörde eingeht.

Beispiel:
Frau P beantragt Pflegegrad 3. Nach Untersuchung durch den Medizinischen Dienst lehnt die Kasse dies ab, weil Frau P nicht einmal in den Pflegegrad 2 einzustufen sei. Nach rechtzeitigem Widerspruch lehnt die Pflegekasse eine Änderung ihrer Entscheidung ab. Dieser Widerspruchsbescheid wird Frau P am 8.3. zugestellt. Sie möchte hiergegen Klage erheben, vergisst dies aber zunächst. Am 8.4. fällt ihr ein, dass die Klagefrist an diesem Tage abläuft. Da das zuständige Sozialgericht 30 km entfernt liegt, kann Frau P die Klage dort nicht mehr einreichen. Post käme zu spät. Frau P setzt daher eine Klageschrift auf und gibt diese in der örtlichen Gemeindeverwaltung ab. Dort erhält die Klageschrift einen Eingangsstempel mit dem Datum 8.4. und wird dann an das Sozialgericht geschickt. Obwohl die Klage dort erst am 14.4. eingeht, ist die Klagefrist durch rechtzeitigen Eingang bei einer Behörde gewahrt.

Auch die Klage muss SCHRIFTLICH oder zur Niederschrift des Urkundsbeamten der Geschäftsstelle des zuständigen Gerichts erhoben werden. In ihr sollen die Beteiligten und der STREITGEGENSTAND bezeichnet sowie ein bestimmter ANTRAG gestellt werden. Beteiligte sind der Kläger und die Pflegekasse als Beklagte. Streitgegenstand ist die beantragte Leistung, um die die Parteien streiten, im Beispielsfall also der Pflegegrad 3. Der Antrag schließlich bestimmt das Klageziel. Er geht in der Regel dahin, die Beklagte zu verurteilen, die begehrte Leistung zu erbringen. Es kann aber auch die Klage zunächst ohne Antrag eingereicht und der genaue Antrag kann später nachgeholt werden. Weiterhin soll der angefochtene Verwaltungsakt oder der Widerspruchsbescheid bezeichnet und die zur Begründung der Klage dienenden Tatsachen oder Beweismittel benannt werden.

Da es sich hierbei nur um „Soll-Vorschriften" handelt, hängt von diesen Formalien nicht die WIRKSAMKEIT der Klageerhebung ab. Insbesondere ist es nicht erforderlich, dass eine Begründung für die Klage gegeben wird, da das Sozialgericht den Sachverhalt von Amts wegen aufklären muss. Auch hier gilt jedoch, dass die Erfolgsaussichten wesentlich günstiger sind und vor allem das Verfahren vom Gericht auch wesentlich zielgerichteter betrieben werden kann, wenn der Kläger im Einzelnen anführt, warum er mit der Entscheidung der Pflegekasse nicht einverstanden ist. Ist dies für das Sozialgericht nämlich nicht erkennbar und ergibt die Prüfung der Akten ebenfalls keine entsprechenden Anhaltspunkte, besteht auch für das Gericht trotz der Amtsermittlungspflicht kein Anlass, den Sachverhalt weiter aufzuklären.

Dies gilt umso mehr, als die Sozialgerichte nicht gehindert sind, die im Verwaltungsverfahren eingeholten Gutachten als Entscheidungsgrundlage heranzuziehen, wenn sich weder aus anderen medizinischen Äußerungen noch aus dem Vorbringen der Beteiligten Zweifel an der Schlüssigkeit derartiger Gutachten ergeben, so dass für das Tatsachengericht überhaupt erst gar keine Veranlassung besteht, ein Sachverständigengutachten einzuholen.

Muster für eine Klageschrift

An das
Sozialgericht Beispielsdorf
Hauptstraße 33
99999 Beispielsstadt

Claudia Muster
Parkstraße 11
88888 Beispielsstadt

Beispielstadt, 12.7.2022

KLAGE

der Claudia Muster, Parkstraße 11, 88888 Beispielsstadt

– Klägerin –

gegen

die XY-Kasse – Pflegekasse –, vertreten durch den Vorstand, Schlossallee 22, 99999 Beispielsstadt

– Beklagte –

wegen: Pflegesachleistung

Ich erhebe Klage gegen die Beklagte und beantrage,

die Beklagte unter Aufhebung ihres Bescheides vom 1.6.2022 in der Fassung des Widerspruchsbescheides vom 7.7.2022 zu verurteilen, mir rückwirkend zum 1.3.2022 Pflegesachleistungen des Pflegegrades 3 zu gewähren.

BEGRÜNDUNG:

Mit Schreiben vom 2.3.2022 habe ich bei der Beklagten, deren Mitglied ich bin, einen Antrag auf Pflegesachleistungen des Pflegegrades 3 gestellt. Nach Untersuchung durch den Medizinischen Dienst im Mai 2022 hat mir die Beklagte mit Bescheid vom 1.6.2022 zwar Pflegeleistungen bewilligt, jedoch nur nach Pflegegrad 2. Gegen diesen Bescheid habe ich am 13.6.2022 Widerspruch eingelegt. Mit Widerspruchsbescheid vom 7.7.2022 hat die Beklagte meinen Widerspruch zurückgewiesen. Bescheid, Widerspruch und Widerspruchsbescheid lege ich dieser Klage in Kopie bei.

Die Beklagte stützt sich bei Ihrer Entscheidung auf das Gutachten des MD. Danach soll bei mir nur Pflegebedürftigkeit des Pflegegrades 2 vorliegen. Das Gutachten des MD ist allerdings fehlerhaft. So wird zwar mein Bedarf an Unterstützung im Bereich ... in den Modulen ... beschrieben, meine eigenen Möglichkeiten aber vollkommen falsch wiedergegeben. ... Ich bin aufgrund meiner Erkrankung ... gar nicht in der Lage ... selbst oder nur mit leichter Unterstützung erledigen, sondern brauche manchmal sogar eine vollständige Übernahme der Tätigkeiten, weil ich dies nicht selbständig bewältigen kann.

Beweis: Zeugnis Karin Muster, zu laden unter meiner Anschrift;
Sachverständigengutachten

Die Zeugin ist meine Schwester und erbringt bisher meine tägliche Pflege. Sie kennt daher den erforderlichen Zeitaufwand genau.

Meine Probleme bei der selbständigen hauswirtschaftlichen Versorgung wurden im Gutachten überhaupt nicht berücksichtigt. Ich bin zum Beispiel gar nicht in der Lage .... zu verrichten.

Beweis: wie oben

Die Entscheidung der Beklagten, mich lediglich in den Pflegegrad 2 einzustufen, ist daher nicht rechtens. Da die Beklagte dennoch meinen Widerspruch zurückgewiesen hat, ist Klage geboten. Ich bitte um eine baldige Entscheidung, weil meine Schwester die Pflege allein nicht mehr leisten kann und die Leistungen des Pflegegrades 2 nicht ausreichend sind.

(Unterschrift)

2. Wer kann Klage einlegen?
Auch vor dem Sozialgericht kann sich die klagende Partei von einem Bevollmächtigten vertreten lassen. Die VOLLMACHT muss in diesem Fall schriftlich erteilt und dem Gericht zur Akte gereicht werden. Eine Vertretung durch einen Rechtsanwalt ist nicht vorgeschrieben. Vielmehr kann neben den bereits genannten Verbandsvertretern auch jede prozessfähige Person bevollmächtigt werden, soweit sie die Vertretung nicht geschäftsmäßig wahrnimmt. Auch kann sich der Versicherte selbst vertreten. Ist der Kläger prozessunfähig, kann ihm seitens des Gerichts ein besonderer Vertreter bestellt werden. Steht der Kläger unter Betreuung, hat dies zunächst keinen Einfluss auf seine Prozessfähigkeit, es sei denn, es liegt ein Einwilligungsvorbehalt vor. In diesem Fall kann eine Vertretung durch den Betreuer erfolgen.

Als BEWEIS können alle zugelassenen Beweismittel angegeben werden, insbesondere Zeugen, Urkunden und Sachverständigengutachten. Das Gericht kann beispielsweise für die Feststellung, welcher Pflegegrad anzunehmen ist, durchaus auch Zeugen vernehmen. Als Zeugen kommen auch Angehörige in Betracht.

TIPP:
Geben Sie im Fall eines Rechtsstreits, bei dem es um den Umfang Ihrer Selbständigkeit geht, alle Personen als Zeugen an, die hierzu Angaben machen können. Das Gericht muss darüber befinden, welche Zeugen vernommen werden sollen oder ob statt der Zeugenvernehmung ein neues Sachverständigengutachten eingeholt werden soll. Zeugen, die dem Gericht nicht bekannt gemacht werden, kann es auch nicht vernehmen.

3. Wie wird das Klageverfahren durchgeführt?
Die KAMMERN eines Sozialgerichts sind jeweils mit einem Berufsrichter als Vorsitzenden und zwei ehrenamtlichen Richtern als Beisitzern besetzt. Das Gericht muss den Sachverhalt von Amts wegen ermitteln. Hierzu wird jedenfalls die Akte der Pflegekasse beigezogen und möglicherweise werden weitere Erkundigungen eingeholt wie Stellungnahmen von Ärzten, eine neue Begutachtung angeordnet und/oder Zeugen vernommen. In der MÜNDLICHEN VERHANDLUNG trägt der Vorsitzende zunächst den Sachverhalt vor. Danach erhalten die Beteiligten die Möglichkeit, ergänzende Angaben zu machen. Der Vorsitzende erörtert mit den Beteiligten auch das „Sach- und Streitverhältnis", erläutert also möglicherweise die Rechtslage, die Notwendigkeit weiterer Ermittlungen und weist auf die Aussichten der Klage hin. Die Parteien sind zwar nicht verpflichtet, zu einer vom Gericht angesetzten mündlichen Verhandlung zu erscheinen. Allerdings kann das Gericht das PERSÖNLICHE ERSCHEINEN anordnen. In diesem Fall ist die Partei, deren Erscheinen angeordnet wurde, hierzu auch verpflichtet, es sei denn, gesundheitliche Gründe hindern dies.

TIPP:
Es ist immer ratsam, an einer mündlichen Verhandlung auch teilzunehmen, um möglicherweise noch bestehende Unklarheiten oder Missverständnisse aufklären zu können. Ansonsten entscheidet das Gericht nämlich allein nach Lage der Akten.

Das Verfahren vor den Sozialgerichten ist für Versicherte kostenfrei. Dies bedeutet, dass GERICHTSKOSTEN , ALSO AUCH KOSTEN FÜR SACHVERSTÄNDIGENGUTACHTEN, nicht erhoben werden. Hiervon zu unterscheiden ist allerdings die Frage der Erstattung von Kosten, die einer Partei entstehen wie beispielsweise Anwaltskosten; verliert man den Prozess, muss man für dessen Kosten aufkommen. Wird vom Gericht das persönliche Erscheinen angeordnet, so kann die Partei in gleicher Weise wie ein Zeuge Kostenentschädigung verlangen, insbesondere also Erstattung von Fahrtkosten und von Verdienstausfall (allerdings nur bis zum im Gesetz festgelegten Höchstbetrag). Im Übrigen kann das Gericht im Urteil darüber entscheiden, in welchem Umfang die Parteien einander Kosten zu erstatten haben. Dies gilt insbesondere für Kosten eines PROZESSBEVOLLMÄCHTIGTEN. Die gesetzlichen Gebühren eines Rechtsanwalts sind zwar grundsätzlich erstattungsfähig. Eine Erstattung kommt jedoch in der Regel nur in Betracht, wenn die klagende Partei den Prozess auch gewinnt.

Im Ergebnis bedeutet dies: Eine Partei, die den Prozess ohne Vertretung durch einen Bevollmächtigten selbst führt, geht hiermit praktisch kein KOSTENRISIKO ein. Wird ein Rechtsanwalt beauftragt, muss die Partei dessen Gebühren grundsätzlich übernehmen, wenn nicht im Urteil die Gegenseite, also die Pflegekasse, zum Kostenersatz verpflichtet wird. Dies geschieht jedoch in der Regel, wenn die klagende Partei im Rechtsstreit erfolgreich ist. Selbst bei einer Abweisung der Klage sind die Kosten der Pflegekasse – ob gesetzlich oder privat – aber in keinem Fall erstattungspflichtig; egal, ob sie sich durch einen ihrer Angestellten oder einen Rechtsanwalt vertreten lässt.

Zusammenfassung:
Gegen einen Bescheid der Pflegekasse kann man zunächst innerhalb eines Monats Widerspruch einlegen. Dieser Widerspruch muss schriftlich abgefasst sein und sollte begründet werden.
Hat man mit einem Widerspruch gegen eine Begutachtung nicht nur formale Fehler angezeigt, erfolgt regelmäßig ein Zweitgutachten.
Hilft die Pflegekasse dem Widerspruch nicht ab, kann in einem zweiten Schritt Klage vor dem Sozialgericht erhoben werden. Auch die Klageerhebung muss innerhalb eines Monats erfolgen, schriftlich verfasst sein und begründet werden. Sie kann aber auch zu Protokoll gegeben werden.

10

Private Pflege-Pflichtversicherung

Wenn jemand privat krankenversichert ist, muss er auch privat pflegeversichert sein. Auch wenn dieser Grundsatz der gesetzlichen Pflegeversicherung auch für Privatversicherte gilt, gibt es doch weitere Gestaltungsräume als für gesetzlich Versicherte. In diesem Kapitel sollen daher die Besonderheiten der privaten Pflege-Pflichtversicherung gesondert erläutert werden.

10. Private Pflege-Pflichtversicherung

I. Gesetzliche Vorgaben

Das SGB XI enthält trotz seiner Bezeichnung nicht nur Vorschriften über die soziale Pflegeversicherung, sondern auch Vorschriften, die für PRIVATVERSICHERTE gelten. Erstmals in der Geschichte der Sozialgesetzgebung wurden auch Vorschriften über den Abschluss von Privatversicherungen aufgenommen und sogar eine private Pflege-Pflichtversicherung eingeführt.

1. Versicherungspflicht

Nach § 1 SGB XI muss jeder eine private Pflegeversicherung abschließen, der bei einem privaten Krankenversicherungsunternehmen versichert ist. Dies entspricht dem Grundsatz PFLEGEVERSICHERUNG FOLGT KRANKENVERSICHERUNG: Wer in der gesetzlichen Krankenversicherung versichert ist, wird automatisch Mitglied der sozialen Pflegeversicherung; wer dagegen privat krankenversichert ist, wird zum Abschluss einer privaten Pflegeversicherung verpflichtet. Eine solche PFLICHTVERSICHERUNG war bisher dem Privatversicherungsrecht jedenfalls im Recht der privaten Vorsorge weitgehend fremd. Nur bei der Pkw-Haftpflichtversicherung, bei der Feuerversicherung für Häuser und noch einigen anderen Bereichen gibt es vergleichbare gesetzliche Verpflichtungen zum Abschluss von Versicherungen.

Die Vorschriften des SGB XI über die Verpflichtung privat Krankenversicherter zum Abschluss und zur Aufrechterhaltung privater Pflegeversicherungsverträge und über deren nähere inhaltliche Ausgestaltung sind nach der Rechtsprechung des Bundesverfassungsgerichts verfassungsgemäß. Die Fürsorge für Menschen, die vor allem im Alter zu den gewöhnlichen Verrichtungen im Ablauf des täglichen Lebens aufgrund von Krankheit und Behinderung nicht in der Lage sind, gehört zu den SOZIALEN AUFGABEN der staatlichen Gemeinschaft. Die Einführung einer grundsätzlich alle Bürger umfassenden VERSICHERUNG GEGEN DAS RISIKO DER PFLEGEBEDÜRFTIGKEIT ist insoweit geeignet, die vom Gesetzgeber angestrebten Zwecke in hinreichendem Maße zu erreichen.

Da es in Deutschland bei Einführung der Pflegeversicherung – die an die Krankenversicherung gebunden ist, weil Pflegebedürftigkeit nun mal in der Regel ein Ergebnis krankheitsbedingter Beeinträchtigungen ist – zwei Arten von Krankenversicherungen gab, nämlich die gesetzliche und die private, mussten auch entsprechende Institute hinsichtlich einer Absicherung im Pflegefall geschaffen werden.

Vereinfacht ausgedrückt kann man zusammenfassen, dass es durchaus Aufgabe des Staates ist, seine Bürger in Situationen besonderer Hilfsbedürftigkeit zu schützen und entsprechende Instrumente zur ALLGEMEINEN RISIKOABSICHERUNG zu schaffen.

§ 23 SGB XI konkretisiert diese Pflichtversicherung. Betroffen hiervon sind Personen, die gegen das Risiko Krankheit bei einem PRIVATEN KRANKENVERSICHERUNGSUNTERNEHMEN mit Anspruch auf allgemeine Krankenhausleistungen versichert sind. Diese Personen müssen bei ihrem Krankenversicherungsunternehmen auch eine Pflegeversicherung abschließen und aufrechterhalten. Daneben gibt es die Möglichkeit, einen entsprechenden Vertrag bei einem anderen privaten Versicherungsunternehmen nach Wahl abzuschließen. Dieses WAHLRECHT muss jedoch innerhalb einer Frist von sechs Monaten ausgeübt werden. Der private Versicherungsvertrag muss Leistungen bei Pflegebedürftigkeit für die Versicherten und für ihre Angehörigen oder eingetragenen Lebenspartner, soweit sie in der sozialen Pflegeversicherung familienversichert wären, vorsehen, die nach Art und Umfang den Leistungen der sozialen Pflegeversicherung GLEICHWERTIG sind. Trotz allgemein in Deutschland geltender Vertragsfreiheit muss der Pflegeversicherungsvertrag also mindestens die Leistungen der gesetzlichen Pflegeversicherung enthalten und sicherstellen. Wer als Beamter bei Pflegebedürftigkeit Anspruch auf Beihilfe gegen seinen Dienstherrn hat, muss eine entsprechende anteilige beihilfekonforme Versicherung abschließen. Dies ist so auszugestalten, dass die Beihilfeleistungen und die Leistungen der privaten Versicherung zusammen den Leistungen der sozialen Pflegeversicherung entsprechen. Auf diese Weise soll eine Basis dafür geschaffen werden, dass alle Anspruchsberechtigten im Fall der Pflegebedürftigkeit mindestens die gleichen Leistungen erhalten können. Welche (zusätzlichen) Leistungen privat Versicherte darüber hinaus vereinbaren, unterliegt wiederum ihren individuellen Möglichkeiten.

Privat Krankenversicherte müssen sich auch gegen das Risiko der Pflegebedürftigkeit versichern.

- ☐ Die private Pflegeversicherung muss mindestens die gleichen Leistungen enthalten wie die gesetzliche Pflegeversicherung.
- ☐ Wer beihilfeberechtigt ist, muss eine beihilfekonforme Versicherung abschließen, die ergänzend mindestens die gleichen Leistungen wie die gesetzliche Pflegeversicherung erbringt.
- ☐ Die private Pflegeversicherung kann innerhalb von sechs Monaten nach Abschluss eines privaten Krankenversicherungsvertrags frei gewählt werden.

2. Bedingungen der Versicherung

Im Gegensatz zur Sozialversicherung folgt das Recht der Privatversicherung grundsätzlich anderen Prinzipien. Die Beiträge werden nicht berechnet nach dem Einkommen beziehungsweise der Leistungsfähigkeit der Versicherten, sondern grundsätzlich nach dem versicherten RISIKO. Ob ein Versicherungsvertrag abgeschlossen wird, unterliegt in der Privatversicherung grundsätzlich der VERTRAGSFREIHEIT ; das bedeutet, der Versicherer kann den Abschluss von Verträgen mit bestimmten Personen auch verweigern. Das versicherte Risiko kann grundsätzlich beschränkt werden, indem beispielsweise bereits bei Beginn der Versicherungszeit vorliegende Versicherungsfälle ausgeschlossen werden, wie etwa Leistungen für Vorerkrankungen bei der privaten Krankenversicherung. Die Grundsätze der Privatversicherung machten es daher erforderlich, im Gesetz bestimmte Vorgaben für den Abschluss der privaten Pflegepflicht-Versicherungsverträge zu verankern, um einen Ausgleich der Interessen zwischen den Versicherern, den Versicherten und den Leistungsempfängern herzustellen. In § 110 SGB XI sind daher verschiedene GRUNDSÄTZE aufgestellt, die beim Abschluss der Pflege-Pflichtversicherungen allgemein gelten. Dabei differenziert das Gesetz teilweise zwischen Verträgen mit Personen, die bei Inkrafttreten des Pflegeversicherungsgesetzes bereits bei einem privaten Krankenversicherungsunternehmen versichert waren, und solchen, die erst später in Erfüllung der Privatversicherungspflicht geschlossen werden.

TIPP:
Wenn Sie einen privaten Pflegeversicherungsvertrag schließen, lesen Sie die Versicherungsbedingungen genau, da diese von Versicherung zu Versicherung durchaus Unterschiede aufweisen können.

Die Einzelheiten des Versicherungsschutzes, die Pflichten der Versicherungsnehmer, das Nähere zum Ende der Versicherung und weitere Konkretisierungen ergeben sich aus den Allgemeinen VERSICHERUNGSBEDINGUNGEN für die private Pflegepflichtversicherung.

Allgemeine Versicherungsbedingungen werden von den Verbänden der privaten Versicherung mit Zustimmung der staatlichen Aufsichtsbehörden erlassen und gelten neben den gesetzlichen Bestimmungen für alle Versicherungsverträge, in denen eine Geltung dieser Versicherungsbedingungen vertraglich vereinbart wird. Die Allgemeinen Versicherungsbedingungen für die private Pflegepflichtversicherung (einsehbar und als PDF-Datei abrufbar zum Beispiel unter www.debeka.de) gelten für alle Versicherungsverträge, die in Erfüllung der Versicherungspflicht nach § 23 SGB XI abgeschlossen werden.

3. Darf die Versicherung bestimmte Personen ausschließen?

Die Versicherungsunternehmen sind verpflichtet, mit allen privatversicherungspflichtigen Personen einen Versicherungsvertrag mit den Bedingungen der Pflege-Pflichtversicherung abzuschließen, die bei ihnen einen entsprechenden Antrag stellen. Dies nennt man „KONTRAHIERUNGSZWANG“. Sie sind also nicht berechtigt, irgendwelche Personen von der Versicherung auszuschließen oder den Abschluss von Verträgen aus irgendwelchen Gründen abzulehnen. Jede dem entgegenstehende Praxis wäre im Bereich der Pflege-Pflichtversicherung aufgrund der gesetzlich verankerten Pflicht zum Vertragsabschluss rechtswidrig. Auch andere Personengruppen oder Einzelpersonen dürfen nicht von der Versicherung ausgeschlossen werden.

4. Darf die Versicherung Vorerkrankungen ausschließen?
Ein Ausschluss von Vorerkrankungen der Versicherten vom Versicherungsschutz ist unzulässig. Der Kontrahierungszwang wäre ohne Nutzen, wenn der VERSICHERUNGSSCHUTZ auf solche Krankheiten und Behinderungen beschränkt wäre, die erst nach Abschluss des Versicherungsvertrages eintreten. Sehr häufig werden beim Abschluss von Kranken- oder Lebensversicherungsverträgen diejenigen Risiken ausgeschlossen, die aufgrund einer bei Abschluss des Vertrages bereits vorliegenden Erkrankung eintreten. So soll vermieden werden, dass der Beitritt zur Solidargemeinschaft der Versicherten erst erfolgt, wenn ein Versicherungsfall bereits eingetreten ist oder unmittelbar bevorsteht. Bei der Pflege-Pflichtversicherung gilt dies nicht, ein solcher Ausschluss wäre nicht rechtens. Das generelle Ausschlussverbot betrifft aber nur bereits vorliegende – ausgeheilte ebenso wie akute – Erkrankungen, die noch nicht zu einer Pflegebedürftigkeit geführt haben

5. Darf die Versicherung Unterschiede beim Geschlecht machen?
Die VERSICHERUNGSPRÄMIE darf nicht nach Geschlecht gestaffelt sein. Männer wie Frauen müssen also für die gleichen Versicherungsprämien versichert werden. Die aus der privaten Krankenversicherung bekannte Differenzierung der Beiträge nach Geschlechtern ist in der Pflege-Pflichtversicherung somit ausgeschlossen.

6. Müssen Wartezeiten eingehalten werden?
Die Pflege-Pflichtversicherung darf keine längeren Wartezeiten vorsehen als die für die soziale Pflegeversicherung geltende VORVERSICHERUNGSZEIT . Die Allgemeinen Versicherungsbedingungen für die private Pflegepflichtversicherung sehen daher auch die gleichen Wartezeiten vor wie § 33 SGB XI.

7. Gibt es für Familien eine Mitversicherung?
Kinder, die nach dem Recht der sozialen Pflegeversicherung nach § 25 SGB XI familienversichert wären, müssen auch in der Pflege-Pflichtversicherung beitragsfrei mitversichert sein.

8. Wie bestimmt sich die Prämienhöhe?

Die Beiträge in der privaten Pflegepflichtversicherung sind wie auch bei der privaten Krankenversicherung bei Eintritt in die Versicherung abhängig vom Alter des Versicherungsnehmers. Eine Ausnahme besteht für Personen, die bereits zum Inkrafttreten des Gesetzes versicherungspflichtig geworden sind. Die Versicherungsprämie durfte hier von Anfang an nicht höher liegen als der HÖCHSTBEITRAG der sozialen Pflegeversicherung, also derzeit 3,05 % (beziehungsweise 3,4 % für Kinderlose) der Beitragsbemessungsgrenze in der sozialen Pflegeversicherung. Für Versicherungsverträge, die nach dem 1.1.1995 abgeschlossen wurden, gilt dieselbe Regelung für Versicherungsnehmer, die über eine Vorversicherungszeit von mindestens fünf Jahren in ihrer privaten Pflegeversicherung oder privaten Krankenversicherung verfügen. Soweit eine Privatversicherung nur als Ergänzung zur BEAMTENBEIHILFE abgeschlossen wird, darf die Prämie nicht höher liegen als 50 % des Höchstbeitrages in der sozialen Pflegeversicherung. Grundsätzlich sind die Versicherungsunternehmen in der Gestaltung ihrer Versicherungstarife frei. Das Gesetz setzt nur eine OBERGRENZE für die Prämie, die sich nach unterschiedlichen Gesichtspunkten richten kann, insbesondere auch nach dem Alter des Versicherten und unter Umständen auch nach dem Gesundheitszustand. Unerheblich für die Gestaltung der Versicherungsprämie sind grundsätzlich die wirtschaftlichen Verhältnisse des Versicherten. Im Gegensatz zur Sozialversicherung, bei der sich die Beiträge nach den Einkommen richten, wird die Prämie der Privatversicherung nach anderen Gesichtspunkten kalkuliert.

Wenn aber ein soziales Leistungssystem ein Risiko abdecken soll, das vor allem die Altengeneration trifft, und seine Finanzierung so gestaltet ist, dass sie im Wesentlichen nur durch das Vorhandensein nachwachsender GENERATIONEN funktioniert, die jeweils im erwerbsfähigen Alter als Beitragszahler die mit den Versicherungsfällen der vorangegangenen Generationen entstehenden Kosten mittragen, dann ist für ein solches System nicht nur der Versicherungsbeitrag, sondern auch die Kindererziehungsleistung konstitutiv. Wird dieser generative Beitrag nicht von allen Versicherten erbracht, führt dies zu einer spezifischen Belastung kindererziehender Versicherter im System der sozialen Pflegeversicherung, deren benachteiligende Wirkung auch innerhalb dieses Systems auszugleichen ist. Die kindererziehenden Versicherten sichern die Funktionsfähigkeit der Pflegeversicherung nicht nur durch Beitragszahlung, sondern auch durch Betreuung und Erziehung von Kindern. Deshalb müssen kinderlose Mitglieder der sozialen Pflegeversicherung, wenn sie über 23 Jahre alt sind, einen um 0,35 Prozentpunkte höheren Beitrag zahlen als Versicherte mit Kindern.

HINWEIS:
Nach einem Beschluss des Bundesverfassungsgerichts vom 7.4.2022 ist es mit dem Grundgesetz unvereinbar, dass Eltern unabhängig von der Zahl der von ihnen betreuten und erzogenen Kinder mit den gleichen Beiträgen belastet werden. Diesem Zustand musste bis Juli 2023 abgeholfen werden, weshalb der Gesetzgeber nunmehr mit dem Gesetz zur Unterstützung und Entlastung in der Pflege (PUEG) im Mai/Juni 2023 beschlossen hat, den Beitrag Kinderloser auf 4 % zu erhöhen. Eltern mit einem Kind werden ab 1.7.2023 3,4 % zahlen und Eltern mit 2 bis 5 Kindern mit jedem weiteren Kind einen Abschlag von 0,25 % je Kind erhalten, bis die Kinder das 25. Lebensjahr vollendet haben. Die private Pflegeversicherung wird dem nachfolgen müssen.

9. Wann kann die Versicherung den Vertrag kündigen?
Ein Rücktritt oder eine Kündigung des Versicherungsvertrages DURCH DAS VERSICHERUNGSUNTERNEHMEN ist ausgeschlossen, solange der Kontrahierungszwang besteht. Der Kontrahierungszwang wäre sonst wertlos, wenn sich der Versicherer jederzeit vom Vertrag lösen könnte. Im Allgemeinen können sonstige Versicherungsverträge vom Versicherer zum Beispiel gekündigt werden bei Prämienrückstand, bei unrichtigen Angaben des Versicherungsnehmers oder bei einer Gefahrerhöhung. In der Pflege-Pflichtversicherung ist all dies ausgeschlossen, weil es sich eben um eine Pflichtversicherung handelt. Dies ist besonders wichtig für Versicherte, die für den Versicherer einen hohen RISIKOFAKTOR darstellen (oftmals ohne überhaupt etwas dafür zu können) oder wegen umfangreicher Leistungen im Fall der Pflegebedürftigkeit der Versicherung wirtschaftliche Nachteile bringen.

10. Kann man einen Vertrag schließen, wenn man schon pflegebedürftig ist?
Auch bei Abschluss des Vertrages bereits pflegebedürftige Personen müssen zu den gleichen Bedingungen versichert werden, wie (noch) nicht pflegebedürftige. Ein AUSSCHLUSS pflegebedürftiger Menschen von der Versicherung war demnach bei Inkrafttreten der Regelung 1995 zunächst nicht zulässig, sie mussten zu den gleichen Bedingungen versichert werden, wie nicht-pflegebedürftige Personen auch.

Im Umkehrschluss bedeutet dies aber, dass bei späteren Pflege-Pflichtversicherungen bereits pflegebedürftige Menschen von der Versicherung ausgeschlossen werden dürfen. Dies entspricht dem allgemeinen Grundsatz, dass ein Versicherungsunternehmen nach Eintritt des Versicherungsfalls die Gewährung von Versicherungsschutz verweigern kann, weil in diesen Fällen die Aufwendungen der Versicherung die

Erträge durch die Beiträge in der Regel übersteigen und daher unwirtschaftlich sind. Nicht ausgeschlossen werden darf allerdings das durch Vorerkrankungen bei Abschluss des Vertrages bereits erhöhte Versicherungsrisiko.

11. Ist der Gesundheitszustand bei Abschluss zu berücksichtigen?
Eine Staffelung der PRÄMIEN nach dem Gesundheitszustand der Versicherten war 1995 nicht zulässig. Diese Vorschrift ergänzt das Verbot des Ausschlusses von Vorerkrankungen. Bei späteren Versicherungsverträgen dürfen zwar auch Vorerkrankungen nicht vom Versicherungsschutz ausgeschlossen werden, grundsätzlich können diese aber bei der Bemessung der Versicherungsprämie prämienerhöhend berücksichtigt werden.

12. Was gilt für die Ehegattenversicherung?
Ehegatten mussten vor Einführung der privaten Pflege-Pflichtversicherung gemeinsam zu einem Beitragssatz von höchsten 150 % des Höchstbeitrages in der sozialen Pflegeversicherung gemeinsam versichert werden, wenn ein Ehegatte kein GESAMTEINKOMMEN hatte, das regelmäßig im Monat ein Siebtel der monatlichen Bezugsgröße überschritt. Hierdurch sollte sichergestellt werden, dass Ehegatten, die nur über ein geringes eigenes Einkommen verfügen, durch die Prämien der Pflege-Pflichtversicherung nicht über Gebühr belastet werden. Bei Verträgen nach dem 1.1.1995 können dagegen die Prämien für Ehegatten bzw. eingetragene Lebenspartner ohne diese Beschränkung vereinbart werden.

II. Versicherungsfall und Leistungen

Versicherungsfall der privaten Pflege-Pflichtversicherung ist die PFLEGEBEDÜRFTIGKEIT einer versicherten Person. Die Pflegebedürftigkeit wird in gleicher Weise definiert wie im SGB XI für die soziale Pflegeversicherung. Danach sind Personen pflegebedürftig, die gesundheitlich bedingte Beeinträchtigungen der Selbständigkeit oder der Fähigkeiten aufweisen und deshalb der Hilfe durch andere bedürfen. Es wird genau dasselbe Begutachtungsinstrument (NBA) mit seinen 6 ausschlaggebenden Modulen angewandt wie im 2. Kapitel beschrieben.

1. Wann tritt der Versicherungsfall ein?
Der Versicherungsfall beginnt mit der FESTSTELLUNG der Pflegebedürftigkeit durch einen vom Versicherer beauftragten Arzt oder durch den medizinischen Dienst der privaten Pflege-Pflichtversicherung.

Allerdings gilt hier gegenüber der sozialen Pflegeversicherung eine Besonderheit. Zu der zur Feststellung von Pflegebedürftigkeit erforderlichen ärztlichen Untersuchung enthalten die Allgemeinen Versicherungsbedingungen für die Private Pflichtversicherung die näheren Einzelheiten. Dort heißt es unter anderem: Eintritt, Grad und Fortdauer der Pflegebedürftigkeit, die Eignung, Notwendigkeit und Zumutbarkeit von Maßnahmen zur Beseitigung, Minderung oder Verhütung einer Verschlimmerung der Pflegebedürftigkeit sind durch einen vom Versicherer beauftragten Arzt festzustellen.

Das bedeutet, dass Versicherer und Versicherungsnehmer an die Feststellungen des ärztlichen Sachverständigen zu den Voraussetzungen des Anspruchs aus der Versicherung oder zur Höhe des Schadens grundsätzlich GEBUNDEN sind, wenn dies vertraglich vereinbart worden ist. Diese Regelung beruht auf § 84 Versicherungsvertragsgesetz (VVG).

Danach sind die Feststellungen des Arztes nur dann nicht verbindlich, „wenn sie offenbar von der wirklichen Sachlage erheblich abweichen", wobei auf den Sachstand und die Erkenntnismittel zum Zeitpunkt der Begutachtung abzustellen ist.

Mit der Anwendbarkeit des § 84 VVG ist gleichzeitig eine EINSCHRÄNKUNG des Umfangs der GERICHTLICHEN KONTROLLE verbunden, wenn es zu Streitigkeiten über die Leistungspflicht der privaten Pflegepflichtversicherung kommt. Für eine gerichtliche Sachverhaltsaufklärung zur Frage des Umfangs des Pflegebedarfs, beispielsweise durch Einholung eines gerichtlichen Sachverständigengutachtens, besteht nur noch dann Veranlassung, wenn und soweit ein nach den Bestimmungen der Allgemeinen Versicherungsbedingungen eingeholtes Pflegegutachten nach § 84 VVG offensichtlich von der wirklichen Sachlage erheblich abweicht oder ein Sachverständiger die erforderlichen Feststellungen ausnahmsweise nicht treffen kann bzw. will oder sie verzögert.

2. Welche Leistungen erhält man im Versicherungsfall?
Die Leistungen der privaten Pflege-Pflichtversicherung müssen schließlich nach Art und Umfang den Leistungen der sozialen Pflegeversicherung entsprechen. Im Einzelnen ist der Umfang der LEISTUNGSPFLICHT in den Allgemeinen Versicherungsbedingungen für die Private

Pflegepflichtversicherung festgelegt. Die hierin vorgesehenen Leistungen bei häuslicher Pflege, für Pflegehilfsmittel und technische Hilfen, bei teilstationärer Pflege, Kurzzeitpflege und vollstationärer Pflege sowie auch Leistungen zur sozialen Sicherung der Pflegeperson, Pflegezeit und kurzzeitige Arbeitsverhinderung der Pflegeperson und Pflegekurse für Angehörige und ehrenamtliche Pflegepersonen sowie Pflegeberatung, Unterstützung im Alltag und Anspruch auf Entlastungsbetrag etc. entsprechen danach denen der sozialen Pflegeversicherung. Auch insoweit kann daher auf die Darstellungen dort verwiesen werden.

Eine Abweichung ergibt sich lediglich daraus, dass von der privaten Pflegeversicherung keine SACHLEISTUNGEN erbracht werden. Von ihr werden vielmehr in jedem Fall nur die der versicherten Person entstandenen Kosten für häusliche Pflegehilfe durch ambulante Pflegedienste bzw. teilstationäre oder vollstationäre Pflege in Pflegeheimen erstattet. An die Stelle der Sachleistung der sozialen Pflegeversicherung tritt daher ein Aufwendungsersatzanspruch .

Beispiel:
Herr L ist privatversichert, hat Pflegegrad 3 und wird von einem Pflegedienst versorgt. Der Pflegdienst erbringt die vereinbarten Leistungen und stellt am Monatsende eine Rechnung. Herr L muss die Leistungen zunächst selbst bezahlen und kann die Rechnung bei seiner Pflegeversicherung und – wenn er entsprechend berechtigt ist (etwa als Beamter) – seiner Beihilfestelle einreichen. Darum muss er sich aber selbst kümmern oder von Verwandten oder Freunden helfen lassen.

Die versicherte Person muss also zunächst in VORLEISTUNG gehen, die ihr entstandenen Kosten nachweisen und bekommt sodann – bis zu dem durch den Tarif vorgesehenen Höchstbetrag, der den Höchstbeträgen der Sachleistung durch die soziale Pflegeversicherung entspricht – diese Kosten vom Versicherer erstattet. Die versicherte Person kann die Leistungen von Pflegeeinrichtungen oder Einzelpersonen in Anspruch nehmen, die im Rahmen der sozialen Pflegeversicherung durch Versorgungsvertrag mit den Pflegekassen zur Erbringung von Sachleistungen zugelassen sind.

Keine Leistungspflicht besteht in den Fällen, in denen das Gesetz hinsichtlich der Leistungen der sozialen Pflegeversicherung ein RUHEN der Leistungen vorschreibt. Weiterhin besteht keine Leistungspflicht für Aufwendungen für Pflege durch Pflegekräfte oder Einrichtungen, deren Rechnungen der Versicherer aus wichtigem Grunde von der Erstattung ausgeschlossen hat, etwa wegen UNZUVERLÄSSIGKEIT, ständiger Pflichtverletzungen oder mangelhafter Leistungen der Einrichtung. Voraussetzung hierfür ist allerdings, dass der Versicherungsnehmer über den Leistungsausschluss zuvor informiert wurde. Der Versicherer muss also die Personen und Einrichtungen mitteilen, deren Rechnungen er künftig nicht mehr anerkennt. Tritt ein solcher Fall während eines schwebenden Versicherungsfalles ein, besteht keine Leistungspflicht für Aufwendungen, die nach Ablauf von drei Monaten seit der Benachrichtigung entstanden sind. Innerhalb dieser Frist hat die versicherte Person die Möglichkeit – aber auch die Pflicht –, die nicht mehr anerkannte Pflegeperson oder Pflegeeinrichtung zu wechseln.

III. Obliegenheiten der Versicherungsnehmer

Den Versicherungsnehmer treffen eine Reihe sogenannter OBLIEGENHEITEN . Dies sind vor allem Mitteilungs- und Verhaltenspflichten gegenüber dem Versicherer, die diesen bei Eintritt des Versicherungsfalles und in sonstigen Fällen vor Schaden bewahren bzw. ihn in die Lage versetzten sollen, auf Änderungen in den Grundlagen der Versicherung angemessen zu reagieren.

In einigen Fällen ist dem Versicherer unverzüglich SCHRIFTLICH Mitteilung zu machen, und zwar unter anderem

- bei Eintritt, Wegfall oder Minderung einer Pflegebedürftigkeit,
- Änderungen in der Person und im Umfang der Pflegetätigkeit einer Pflegeperson, für die Leistungen zur sozialen Sicherung erbracht werden,
- die Aufnahme der Erwerbstätigkeit durch beitragsfrei mitversicherte Kinder,
- der Eintritt der Versicherungspflicht in der sozialen Pflegeversicherung für eine versicherte Person.

Ist bereits ein VERSICHERUNGSFALL eingetreten, sind darüber hinaus unter anderem mitzuteilen:

- eine Krankenhausbehandlung
- stationäre medizinische Rehabilitationsmaßnahmen

- eine Kur- oder Sanatoriumsbehandlung
- eine Unterbringung aufgrund richterlicher Anordnung
- das Bestehen eines Anspruchs auf häusliche Krankenpflege aus der gesetzlichen Krankenversicherung.

Der Abschluss einer weiteren privaten Pflegepflichtversicherung bei einem anderen Versicherer ist nicht zulässig. Den Abschluss einer solchen Versicherung zu unterlassen, gehört ebenfalls zu den Obliegenheiten des Versicherungsnehmers. Schließlich haben der Versicherungsnehmer und die versicherten Personen auf Verlangen des Versicherers jede AUSKUNFT zu erteilen, die zur Feststellung des Versicherungsfalls, der Leistungspflicht des Versicherers und ihres Umfangs sowie für die Beitragseinstufung der versicherten Personen erforderlich ist.

Eine Verletzung dieser Obliegenheiten kann gravierende Folgen haben. Der Versicherer ist nämlich von der Leistung frei, wenn und solange eine der genannten Obliegenheiten verletzt wird. Dies gilt allerdings nur dann, wenn die Verletzung der Obliegenheit vorsätzlich oder grob fahrlässig erfolgte. Sie muss zudem nach der sogenannten Relevanztheorie, die von der Rechtsprechung entwickelt wurde, generell geeignet sein, dem Versicherer einen wirtschaftlichen Schaden zuzufügen. Dies gilt auch dann, wenn aufgrund der unterlassenen oder fehlerhaften Angaben rechtzeitige Feststellungen des Versicherers zu seiner Leistungspflicht nicht mehr erfolgen können.

Darüber hinaus kann der Versicherer vom Versicherungsnehmer oder der versicherten Person den Ersatz von zusätzlichen AUFWENDUNGEN verlangen, die ihm dadurch entstehen, dass die Aufnahme der Erwerbstätigkeit von mitversicherten Kindern nicht mitgeteilt wird oder trotz Verlangens des Versicherers eine erforderliche Auskunft nicht erteilt wird.

IV. Rechtsschutz gegen die private Pflegeversicherung

Nach § 51 Sozialgerichtsgesetz (SGG) sind sämtliche Streitigkeiten nach dem SGB XI den SOZIALGERICHTEN zugewiesen. Dies gilt – auch wenn bei Streitigkeiten aus privaten Versicherungsverhältnissen normalerweise die Gerichte der Zivilgerichtsbarkeit (Amts- und Landgerichte) zuständig sind – nach dem ausdrücklichen Wortlaut des Gesetzes nicht nur für die soziale, sondern auch für Angelegenheiten der privaten Pflegeversicherung. Also nicht nur bei Streitigkeiten über die Versicherungspflicht, den Kontrahierungszwang und die im SGB XI vorgesehenen speziellen Vertragsgestaltungen sind die Sozialgerichte zuständig, sondern auch bei einem Streit über Feststellungen der Pflegebedürftigkeit oder zu erbringende Leistungen aus der privaten Pflege-Pflichtversicherung. Damit gilt für den Rechtsschutz grundsätzlich das Gleiche wie bei Streitigkeiten nach dem SGB XI.

Zusammenfassung:
Eine private Pflege-Pflichtversicherung muss mindestens die gleichen Leistungen enthalten wie die gesetzliche Pflegeversicherung.
Wegen des Kontrahierungszwangs darf ein Vertragsschluss nicht verweigert werden.
Für den Versicherungsvertrag gelten die Allgemeinen Versicherungsbedingungen für die Private Pflege-Pflichtversicherung.
Der Leistungsfall tritt ein, wenn Pflegebedürftigkeit nach einer Begutachtung festgestellt wurde.
Der Versicherungsnehmer hat keinen Anspruch auf Pflegesachleistungen wie bei der gesetzlichen Pflegeversicherung, sondern einen Anspruch auf Erstattung bereits verauslagter Kosten.
Für etwaige Rechtsstreitigkeiten ist das Sozialgericht zuständig.

11

Sozialhilfe

Wenn die Leistungen der Pflegeversicherung nach dem SGB XI nicht reichen (insbesondere im Heim), muss über die Leistungen und Bezugsvoraussetzungen der Hilfe zur Pflege nach den Regeln der Sozialhilfe (§§ 61 bis 66a SGB XII) aufgeklärt werden. Durch die drastischen Verteuerungen der Lohn- und Sachkosten kommen mittlerweile viele Betroffene an die Grenzen ihrer finanziellen Belastbarkeit, so dass sie Hilfe vom Staat annehmen müssen. In diesem Kapitel werden daher die Grundzüge der sozialhilferechtlichen Hilfe zur Pflege erläutert.

11. Sozialhilfe

I. Grundlegende Informationen zur sozialhilferechtlichen Hilfe zur Pflege

Viele Menschen haben von der Inanspruchnahme von Pflegeleistungen der Sozialhilfe ein falsches Bild: Denn sie meinen zum Beispiel, dass bei einer Inanspruchnahme von ergänzender (oder aufstockender) Hilfe zur Pflege – etwa wenn es um die Pflege des Ehemanns in einer stationären Einrichtung geht –, ihr Vermögen schwerwiegend belastet oder gar vernichtet wird, dass also etwa das Haus oder die Eigentumswohnung verkauft und der Kauferlös für die Deckung der anteiligen Leistungen des Sozialhilfeträgers eingesetzt oder das Haus oder die Eigentumswohnung zumindest mit einer Hypothek belastet werden muss, obwohl die Ehefrau dort doch noch weiter wohnen soll (Einzelheiten erfährt der interessierte Leser im Ratgeber: Krahmer/Schellhorn, Hilfe zur Pflege nach dem SGB XII, Leistungen der Sozialhilfe bei Pflegebedarf, 7. Auflage 2022). Oder sie haben Sorge, dass beispielsweise der Sohn mit seiner Familie als Unterhaltspflichtiger allzu spürbar vom Sozialhilfeträger wegen Rückzahlungen von Leistungen an den pflegebedürftigen Elternteil angegangen würde. Oder dass vom Erbe (zum Beispiel vom zu Lebzeiten geschützten Haus der Eltern) für die Kinder gar nichts mehr übrig bliebe, wenn das Amt nach dem Tode der Eltern auf sie zukäme und das ganze Erbe zurückfordere. Oder die pflegebedürftigen Eltern meinen, ihr Einkommen sei zu hoch, so dass sie nicht „bedürftig" genug seien, um für den Bezug von „Hilfe zur Pflege" in Betracht zu kommen; das heißt, sie wissen vielleicht nicht, dass eine EINKOMMENSGRENZE ihr Einkommen nicht unbedeutend SCHÜTZT:

Beispiel:
Für ein Ehepaar ergibt sich diese Einkommensgrenze seit dem 1.1.2023 aus dem Grundbetrag in Höhe der doppelten Regelbedarfsstufe I, also 1.004 Euro, plus der angemessenen tatsächlichen Kaltmiete, also zum Beispiel in einer Großstadt wie Düsseldorf durchaus ca. 1.000 Euro (oder mehr), und einem sogenannten Familienzuschlag für die nur eine geringe Rente beziehende Ehefrau in Höhe von 351 Euro, in der Summe also 2.355 Euro. Wäre ihr Netto-Einkommen höher, müssten sie davon allenfalls den übersteigenden Betrag für die Pflegekosten aufwenden.

In all diesen Fallkonstellationen also haben die Betroffenen oft falsche – und insbesondere für sie nur belastende – Vorstellungen von den Regeln der Sozialhilfe, so dass man durchaus von ZUGANGSBARRIEREN sprechen kann, die der Antragstellung und dem Bezug von sozialhilferechtlichen Leistungen der Hilfe zur Pflege entgegenstehen.

TIPP:
Demgegenüber kann nur entsprechende Information und Beratung helfen, eben darüber, dass nach den rechtlichen Regeln der Sozialhilfe beim Wechsel des einen Ehepartners ins Heim und entsprechender Übernahme der stationären Restkosten durch den Sozialhilfeträger (nach Einsatz der Leistungen der Pflegekasse und gegebenenfalls zumutbarer Eigenmittel des Ehepaares aus Einkommen oberhalb der relativ großzügigen Einkommensgrenze) für den nicht-pflegebedürftigen Ehepartner alles beim Alten bleibt; das heißt, ihm ist weiterhin das Verbleiben in der fraglichen Wohnung grundsätzlich ohne Inanspruchnahme des Wertes (beispielsweise durch Aufnahme eines Hypothekendarlehens oder einer Untervermietung einzelner Zimmer) möglich.

1. Warum sollte man sich frühzeitig mit dem Thema Sozialhilfe beschäftigen?

Es besteht grundsätzlich das Problem, dass solche Informationen den Betroffenen in der Regel nicht „vorsorglich", also vor Eintritt des Pflegebedarfs, vermittelt werden können – etwa durch Aufklärung –, weil oft erst in konkreten Notlagen das Interesse an Leistungen zur Pflege überhaupt entsteht. Soll die Rechtsinformation beim Betroffenen und/oder seinem Angehörigen „hängenbleiben", bedarf es einer Motivation aufgrund einer individuell – ohne Hilfe – nicht zu bewältigenden Lebenslage wie zum Beispiel, dass das Einkommen des Pflegebedürftigen nicht zu dessen Versorgung ausreicht. Erst mit ihrem akut manifesten Auftreten entsteht ein individuell ausgerichteter Beratungsbedarf, den die Pflegekassen, die Sozialhilfeträger und häufig in der gesellschaftlichen Wirklichkeit die Pflegedienste und -einrichtungen dann zeitnah durch ihr Engagement befriedigen müssen. Entsprechende BERATUNGSPFLICHTEN zur Pflege sind deshalb an verschiedenen Stellen im Sozialrecht normiert.

2. Warum fehlen vielen Betroffenen wichtige Informationen?

Ein großes Manko besteht leider hinsichtlich der PRAKTISCHEN MÖGLICHKEITEN der Pflegekassen, den Betroffenen bzw. seine Angehörigen auch „über Leistungen anderer Träger" zu beraten: Den Mitarbeitern der Pflegekassen fehlen in aller Regel nämlich die rechtlichen Kenntnisse über die Hilfe zur Pflege nach den Vorschriften des SGB XII. Eher die unabhängigen Beratungsstellen (zum Beispiel das sogenannte Pflegebüro in Düsseldorf) sowie die Mitarbeiter von Pflegediensten und -einrichtungen, Verbraucherverbänden oder Selbsthilfegruppen etc. leisten praktisch die erste notwendige Beratungsarbeit.

Insbesondere fehlt es in der Praxis immer wieder an der Beratung über die ANSPRÜCHE AUF LEISTUNGEN DER SOZIALHILFETRÄGER und über die insoweit wichtigen Rahmenbedingungen. Diese Informationen könnten helfen, die ergänzenden Leistungen der Sozialhilfe für Pflegebedürftige bekannt und durchsetzbar zu machen, und zwar gerade für die Bedarfe, die von der Pflegeversicherung nach dem SGB XI nicht oder nicht voll abgedeckt werden, die die Betroffenen aber auch nicht aus eigenen Mitteln selbst bestreiten können.

3. Was sollte man unbedingt wissen?
Es ist besonders wichtig zu wissen, dass die „HILFE ZUR PFLEGE" nach dem Sozialgesetzbuch Zwölftes Buch (SGB XII) auch Pflegebedürftige beanspruchen können, die – mit Blick auf ihr Einkommen und Vermögen – mittelständisch oder besser gestellt sind. Die Vorschriften der Sozialhilfe gewähren relativ hohe Einkommens- und Vermögensfreibeträge, unterhalb derer Einkommen bzw. Vermögen nicht eingesetzt werden müssen (anders nur bei Alleinstehenden in Heimen). Viele Menschen wissen davon aber nichts, und dieses Nichtwissen bzw. die falschen Auffassungen von den Regeln der Sozialhilfe wirken wie ZUGANGSBARRIEREN, die der Beantragung und dem Erhalt von Pflegeleistungen aus Mitteln der Sozialhilfe entgegenstehen: Wie schon angedeutet, besteht oft Unkenntnis hinsichtlich der Schranken für die Inanspruchnahme von unterhaltspflichtigen Verwandten durch die Sozialhilfeträger oder zum Beispiel über den (oft nicht propagierten) Vermögensschutz hinsichtlich eines vom Pflegebedürftigen selbst oder – nach seinem Wechsel ins Heim – noch von seinem Ehegatten bewohnten Hauses (oder einer entsprechenden Eigentumswohnung). Aber auch andere Annahmen der Betroffenen sind häufig irrig: So ist der Kreis der Angehörigen von Pflegebedürftigen, der vom Sozialhilfeträger für geleistete „Hilfe zu Pflege" sozusagen im Rückgriff in Anspruch genommen werden kann, viel enger als gemeinhin angenommen wird (beispielsweise sind Schwiegertöchter bzw. -söhne oder Geschwister grundsätzlich nicht unterhaltsverpflichtet), zum anderen bestehen auch für unterhaltspflichtige Kinder hohe EINKOMMENS- UND VERMÖGENSFREIBETRÄGE (einschließlich des Wertes eines angemessenen Hauses bzw. einer Eigentumswohnung sowie gegebenenfalls bei Wohnen zur Miete zu deren anerkennungsfähiger Höhe), die in einem nicht unbedeutenden Maße vor einer Inanspruchnahme des Sozialhilfeträgers schützen. Durch das ANGEHÖRIGEN-ENTLASTUNGSGESETZ werden KINDER WEGEN ELTERNUNTERHALTS überhaupt erst ab einem jeweiligen Einkommen von 100.000 Euro Jahresbrutto in Anspruch genommen.

TIPP:
Bevor man von einem Antrag auf Hilfe zur Pflege Abstand nimmt, sollte man sich genau darüber informieren,

- welches Vermögen geschützt ist,
- welche Angehörigen im Wege des Rückgriffs des Sozialhilfeträgers in Anspruch genommen werden können sowie
- welche Einkommens- und Vermögensfreibeträge die Angehörigen haben.

Schließlich nehmen Sozialhilfeträger bei schon länger andauernder Pflege des Erblassers nach dessen Tod zugunsten von vorher in seiner Pflege engagierten Erben von Pflegebedürftigen gewisse TEILE DES ERBES eben nicht im Wege des „Rückgriffs" für geleistete Hilfe zur Pflege in Anspruch, obwohl grundsätzlich ein zu Lebzeiten geschütztes Vermögen (insbesondere ein Haus oder eine Eigentumswohnung) nach dem Tod des Pflegebedürftigen nicht mehr unter den sozialhilferechtlichen Vermögensschutz fällt.

Aber in der gesellschaftlichen Realität ist es so: Über diese Regelungen sowie über die WEITERGEHENDEN LEISTUNGSANSPRÜCHE des Sozialhilferechts (aufstockende Leistungen bei von der Pflegekasse nicht abgedeckten Heimkosten/Anspruchsberechtigung auch bei einfacher Pflegebedürftigkeit unterhalb des Grades 1/Anspruch auf Rest-Pflegegeld auch bei voller häuslicher Pflege durch professionelle Pflegekräfte/etc.) bestehen kaum Kenntnisse bei den Pflegebedürftigen und ihren Angehörigen bzw. ihren Betreuern.

Da es sich also bei der Pflegeversicherung um eine „Teilkaskoversicherung" handelt, müssen die Betroffenen je nach ihren Einkommens- und Vermögensverhältnissen für die UNGEDECKTEN KOSTEN häufig selbst einstehen, könnten aber auch bei Fehlen entsprechender Eigenmittel ergänzende Sozialhilfe in Anspruch nehmen. Oft kennen die Pflegebedürftigen aber ihre Ansprüche gegenüber den Sozialhilfeträgern nicht bzw. schätzen die Rahmenbedingungen des Bezugs von Hilfe zur Pflege nach dem SGB XII falsch ein. In dieser Situation kann dann erst kompetente Information und Beratung durch den Sozialhilfeträger (und/oder im Ausnahmefall: durch die Pflegekasse), schließlich eventuell auch durch den ambulanten Pflegedienst oder das Heim dazu führen, dass der Pflegebedürftige seinen Anspruch wahrnimmt und geltend macht.

II. Voraussetzungen zur Gewährung von Hilfe zur Pflege

Hilfe zur Pflege nach dem Sozialhilferecht (SGB XII) wird Personen gewährt, die gesundheitlich bedingte Beeinträchtigungen ihrer Selbständigkeit oder ihrer Fähigkeiten aufweisen und deshalb der HILFE durch Andere bedürfen (so die gesetzgeberische Definition in § 61a SGB XII); der Ausgangspunkt ist danach zunächst derselbe wie bei der sozialen Pflegeversicherung, nämlich die gutachterlich festgestellte Pflegebedürftigkeit. Auch die Pflegegrade sind identisch. Die Leistungen der Sozialhilfe reichen jedoch weiter, da zum Beispiel auch VORÜBERGEHENDER Pflegebedarf berücksichtigt werden kann oder umfassendere Hilfe als bei der leistungsmäßig gedeckelten Pflegeversicherung. Anders als in dieser sozialen (und damit anders auch als in der privaten) Pflegeversicherung können Leistungen der Sozialhilfe bei Vorliegen der Leistungsvoraussetzungen grundsätzlich alle beziehen, die sich im Inland aufhalten. Es kommt also nicht auf eine bestehende Versicherung an, sondern darauf, ob ein SOZIALRECHTLICH relevanter Bedarf besteht, der aus eigenen Mitteln oder den Leistungen vorrangig zuständiger Träger (allererst der Pflegekasse) nicht oder jedenfalls nicht vollständig gedeckt werden kann. ÖRTLICH zuständig ist der Sozialhilfeträger, in dessen Zuständigkeitsbereich sich der Leistungsberechtigte tatsächlich aufhält bzw. seinen letzten gewöhnlichen Aufenthalt hatte.

1. Bedürftigkeit

VORAUSSETZUNG dafür Sozialhilfeleistungen zu erhalten, ist allerdings die BEDÜRFTIGKEIT DES PFLEGEBEDÜRFTIGEN: Das bedeutet, dass er sich nicht bzw. nicht ausreichend selbst durch den Einsatz seiner Arbeitskraft oder seines Einkommens bzw. Vermögens helfen kann. Bei der Bewilligung von Hilfe zur Pflege ist immer der EINZELFALL zu prüfen. Grundsätzlich müssen daher auch Unterhaltsansprüche (beispielsweise auf Elternunterhalt) überprüft werden, allerdings schützen die dazu einschlägigen Rechtsregeln umfangreicher als viele Betroffene annehmen.

Beispiel:
Frau M hat Pflegegrad 4 und muss vollstationär versorgt werden. Sie hat eine Rente von 650 Euro sowie eine Witwenrente von 1.200 Euro. Der von ihr zu leistende Eigenanteil an den Heimkosten abzüglich der Leistungen der Pflegeversicherung beläuft sich auf 2.200 Euro. Abzüglich ihrer Renten von zusammen 1.850 Euro bleiben ungedeckte Heimkosten in

Höhe von 350 Euro. Frau M stellt wegen ihrer Bedürftigkeit einen Antrag auf Hilfe zur Pflege beim zuständigen Sozialhilfeträger. Der Antrag wird ohne Weiteres bewilligt.

Hilfe zur Pflege kann auch geleistet werden, wenn zwar Leistungen nach dem SGB XI bezogen werden, diese aber zusammen mit vorhandenem Einkommen dennoch nicht ausreichen, um die entstehenden Kosten zu tragen. Gerade die Versorgung in einer vollstationären Einrichtung, bei der die Bewohner die Kosten für Unterkunft, Verpflegung, Pflegeleistungen über den Festbetrag der Pflegeversicherung hinaus zuzüglich von Investitionskosten und evtl. Ausbildungsumlagen selbst zahlen müssen, kann schnell dazu führen, dass die Bewohner diese Kosten nicht selbst aufbringen können. Dann können Leistungen des Sozialhilfeträgers DIREKT AN DIE EINRICHTUNG erbracht werden.

2. Umfang der Leistungen

Die Sozialhilfe ist als sozialrechtliche Ausnahme- und Auffanghilfe – anders als die Leistungen der Pflegeversicherung – nicht gedeckelt, also grundsätzlich in der Leistungshöhe nur am Bedarf eines in Würde geführten Lebens orientiert. Sie orientiert sich am PRINZIP DER BEDARFSDECKUNG und damit dem individuellen Bedarf eines Hilfebedürftigen. Allerdings sind Sozialhilfeleistungen gegenüber den Leistungen anderer Sozialhilfeträger grundsätzlich NACHRANGIG, das bedeutet, zunächst müssen die anderen Träger, insbesondere die Pflegekassen, um Leistungen angegangen werden.

Als Hilfe zur Pflege können Leistungen der häuslichen, teilstationären und stationären Pflege, außerdem auch Hilfsmittel und die Kurzzeitpflege übernommen werden. Dieser Leistungskatalog entspricht dem der Pflegeversicherung. Für die Einzelheiten kann insoweit auf die Darstellung zu den Leistungen der Pflegeversicherung verwiesen werden. Wichtig ist allerdings, dass die Verweisung nur hinsichtlich des Inhalts der Leistungen erfolgt und nicht hinsichtlich des Umfangs. Dies bedeutet, dass die vom SGB XI vorgesehenen Begrenzungen der jeweiligen Pflegeleistungen der Höhe nach im Sozialhilferecht keine Anwendung finden. Vielmehr kommen immer ergänzende Leistungen der Sozialhilfe in Betracht, wenn die betragsmäßige „Deckelung" der Pflegeversicherungsleistungen den tatsächlichen Bedarf nicht abzudecken vermag.

3. Vorrang der häuslichen Pflege

Reicht im Fall von Pflegebedürftigkeit HÄUSLICHE PFLEGE aus, soll der Träger der Sozialhilfe darauf hinwirken, dass die Pflege einschließlich der hauswirtschaftlichen Versorgung durch Personen, die dem Pflegebedürftigen nahestehen, oder im Wege der Nachbarschaftshilfe übernommen wird. Bei den nahestehenden Personen ist insbesondere an Familienangehörige gedacht; aber auch sonstige Haushaltsangehörige (so auch Wohngemeinschaftsmitglieder) oder Freunde kommen in Betracht. Gegenwärtig wird diese Pflege immer noch überwiegend von den (Ehe-)Partnerinnen, Töchtern oder anderen weiblichen Angehörigen erbracht, die hierzu nicht selten ihre Erwerbstätigkeit aufgeben oder einschränken müssen. Soweit sie als Pflegepersonen Hilfen erbringen, erhalten sie jedoch kein arbeitsrechtliches Entgelt für ihre Tätigkeit – allerdings häufig weitergereichtes Pflegegeld.

4. Art der Leistungen

Als HILFE ZUR PFLEGE können Leistungen der häuslichen, teilstationären und vollstationären Pflege übernommen werden, ebenso Hilfsmittel und die Kurzzeitpflege. Der Leistungskatalog der Hilfe zur Pflege für Pflegebedürftige in den PFLEGEGRADEN 2 BIS 5 entspricht im Wesentlichen dem der Pflegeversicherung. Welche Versorgungsart gewählt werden kann, hängt auch vom Einzelfall sowie den örtlichen Verhältnissen ab.

Für den PFLEGEGRAD 1 kommen als Leistungen nur Hilfsmittel nach § 64d SGB XII und Maßnahmen zur Wohnumfeldverbesserung nach § 64e SGB XII, außerdem der Entlastungsbetrag in Höhe von monatlich 125 Euro (nach § 66 SGB XII) in Betracht.

Um bei Pflegebedürftigkeit die Möglichkeit zu haben, engagierten Helfern („Pflegepersonen") den Aufwand zu erstatten, den sie im Rahmen ihrer Einsätze haben, wie beispielsweise Fahrtkosten oder Kosten der Unterbringung des eigenen Kindes, in geringem Umfang auch Entschädigung für entgangenes Arbeitseinkommen, gibt es die sogenannte „Große Haushaltshilfe" nach § 70 SGB XII.

Voraussetzung für die „Große Haushaltshilfe" ist, dass

- ☐ der Hilfebedürftige einen eigenen Haushalt führt,
- ☐ kein anderer Haushaltsangehöriger den Haushalt alleine führen kann,
- ☐ die Weiterführung des Haushalts notwendig und sinnvoll ist und
- ☐ der Hilfeempfänger zu wenig Einkommen oder Vermögen hat, die Haushaltshilfe selbst zu finanzieren und zu tragen.

III. Vorrang ambulanter Pflege trotz niedrigerer Heimkosten?

Eine vollständige Erläuterung aller Rechtsfragen der sozialhilferechtlichen Pflege würde den Rahmen dieses Ratgebers zur Pflegeversicherung sprengen. Daher soll hier (im Einzelnen siehe den oben bereits erwähnten Ratgeber von Krahmer/Schellhorn) beispielhaft ein für die Pflege wichtiger Bereich dieses Rechtsgebiets vorgestellt werden, nämlich der Vorrang häuslicher Pflege in Fällen niedrigerer Heimkosten.

1. Vorrang ambulanter Hilfen

Immer wieder gibt es in der Praxis Probleme, wenn sehr HOHE KOSTEN für eine häusliche Pflege vom Sozialamt übernommen werden müssen. Benötigen Menschen die meiste Zeit des Tages immer wieder Assistenz, so können die Kosten ihrer Pflege zu Hause die Kosten eines Heimplatzes ausnahmsweise übersteigen. Häufig versuchen die Sozialämter dann, die Pflegebedürftigen zu einem WECHSEL IN EIN PFLEGEHEIM zu veranlassen. Als rechtliche Grundlage hierfür wird §13 SGB XII herangezogen.

In §13 SGB XII ist allgemein festgelegt, dass eine Sozialleistung entsprechend den ERFORDERNISSEN DES EINZELFALLS für die Deckung des Bedarfs ambulant, teilstationär oder stationär erbracht werden kann. Dieser Satz ist eine Konkretisierung des sozialhilferechtlichen INDIVIDUALISIERUNGS- UND BEDARFSDECKUNGSGRUNDSATZES. Ob Hilfe zur Pflege zu Hause oder im Heim zu leisten ist, ist also stets im EINZELFALL unter Beachtung der persönlichen und örtlichen Verhältnisse zu entscheiden. Allerdings handelt es sich rechtlich nicht um gleichwertige Alternativen, denn §13 Absatz 1 Satz 2 SGB XII räumt vielmehr generell den ambulanten Leistungen den Vorrang vor teilstationären und stationären Leistungen ein und den teilstationären Leistungen den Vorrang vor stationären Leistungen. Das heißt, die Hilfe muss auch tatsächlich vorrangig ambulant erbracht werden und der Sozialhilfeträger muss selbst für eine ambulante Hilfe sorgen. Die Verpflichtung zunächst ambulante Hilfen zu gewähren, gilt für den zuständigen Sozialhilfeträger nicht, wenn die Voraussetzungen des §13 Absatz 1 Satz 3 SGB XII vorliegen, nämlich

- eine stationäre Hilfe möglich,
- geeignet sowie
- dem/der Hilfesuchenden zumutbar und
- die ambulante Hilfe mit unverhältnismäßigen MEHRKOSTEN verbunden ist.

Alle diese Voraussetzungen müssen nebeneinander vorliegen. Es reicht also weder aus, dass eine stationäre Hilfe geeignet und zumutbar – aber billiger – ist, um von dem Vorrang ambulanter Hilfe abweichen zu können, noch dass die ambulante Hilfe unverhältnismäßige Mehrkosten verursacht, wenn demgegenüber die konkret ins Auge gefasste stationäre Einrichtung nicht geeignet, weil unzumutbar für den Betroffenen, wäre. § 13 Absatz 1 Satz 4 SGB XII schreibt den Sozialhilfeträgern vor, dass die Zumutbarkeit stets zuerst, also vor der Kostenfrage, zu prüfen ist. Erweist sich der Verweis auf eine teilstationäre oder stationäre Leistung als unzumutbar, so ist ein Kostenvergleich gar nicht mehr vorzunehmen. Bei der Beurteilung, ob es einer/einem Pflegebedürftigen zuzumuten ist, anstelle einer ambulanten eine (teil)stationäre Leistung in Anspruch zu nehmen, sind die persönlichen, familiären und örtlichen UMSTÄNDE angemessen zu berücksichtigen. Der Gesetzgeber reagiert mit den vorgenannten Regelungen auf die Praxis mancher Sozialhilfeträger, die aus Kostengründen Pflegebedürftigen die weitere Versorgung in der eigenen Wohnung versagt haben, ohne ihren individuellen Bedürfnissen angemessen Rechnung zu tragen.

Die Leistungen der Pflegekassen sind gegenüber denjenigen der Sozialhilfe VORRANGIG in Anspruch zu nehmen.

Bleiben Zweifel daran, ob alle Merkmale des § 13 Absatz 1 Satz 3 tatsächlich erfüllt sind, so muss es gemäß Satz 2 beim GRUNDSÄTZLICHEN VORRANG DER AMBULANTEN HILFEN bleiben. Aber auch wenn die Voraussetzungen des Satzes 3 vorliegen, bedeutet dies noch nicht, dass nur eine stationäre Hilfe in rechtmäßiger Weise vom Sozialhilfeträger erbracht werden kann. In diesem Fall gilt lediglich der in Satz 2 normierte generelle Vorrang der ambulanten Hilfen nicht, das heißt, der Sozialhilfeträger BEGRENZT dann seine ambulanten Leistungen auf die Höhe der durchschnittlich üblichen stationären.

Es genügt nicht den gesetzlichen Anforderungen, wenn der Sozialhilfeträger pauschal auf eine mögliche Heimunterbringung verweist und deren Kosten abstrakt denjenigen einer ambulanten Hilfe gegenüberstellt. Der Sozialhilfeträger muss vielmehr einen KONKRETEN stationären Heimplatz benennen können, der als ALTERNATIVE zur Verfügung steht.

Das Zusammentreffen mehrerer Pflegeleistungsansprüche („LEISTUNGSKONKURRENZ“) ist in § 63b SGB XII geregelt. Die Leistungen der Pflegeversicherung und der Hilfe zur Pflege müssen daher aufeinander abgestimmt werden. So ist der Sozialhilfeträger an die Entscheidung der Pflegekasse über das Ausmaß der Pflegebedürftigkeit nach dem SGB XI auch bei seiner Entscheidung über die Hilfe zur Pflege GEBUNDEN. Ordnet die Pflegekasse einen Pflegebedürftigen in den Pflegegrad 3 ein, kann der Sozialhilfeträger nicht etwa Leistungen lediglich nach Pflegegrad 2 oder 1 erbringen. Da die Leistungen der Pflegeversicherung vorrangig sind gegenüber denjenigen der Sozialhilfe, muss auch der Pflegekasse die vorrangige Entscheidung zukommen, welche Art der Pflegehilfe gewährt wird. Es wurde bereits darauf hingewiesen, dass im Rahmen der Pflegeversicherung vollstationäre Pflege nur ausnahmsweise gewährt werden darf, wenn ambulante Pflegehilfe nicht möglich ist oder nicht in Betracht kommt. Wann immer ambulante Pflege möglich ist, weil zur Pflege bereite Pflegepersonen oder ambulante Dienste zur Verfügung stehen, darf vollstationäre Pflege nicht erbracht werden.

Es ist zunächst Sache des Sozialhilfeträgers, mögliche Einrichtungen zu benennen, die er für den Betroffenen für zumutbar hält und deren Kosten unter denen der ambulanten Hilfen liegen. Schließlich hat er darzulegen, dass er vorliegend nicht an den Vorrang der offenen Hilfen gebunden ist, weil im konkreten Fall ausnahmsweise die Voraussetzungen des § 13 Absatz 1 Satz 3 SGB XII vorliegen. Der Leistungsberechtigte wird erst durch Benennung einer konkreten Einrichtung in die Lage versetzt, zu prüfen, ob es ihm zumutbar ist dort zu leben. Auch die Frage des Kostenvergleichs stellt sich erst, wenn die konkreten Kosten einer konkret benannten Einrichtung bekannt sind. Erst dann kann ein Vergleich vorgenommen werden, um die Frage UNVERHÄLTNISMÄSSIGER MEHRKOSTEN zu beurteilen. Das Sozialgericht kann im Streitfall die Voraussetzungen des § 13 Absatz 1 Satz 3 SGB XII ebenfalls nur prüfen, wenn vom Sozialhilfeträger konkrete Heime oder Einrichtungen benannt werden. Ein Bescheid, der diesen Anforderungen nicht genügt, kann allein aus diesem Grund als rechtswidrig aufgehoben werden.

Beispiel:
Der querschnittgelähmte Herr U erhält von seiner Pflegekasse ambulante Pflegeleistungen nach Pflegegrad 3. Da die Leistungen der Pflegeversicherung nicht ausreichen, beantragt er Hilfe zur Pflege beim zuständigen Sozialhilfeträger und legt diesem einen Kostenvoranschlag des ambulanten Pflegedienstes über 4.800 Euro bei. Der Sozialhilfeträger lehnt die Hilfe zur Pflege ab, weil ein Platz in einem Heim generell nur 3.200 Euro kosten würde. Dieser Bescheid ist schon deshalb RECHTSWIDRIG, weil der Sozialhilfeträger nur PAUSCHAL auf angebliche Heimkosten Bezug nimmt, ohne zu konkretisieren, in welchem Heim konkret welche Kosten entstünden. Auf den Widerspruch von Herrn U hin muss der Bescheid schon deshalb aufgehoben werden. Das Sozialamt muss über seinen Antrag erneut entscheiden.

TIPP:
Kann das Sozialamt keine Einrichtung benennen, in der die Hilfe zur Pflege erbracht werden soll, so muss die beantragte ambulante Pflege übernommen werden, ohne dass es auf die Frage entstehender Mehrkosten oder der Zumutbarkeit einer stationären Hilfe ankommen kann.

Das Gleiche gilt im Übrigen, wenn der Sozialhilfeträger nur eine Einrichtung benennen kann, in der aber zurzeit kein Platz zur Verfügung steht, oder wenn ein einziger Heimplatz in einer Vielzahl von Fällen als Alternative zur ambulanten Hilfe genannt wird. Nur ein tatsächlich vorhandener HEIMPLATZ, der von dem Betroffenen auch tatsächlich eingenommen werden könnte, kann für den vorgesehenen Zumutbarkeits- und Kostenvergleich herangezogen werden.

2. Geeignetheit stationärer Versorgung

Darüber hinaus gilt die AUSNAHME VOM GRUNDSATZ DES VORRANGS AMBULANTER HILFEN nur, wenn die für die Zumutbarkeits- und Kostenabwägung herangezogene stationäre Hilfe auch „GEEIGNET" ist. Dies kann nur angenommen werden, wenn durch das angebotene Heim der vom Sozialhilfeträger festgestellte Bedarf an täglicher Hilfe und Pflege auch tatsächlich gedeckt werden kann. Dies dürfte häufig nicht der Fall sein. In aller Regel entstehen hohe Kosten durch die Inanspruchnahme ambulanter Hilfen zum Beispiel durch einen ambulanten Hilfsdienst nur dann, wenn in erheblichem Umfang Hilfe benötigt wird. Das Sozialamt muss – in der Regel auf Grundlage des von der Pflegekasse eingeholten Gutachtens des Medizinischen Dienstes und gegebenenfalls aufgrund eigener Feststellungen, häufig durch das örtliche Gesundheitsamt – darüber entscheiden, in welchem Umfang es einen täglichen Hilfebedarf für gegeben erachtet. Nur wenn es dabei zum Ergebnis kommt, der Hilfebezieher braucht täglich mehrere Stunden Hilfe, kann es zu KOSTEN einer ambulanten Hilfe kommen, die diejenigen einer stationären Unterbringung übersteigen. Viele Heime sind faktisch gar nicht in der Lage, einen solchen UMFASSENDEN HILFEBEDARF zu erbringen. Zwar gilt der Pflegeauftrag im Heim rund um die Uhr, es ist de facto aber immer nur eine begrenzte Anzahl von Pflegekräften gleichzeitig anwesend. Diese können oft gar nicht für den einzelnen Heimbewohner so viel Pflege erbringen, wie nach den Feststellungen des Sozialamtes eigentlich nötig wäre. So kann oft die Begleitung außerhalb der eigenen Wohnung zwar durch ambulante Hilfen wahrgenommen, durch das Personal eines Heimes aber nicht gewährleistet werden. Es obliegt jedenfalls immer dem Sozialhilfeträger, die Geeignetheit der vorgesehenen stationären Hilfe zu prüfen und festzustellen. Unterbleiben solche Feststellungen, kann die angebotene stationäre Hilfe nicht als geeignet angesehen werden.

3. Zumutbarkeit stationärer Versorgung

Der vom Sozialhilfeträger konkret benannte Heimplatz muss für den Hilfeempfänger auch ZUMUTBAR sein. Nur eine zumutbare stationäre Hilfe kann für den vorgesehenen Kostenvergleich der ambulanten Hilfe gegenübergestellt werden. Für die Frage der Zumutbarkeit kommt es allerdings nicht allein auf die SUBJEKTIVE SICHT DES BETROFFENEN an. Es reicht nicht aus, dass er selbst die Heimpflege ablehnt oder nicht. Vielmehr muss beurteilt werden, ob ein vernünftig urteilender Mensch an Stelle des Betroffenen billigerweise das Leben in der vom Sozialhilfeträger benannten Einrichtung ablehnen und eine ambulante Hilfe vorziehen würde. Für die Frage der Zumutbarkeit können wiederum die KOSTEN nicht herangezogen werden. In § 13 Absatz 1 Sätze 4 und 6 SGB XII ist ausdrücklich geregelt, dass die Fragen der Zumutbarkeit der Leistungsart und der Verhältnismäßigkeit der Kosten getrennt zu beurteilen sind - sie können nicht miteinander verwoben werden. Es wäre daher nicht rechtens, eine stationäre Hilfe umso eher zuzumuten, je mehr die Kosten ambulanter diejenigen stationärer Hilfen überschreiten: also etwa Unzumutbarkeit anzunehmen, wenn die ambulanten Kosten 15 bis 20 % über denjenigen der stationären Hilfe liegen, aber von Zumutbarkeit der gleichen Einrichtung auszugehen, wenn die Kosten ambulanter Hilfe um 50 bis 60 % über denjenigen der Einrichtung liegen. Die Unterbringung in einer Einrichtung ist entweder zumutbar oder unzumutbar, die Frage der Kosten darf bei dieser Abwägung keine Rolle spielen. Nach § 13 Absatz 1 Satz 5 SGB XII sind bei der Prüfung der Zumutbarkeit die persönlichen, familiären und örtlichen UMSTÄNDE angemessen zu berücksichtigen.

Zur Prüfung der Zumutbarkeit einer Pflege im Heim sollten folgende Fragen gestellt werden:

- ☐ Ist ein Ortswechsel notwendig bei Aufnahme in die Einrichtung?
- ☐ Verhindert oder erschwert die topographische Lage der Einrichtung ein selbständiges Verlassen, etwa für Rollstuhlnutzer?
- ☐ Wie ist die Anbindung an die allgemeine Infrastruktur (öffentlicher Personenverkehr, Einkaufsmöglichkeiten, Veranstaltungsorte, Ärzte, Apotheken etc.) gestaltet?
- ☐ Lebt der Hilfebedürftige mit Familienangehörigen zusammen?
- ☐ Kann dieses Zusammenleben aufrechterhalten bleiben?
- ☐ Werden familiäre Kontakte erschwert oder gar unmöglich, gegebenenfalls auch im Zusammenhang mit den örtlichen Umständen (zum Beispiel schlechtere Verkehrsanbindung)?
- ☐ Können Kontakte zu Personen erschwert oder unmöglich gemacht werden, die im traditionellen und rechtlichen Verständnis zwar keine Familienangehörigen sind, für die Pflegebedürftigen aber eine (ebenso) wichtige Funktion und Bedeutung haben?
- ☐ Lebt der Pflegebedürftige bislang mit einer oder mehreren Personen zusammen?
- ☐ Könnte er im Heim seine bisherigen Sozialkontakte zu Nachbarn und Freunden ungehindert weiter pflegen?
- ☐ Kann eine bisherige berufliche Teilzeittätigkeit, sonstige Beschäftigung oder ehrenamtliche Tätigkeit auch bei einem Leben in der Einrichtung aufrechterhalten bleiben?
- ☐ Ist die Religionsausübung in dem vorgeschlagenen Heim sichergestellt?
- ☐ Lässt sich dort auch sonst die freie Religionsausübung verwirklichen?
- ☐ Bislang sind die Heime zuweilen nicht auf die Bedürfnisse jüdischer und muslimischer Pflegebedürftiger eingestellt (zum Beispiel bei der Ernährung). Ist dies vorliegend der Fall?

Nach Artikel 6 Grundgesetz steht die FAMILIE unter dem besonderen Schutz des Staates; dieses Grundrecht ist auch in der Abwägung nach § 13 SGB XII besonders zu berücksichtigen. In aller Regel dürfte daher die Verweisung auf eine Einrichtung unzumutbar sein, wenn dadurch das Zusammenleben mit Eltern, Ehegatten und insbesondere Kindern des Pflegebedürftigen unmöglich würde.

Bei den PERSÖNLICHEN Umständen ist das Risiko der sozialen Isolation durch das Leben im Heim zu berücksichtigen.

Von Bedeutung sind hier auch der KULTURELLE UND RELIGIÖSE HINTERGRUND der Pflegebedürftigen und ihr Recht auf freie Religionsausübung. § 9 Absatz 3 SGB XII bestimmt, dass die Leistungsberechtigten in Einrichtungen von Geistlichen ihres Bekenntnisses betreut werden sollen.

Auch das ALTER und das GESCHLECHT können von Bedeutung sein. So kann es für eine junge behinderte Frau unzumutbar sein, in eine Wohngruppe zu ziehen, in der sie mit ausschließlich männlichen bzw. weitaus älteren Menschen zusammenleben soll. Der psychische Gesundheitszustand kann die Veränderung des häuslichen Umfeldes unzumutbar machen, wenn beispielsweise der Betroffene sich auf neue Gegebenheiten nicht (mehr) angemessen einstellen kann.

Auch Aspekte des Zusammenlebens mit anderen Menschen auf relativ engem Raum, eine Unterbringung in Doppelzimmern, der fremdbestimmte Tagesablauf, die Reglementierung durch die Hausordnung können eine Unzumutbarkeit begründen. Hier ist der verfassungsrechtliche Schutz von behinderten Menschen vor Diskriminierung zu beachten: Die Sozialhilfeträger können behinderten Menschen nicht allein deshalb ein Recht auf einen möglichst selbstbestimmten Alltag und eine geschützte Intimsphäre absprechen, weil diese behinderungsbedingt Hilfe benötigen. Auch ein noch so hoher Hilfebedarf lässt das schützenswerte Interesse an einer INTIMSPHÄRE und einem SELBSTBESTIMMTEN LEBEN nicht entfallen, im Gegenteil. Deshalb ist für die Zumutbarkeit auch von Relevanz, ob und in welchem Umfang die Pflegebedürftigen im Heim Einfluss nehmen können auf die Auswahl der Pflegekräfte, auf die Planung ihres Tagesablaufs, den Speiseplan usw. Besteht in einem Heim zum Beispiel keine Möglichkeit, die Wünsche der Pflegebedürftigen betreffend die Person der Pflegekraft in angemessenem Umfang zu beachten, so bedeutet dies faktisch, dass Menschen sich hier gegen ihren ausdrücklichen Wunsch und Willen von Personen pflegen lassen müssen, zu denen sie kein Vertrauen haben oder deren Pflege sie aus anderen

Gründen als unangenehm oder beängstigend empfinden. Dies ist nicht nur, aber vor allem im Bereich der Intimpflege von Frauen relevant, wenn diese gegen ihren Willen von männlichen Personen im Freiwilligendienst durchgeführt werden soll. Spezielle Aspekte der täglichen Pflege können ebenfalls als persönliche Umstände berücksichtigt werden (besonders zeitintensive Hilfe, die im Heim nicht erbracht werden kann; Einsatz von Hilfsmitteln, die im Heim nicht eingesetzt werden können oder dürfen).

Beispiel:
Frau B ist als junges Mädchen zum Kriegsende aus den Ostgebieten geflohen und musste dabei auch sexuelle Gewalt durch Soldaten erfahren. Zeit ihres Lebens konnte sie damit umgehen. Im hohen Alter kommen jedoch die traumatischen Erinnerungen zurück. Insbesondere auf männliche Pfleger reagiert sie daher panisch bei der Körperpflege. Die Einrichtung versucht entsprechend bei Erstellung des Dienstplans darauf einzugehen; gelingt dies nicht, kann ein Heimaufenthalt unzumutbar sein.

Im EINZELFALL kann viel davon abhängen, die zuständigen Sachbearbeiter des Sozialamts oder auch im Streitfalle die Richter des Gerichts von der Unzumutbarkeit eines Lebens im Heim zu überzeugen. Es ist daher notwendig, möglichst viele derjenigen Aspekte zusammenzutragen, die eine Unzumutbarkeit der Verweisung auf die stationäre Pflege begründen können. Auch verschiedene Argumente, die für sich gesehen noch keine Unzumutbarkeit begründen, können in der GESAMTSCHAU dazu führen, dass ein Leben in der Einrichtung als unzumutbar angesehen wird. Hierfür kann es durchaus hilfreich sein, sich die entsprechende Einrichtung einmal anzusehen und soweit möglich auch mit Einrichtungsbewohnern zu sprechen, um sich ein eigenes Bild vom Leben in dieser Einrichtung zu verschaffen.

TIPP:
Überlegen Sie sich genau, wie Ihr Tagesablauf üblicherweise aussehen würde, wenn Sie ambulante Pflegehilfe erhalten würden. Stellen Sie sich dann vor, wie Ihr Tagesablauf und Ihre sozialen Kontakte aussähen, wenn Sie in der Einrichtung leben würden. Schreiben Sie beides auf, vergleichen es miteinander und halten Sie dann gegenüber dem Sozialhilfeträger fest, welche der festgestellten Änderungen in Ihrem Leben nach Ihrer Ansicht ein Leben in der Einrichtung unzumutbar machen.

Die Gerichte haben bislang entschieden, dass unverhältnismäßige Mehrkosten in aller Regel dann angenommen werden können, wenn die Kosten ambulanter Hilfe diejenigen einer stationären Heimpflege um MEHR ALS DAS DOPPELTE übersteigen.

4. Unverhältnismäßige Mehrkosten im Vergleich zur Pflege im Heim

Selbst wenn die Kosten ambulanter Hilfen höher sind als diejenigen einer geeigneten und zumutbaren stationären Hilfe, bleibt noch die Frage zu entscheiden, ob es sich hierbei um „UNVERHÄLTNISMÄSSIGE MEHRKOSTEN" handelt. Aus dieser Formulierung in § 13 SGB XII folgt zunächst ohne weiteres, dass nicht jede festgestellte Kostendifferenz diese Voraussetzung erfüllt. „Verhältnismäßige Mehrkosten" lassen jedenfalls den Vorrang der ambulanten Hilfe nach Satz 3 unberührt, kann im Umkehrschluss gefolgert werden. Bei der „Unverhältnismäßigkeit" der entstehenden Mehrkosten handelt es sich um einen sogenannten unbestimmten Rechtsbegriff. Es gibt keine im Gesetz oder in sonstigen Rechtsvorschriften festgelegte Grenze für diese

„Unverhältnismäßigkeit". Diese Frage ist nicht in einem rein rechnerischen Kostenvergleich zu entscheiden, es bedarf vielmehr einer WERTENDEN BETRACHTUNGSWEISE. Die Beurteilung steht nicht im freien Ermessen des Sozialamtes, sondern ist durch die Gerichte voll überprüfbar.

Das Bundesverwaltungsgericht sah Mehrkosten der ambulanten Hilfe von mehr als 75 % als unverhältnismäßig an. Es können jedoch auch höhere Kosten im Einzelfall verhältnismäßig sein. Denn die Unverhältnismäßigkeit der Mehrkosten ist stets danach zu beurteilen, ob im Verhältnis der beiden Leistungen zueinander höhere Kosten der einen (ambulanten) Hilfe gegenüber der anderen (stationären) noch hingenommen werden kann.

Als Faustformel kann zur Orientierung gesagt werden, dass dann, wenn die Kosten ambulanter Hilfe diejenigen einer stationären um bis zu 50 % übersteigen, dies noch nicht „unverhältnismäßig" im Sinne des § 13 Absatz 1 Satz 3 SGB XII ist. Liegen die ambulanten Kosten dagegen 100 % höher als die der stationären Hilfe, werden sie in der Regel „unverhältnismäßig" sein. Zwischen diesen beiden Marken richtet sich die Frage der „Unverhältnismäßigkeit" ambulanter Pflegekosten nach den besonderen Umständen des Einzelfalles.

Bei der fiktiven Berechnung der Kosten des konkret verfügbaren (und zumutbaren) Pflegeheimes dürfen die etwaigen kostenmindernden Eigenanteile, die ein alleinstehender Hilfesuchender mit relevantem Einkommen bei einem Wechsel in das Heim unterhalb der Einkommensgrenze nach den sozialhilferechtlichen Regelungen (§§ 85 SGB XII ff., insbesondere § 88 Absatz 1 Satz 2 SGB XII) beizutragen hätte, NICHT EINBEZOGEN werden, weil das zu Ergebnissen führen würde, die mit dem Gleichheitsgrundrecht nicht vereinbar wären (dazu ausführlich Krahmer/Schellhorn, Hilfe zur Pflege nach dem SGB XII, 7. Auflage 2022, Seite 41 ff.).

Zusammenfassung:
Wer pflegebedürftig ist und die Kosten für die eigene Versorgung nicht (mehr) tragen kann, hat in der Regel Anspruch auf Sozialleistungen in Form der Hilfe zur Pflege. Man sollte sich dazu unbedingt frühzeitig bei einer unabhängigen Beratungsstelle beraten lassen. Beratungsstellen kann man beispielsweise über die eigene Pflegekasse oder die Kommune finden.
Die Hilfe zur Pflege kann in der häuslichen, teilstationären oder stationären Versorgung erfolgen, wobei die häusliche Versorgung Vorrang hat.

Anhang

Anlage 1 zu § 15 SGB XI
Einzelpunkte der Module 1 bis 6; Bildung der Summe der Einzelpunkte in jedem Modul

MODUL 1: EINZELPUNKTE IM BEREICH DER MOBILITÄT

Das Modul umfasst fünf Kriterien, deren Ausprägungen in den folgenden Kategorien mit den nachstehenden Einzelpunkten gewertet werden:

ZIFFER	KRITERIEN	SELBSTÄNDIG	ÜBERWIEGEND SELBSTÄNDIG	ÜBERWIEGEND UNSELB-STÄNDIG	UNSELB-STÄNDIG
1.1	Positionswechsel im Bett	0	1	2	3
1.2	Halten einer stabilen Sitzposition	0	1	2	3
1.3	Umsetzen	0	1	2	3
1.4	Fortbewegen innerhalb des Wohnbereichs	0	1	2	3
1.5	Treppensteigen	0	1	2	3

MODUL 2: EINZELPUNKTE IM BEREICH DER KOGNITIVEN UND KOMMUNIKATIVEN FÄHIGKEITEN

Das Modul umfasst elf Kriterien, deren Ausprägungen in den folgenden Kategorien mit den nachstehenden Einzelpunkten gewertet werden:

ZIFFER	KRITERIEN	FÄHIGKEIT VORHANDEN/ UNBEEINTRÄCHTIGT	FÄHIGKEIT GRÖSSTENTEILS VORHANDEN	FÄHIGKEIT IN GERINGEM MASSE VORHANDEN	FÄHIGKEIT NICHT VORHANDEN
2.1	Erkennen von Personen aus dem näheren Umfeld	0	1	2	3
2.2	Örtliche Orientierung	0	1	2	3
2.3	Zeitliche Orientierung	0	1	2	3
2.4	Erinnern an wesentliche Ereignisse oder Beobachtungen	0	1	2	3
2.5	Steuern von mehrschrittigen Alltagshandlungen	0	1	2	3
2.6	Treffen von Entscheidungen im Alltag	0	1	2	3
2.7	Verstehen von Sachverhalten und Informationen	0	1	2	3
2.8	Erkennen von Risiken und Gefahren	0	1	2	3
2.9	Mitteilen von elementaren Bedürfnissen	0	1	2	3
2.10	Verstehen von Aufforderungen	0	1	2	3
2.11	Beteiligen an einem Gespräch	0	1	2	3

MODUL 3: EINZELPUNKTE IM BEREICH DER VERHALTENSWEISEN UND PSYCHISCHE PROBLEMLAGEN

Das Modul umfasst dreizehn Kriterien, deren Häufigkeit des Auftretens in den folgenden Kategorien mit den nachstehenden Einzelpunkten gewertet wird:

ZIFFER	KRITERIEN	NIE ODER SEHR SELTEN	SELTEN (EIN- BIS DREIMAL INNERHALB VON ZWEI WOCHEN)	HÄUFIG (ZWEIMAL BIS MEHRMALS WÖCHENTLICH, ABER NICHT TÄGLICH)	TÄGLICH
3.1	Motorisch geprägte Verhaltensauffälligkeiten	0	1	3	5
3.2	Nächtliche Unruhe	0	1	3	5
3.3	Selbstschädigendes und autoaggressives Verhalten	0	1	3	5
3.4	Beschädigen von Gegenständen	0	1	3	5
3.5	Physisch aggressives Verhalten gegenüber anderen Personen	0	1	3	5
3.6	Verbale Aggression	0	1	3	5
3.7	Andere pflegerelevante vokale Auffälligkeiten	0	1	3	5
3.8	Abwehr pflegerischer und anderer unterstützender Maßnahmen	0	1	3	5
3.9	Wahnvorstellungen	0	1	3	5
3.10	Ängste	0	1	3	5
3.11	Antriebslosigkeit bei depressiver Stimmungslage	0	1	3	5
3.12	Sozial inadäquate Verhaltensweisen	0	1	3	5
3.13	Sonstige pflegerelevante inadäquate Handlungen	0	1	3	5

MODUL 4: EINZELPUNKTE IM BEREICH DER SELBSTVERSORGUNG
Das Modul umfasst dreizehn Kriterien:

Einzelpunkte für die Kriterien der Ziffern 4.1 bis 4.12
Die Ausprägungen der Kriterien 4.1 bis 4.12 werden in den folgenden Kategorien mit den nachstehenden Punkten gewertet:

ZIFFER	KRITERIEN	SELBSTÄNDIG	ÜBERWIEGEND SELBSTÄNDIG	ÜBERWIEGEND UNSELBSTÄNDIG	UNSELBSTÄNDIG
4.1	Waschen des vorderen Oberkörpers	0	1	2	3
4.2	Körperpflege im Bereich des Kopfes (Kämmen, Zahnpflege/Prothesenreinigung, Rasieren)	0	1	2	3
4.3	Waschen des Intimbereichs	0	1	2	3
4.4	Duschen und Baden einschließlich Waschen der Haare	0	1	2	3
4.5	An- und Auskleiden des Oberkörpers	0	1	2	3
4.6	An- und Auskleiden des Unterkörpers	0	1	2	3
4.7	Mundgerechtes Zubereiten der Nahrung und Eingießen von Getränken	0	1	2	3
4.8	Essen	0	3	6	9
4.9	Trinken	0	2	4	6
4.10	Benutzen einer Toilette oder eines Toilettenstuhls	0	2	4	6
4.11	Bewältigen der Folgen einer Harninkontinenz und Umgang mit Dauerkatheter und Urostoma	0	1	2	3
4.12	Bewältigen der Folgen einer Stuhlinkontinenz und Umgang mit Stoma	0	1	2	3

Die Ausprägungen des Kriteriums der Ziffer 4.8 sowie die Ausprägung der Kriterien der Ziffern 4.9 und 4.10 werden wegen ihrer besonderen Bedeutung für die pflegerische Versorgung stärker gewichtet.

Die Einzelpunkte für die Kriterien der Ziffern 4.11 und 4.12 gehen in die Berechnung nur ein, wenn bei der Begutachtung beim Versicherten darüber hinaus die Feststellung „überwiegend inkontinent" oder „vollständig inkontinent" getroffen wird oder eine künstliche Ableitung von Stuhl oder Harn erfolgt.

Einzelpunkte für das Kriterium der Ziffer 4.13
Die Ausprägungen des Kriteriums der Ziffer 4.13 werden in den folgenden Kategorien mit den nachstehenden Einzelpunkten gewertet:

ZIFFER	KRITERIUM	ENTFÄLLT	TEILWEISE	VOLLSTÄNDIG
4.13	Ernährung parental oder über Sonde	0	6	3

Das Kriterium ist mit „entfällt" (0 Punkte) zu bewerten, wenn eine regelmäßige und tägliche parenterale Ernährung oder Sondenernährung auf Dauer, voraussichtlich für mindestens sechs Monate, nicht erforderlich ist. Kann die parenterale Ernährung oder Sondenernährung ohne Hilfe durch andere selbständig durchgeführt werden, werden ebenfalls keine Punkte vergeben.

Das Kriterium ist mit „teilweise" (6 Punkte) zu bewerten, wenn eine parenterale Ernährung oder Sondenernährung zur Vermeidung von Mangelernährung mit Hilfe täglich und zusätzlich zur oralen Aufnahme von Nahrung oder Flüssigkeit erfolgt.

Das Kriterium ist mit „vollständig" (3 Punkte) zu bewerten, wenn die Aufnahme von Nahrung oder Flüssigkeit ausschließlich oder nahezu ausschließlich parenteral oder über eine Sonde erfolgt.

Bei einer vollständigen parenteralen Ernährung oder Sondenernährung werden weniger Punkte vergeben als bei einer teilweisen parenteralen Ernährung oder Sondenernährung, da der oft hohe Aufwand zur Unterstützung bei der oralen Nahrungsaufnahme im Fall ausschließlich parenteraler oder Sondenernährung weitgehend entfällt.

Einzelpunkte für das Kriterium der Ziffer 4.K
Bei Kindern im Alter bis 18 Monate werden die Kriterien der Ziffern 4.1 bis 4.13 durch das Kriterium 4.K ersetzt und wie folgt gewertet:

ZIFFER	KRITERIUM	EINZELPUNKTE
4.K	Bestehen gravierender Probleme bei der Nahrungsaufnahme bei Kindern bis zu 18 Monaten, die einen außergewöhnlich pflegeintensiven Hilfebedarf auslösen	20

MODUL 5: EINZELPUNKTE IM BEREICH DER BEWÄLTIGUNG VON UND DES SELBSTÄNDIGEN UMGANGS MIT KRANKHEITS- ODER THERAPIEBEDINGTEN ANFORDERUNGEN UND BELASTUNGEN

Das Modul umfasst sechzehn Kriterien.

Einzelpunkte für die Kriterien der Ziffern 5.1 bis 5.7

Die durchschnittliche Häufigkeit der Maßnahmen pro Tag bei den Kriterien der Ziffern 5.1 bis 5.7 wird in den folgenden Kategorien mit den nachstehenden Einzelpunkten gewertet:

ZIFFER	KRITERIEN IN BEZUG AUF	ENTFÄLLT ODER SELBSTÄNDIG	ANZAHL DER MASSNAHMEN		
			PRO TAG	PRO WOCHE	PRO MONAT
5.1	Medikation	0			
5.2	Injektionen (subcutan oder intramuskulär)	0			
5.3	Versorgung intravenöser Zugänge (Port)	0			
5.4	Absaugen und Sauerstoffgabe	0			
5.5	Einreibungen oder Kälte- und Wärmeanwendungen	0			
5.6	Messung und Deutung von Körperzuständen	0			
5.7	Körpernahe Hilfsmittel	0			
Summe der Maßnahmen aus 5.1 bis 5.7		0			
Umrechnung in Maßnahmen pro Tag		0			

EINZELPUNKTE FÜR DIE KRITERIEN DER ZIFFERN 5.1 BIS 5.7				
MASSNAHME PRO TAG	KEINE ODER SELTENER ALS EINMAL TÄGLICH	MINDESTENS EINMAL BIS MAXIMAL DREIMAL TÄGLICH	MEHR ALS DREIMAL BIS MAXIMAL ACHTMAL TÄGLICH	MEHR ALS ACHTMAL TÄGLICH
Einzelpunkte	0	1	2	3

Für jedes der Kriterien 5.1 bis 5.7 wird zunächst die Anzahl der durchschnittlich durchgeführten Maßnahmen, die täglich und auf Dauer, voraussichtlich für mindestens sechs Monate, vorkommen, in der Spalte pro Tag, die Maßnahmen, die wöchentlich und auf Dauer, voraussichtlich für mindestens sechs Monate, vorkommen, in der Spalte pro Woche und die Maßnahmen, die monatlich und auf Dauer, voraussichtlich für mindestens sechs Monate, vorkommen, in der Spalte pro Monat erfasst.

Berücksichtigt werden nur Maßnahmen, die vom Versicherten nicht selbständig durchgeführt werden können.

Die Zahl der durchschnittlich durchgeführten täglichen, wöchentlichen und monatlichen Maßnahmen wird für die Kriterien 5.1 bis 5.7 summiert (erfolgt zum Beispiel täglich dreimal eine Medikamentengabe – Kriterium 5.1 – und einmal Blutzuckermessen – Kriterium 5.6 –, entspricht dies vier Maßnahmen pro Tag). Diese Häufigkeit wird umgerechnet in einen Durchschnittswert pro Tag. Für die Umrechnung der Maßnahmen pro Monat in Maßnahmen pro Tag wird die Summe der Maßnahmen pro Monat durch 30 geteilt. Für die Umrechnung der Maßnahmen pro Woche in Maßnahmen pro Tag wird die Summe der Maßnahmen pro Woche durch 7 geteilt.

Einzelpunkte für die Kriterien der Ziffern 5.8 bis 5.11

Die durchschnittliche Häufigkeit der Maßnahmen pro Tag bei den Kriterien der Ziffern 5.8 bis 5.11 wird in den folgenden Kategorien mit den nachstehenden Einzelpunkten gewertet:

ZIFFER	KRITERIEN IN BEZUG AUF	ZIFFER	ANZAHL DER MASSNAHMEN		
			PRO TAG	PRO WOCHE	PRO MONAT
5.8	Verbandswechsel und Wundversorgung	0			
5.9	Versorgung mit Stoma	0			
5.10	Regelmäßige Einmalkatheterisierung und Nutzung von Abführmethoden	0			
5.11	Therapiemaßnahmen in häuslicher Umgebung	0			
Summe der Maßnahmen aus 5.8 bis 5.11	0				
Umrechnung in Maßnahmen pro Tag	0				

EINZELPUNKTE FÜR DIE KRITERIEN DER ZIFFERN 5.8 BIS 5.11				
MASSNAHME PRO TAG	KEINE ODER SELTENER ALS EINMAL WÖCHENTLICH	EIN- BIS MEHRMALS WÖCHENTLICH	EIN- BIS UNTER DREIMAL TÄGLICH	MINDESTENS DREIMAL TÄGLICH
Einzelpunkte	0	1	2	3

Für jedes der Kriterien 5.8 bis 5.11 wird zunächst die Anzahl der durchschnittlich durchgeführten Maßnahmen, die täglich und auf Dauer, voraussichtlich für mindestens sechs Monate, vorkommen, in der Spalte pro Tag, die Maßnahmen, die wöchentlich und auf Dauer, voraussichtlich für mindestens sechs Monate, vorkommen, in der Spalte pro Woche und die Maßnahmen, die monatlich und auf Dauer, voraussichtlich für mindestens sechs Monate, vorkommen, in der Spalte pro Monat erfasst. Berücksichtigt werden nur Maßnahmen, die vom Versicherten nicht selbständig durchgeführt werden können.

Die Zahl der durchschnittlich durchgeführten täglichen, wöchentlichen und monatlichen Maßnahmen wird für die Kriterien 5.8 bis 5.11 summiert. Diese Häufigkeit wird umgerechnet in einen Durchschnittswert pro Tag.

Für die Umrechnung der Maßnahmen pro Monat in Maßnahmen pro Tag wird die Summe der Maßnahmen pro Monat durch 30 geteilt. Für die Umrechnung der Maßnahmen pro Woche in Maßnahmen pro Tag wird die Summe der Maßnahmen pro Woche durch 7 geteilt.

Einzelpunkte für die Kriterien der Ziffern 5.12 bis 5.K
Die durchschnittliche wöchentliche oder monatliche Häufigkeit von zeit- und technikintensiven Maßnahmen in häuslicher Umgebung, die auf Dauer, voraussichtlich für mindestens sechs Monate, vorkommen, wird in den folgenden Kategorien mit den nachstehenden Einzelpunkten gewertet:

ZIFFER	KRITERIUM IN BEZUG AUF	ENTFÄLLT ODER SELBSTÄNDIG	TÄGLICH	WÖCHENTLICHE HÄUFIGKEIT MULTIPLIZIERT MIT	MONATLICHE HÄUFIGKEIT MULTIPLIZIERT MIT
5.12	Zeit- und technikintensive Maßnahmen in häuslicher Umgebung	0	60	8,6	2

Für das Kriterium der Ziffer 5.12 wird zunächst die Anzahl der regelmäßig und mit durchschnittlicher Häufigkeit durchgeführten Maßnahmen, die wöchentlich vorkommen, und die Anzahl der regelmäßig und mit durchschnittlicher Häufigkeit durchgeführten Maßnahmen, die monatlich vorkommen, erfasst. Kommen Maßnahmen regelmäßig täglich vor, werden 60 Punkte vergeben.

Jede regelmäßige wöchentliche Maßnahme wird mit 8,6 Punkten gewertet. Jede regelmäßige monatliche Maßnahme wird mit zwei Punkten gewertet.

Die durchschnittliche wöchentliche oder monatliche Häufigkeit der Kriterien der Ziffern 5.13 bis 5.K wird wie folgt erhoben und mit den nachstehenden Punkten gewertet:

ZIFFER	KRITERIEN	ENTFÄLLT ODER SELBSTÄNDIG	WÖCHENTLICHE HÄUFIGKEIT MULTIPLIZIERT MIT	MONATLICHE HÄUFIGKEIT MULTIPLIZIERT MIT
5.13	Arztbesuche	0	4,3	1
5.14	Besuch anderer medizinischer oder therapeutischer Einrichtungen (bis zu drei Stunden)	0	4,3	1
5.15	Zeitlich ausgedehnte Besuche anderer medizinischer oder therapeutischer Einrichtungen (länger als drei Stunden)	0	8,6	2
5.K	Besuche von Einrichtungen zur Frühförderung bei Kindern	0	4,3	1

Für jedes der Kriterien der Ziffern 5.13 bis 5.K wird zunächst die Anzahl der regelmäßig und mit durchschnittlicher Häufigkeit durchgeführten Besuche, die wöchentlich und auf Dauer, voraussichtlich für mindestens sechs Monate, vorkommen, und die Anzahl der regelmäßig und mit durchschnittlicher Häufigkeit durchgeführten Besuche, die monatlich und auf Dauer, voraussichtlich für mindestens sechs Monate, vorkommen, erfasst. Jeder regelmäßige monatliche Besuch wird mit einem Punkt gewertet. Jeder regelmäßige wöchentliche Besuch wird mit 4,3 Punkten gewertet. Handelt es sich um zeitlich ausgedehnte Arztbesuche oder Besuche von anderen medizinischen oder therapeutischen Einrichtungen, werden sie doppelt gewertet.

Die Punkte der Kriterien 5.12 bis 5.15 – bei Kindern bis 5.K – werden addiert. Die Kriterien der Ziffern 5.12 bis 5.15 – bei Kindern bis 5.K – werden anhand der Summe der so erreichten Punkte mit den nachstehenden Einzelpunkten gewertet:

SUMME			EINZELPUNKTE
0	bis unter	4,3	0
4,3	bis unter	8,6	1
8,6	bis unter	12,9	2
12,9	bis unter	60	3
60 und	mehr		6

Einzelpunkte für das Kriterium der Ziffer 5.16

Die Ausprägungen des Kriteriums der Ziffer 5.16 werden in den folgenden Kategorien mit den nachstehenden Einzelpunkten gewertet:

ZIFFER	KRITERIEN	ENTFÄLLT ODER SELBSTÄNDIG	ÜBERWIEGEND SELBSTÄNDIG	ÜBERWIEGEND UNSELBSTÄNDIG	UNSELBSTÄNDIG
5.16	Einhaltung einer Diät und anderer krankheits- oder therapiebedingter Verhaltensvorschriften	0	1	2	3

MODUL 6: EINZELPUNKTE IM BEREICH DER GESTALTUNG DES ALLTAGSLEBENS UND SOZIALER KONTAKTE

Das Modul umfasst sechs Kriterien, deren Ausprägungen in den folgenden Kategorien mit den nachstehenden Punkten gewertet werden:

ZIFFER	KRITERIEN	SELBSTÄNDIG	ÜBERWIEGEND SELBSTÄNDIG	ÜBERWIEGEND UNSELBSTÄNDIG	UNSELBSTÄNDIG
6.1	Gestaltung des Tagesablaufs und Anpassung an Veränderungen	0	1	2	3
6.2	Ruhen und Schlafen	0	1	2	3
6.3	Sichbeschäftigen	0	1	2	3
6.4	Vornehmen von in die Zukunft gerichteten Planungen	0	1	2	3
6.5	Interaktion mit Personen im direkten Kontakt	0	1	2	3
6.6	Kontaktpflege zu Personen außerhalb des direkten Umfelds	0	1	2	3

[1] Anlage 1 angefügt mit Wirkung vom 1.1.2017 durch Gesetz vom 21.12.2015 (BGBl. I S. 2424); geändert mit Wirkung vom 1.1. 2017 durch Gesetz vom 23.12.2016 (BGBl. I S. 3191).

Stichwortverzeichnis

P

Q

R

S

T

U

V

W